特殊儿童融合教育概论

郭海英　张晓燕　蒲娟　主编

吉林大学出版社
·长春·

图书在版编目（CIP）数据

特殊儿童融合教育概论 / 郭海英，张晓燕，蒲娟主编 . —长春：吉林大学出版社，2021.6
ISBN 978-7-5692-8517-8

Ⅰ. ①特… Ⅱ. ①郭… ②张… ③蒲… Ⅲ. ①儿童教育－特殊教育－研究 Ⅳ. ① G76

中国版本图书馆 CIP 数据核字（2021）第 133643 号

书　　名：特殊儿童融合教育概论
　　　　　TESHU ERTONG RONGHE JIAOYU GAILUN
作　　者：郭海英　张晓燕　蒲　娟　主编
策划编辑：邵宇彤
责任编辑：杨　平
责任校对：曲　楠
装帧设计：优盛文化
出版发行：吉林大学出版社
社　　址：长春市人民大街4059号
邮政编码：130021
发行电话：0431-89580028/29/21
网　　址：http://www.jlup.com.cn
电子邮箱：jdcbs@jlu.edu.cn
印　　刷：定州启航印刷有限公司
成品尺寸：170mm×240mm　　16开
印　　张：20
字　　数：364千字
版　　次：2021年6月第1版
印　　次：2021年6月第1次
书　　号：ISBN 978-7-5692-8517-8
定　　价：89.00元

版权所有　　翻印必究

前 言

自1994年《萨拉曼卡宣言》提出"全纳教育"（inclusive education）以来，世界范围内对提高教育平等性和包容性的实践探索不断推进。在特殊儿童教育安置体系的构建过程中，融合教育模式成为特殊教育和普通教育共同的重要课题。我国结合本土化情态建立了特殊儿童随班就读模式，这成为特殊儿童教育安置的主体。随着平权和融合理念的深入，发展融合教育已不仅仅是特殊教育领域的一方路径，而是成为大教育范畴中的"必修课"，更成为整个社会推动教育公平和社会融合的共识之路。2017年我国新修订的《残疾人教育条例》明确提出"优先发展融合教育"的要求，成为国家推动特殊儿童教育主体权利和教育公平的法治依据。2021年3月，教育部公布将"融合教育"列入普通高等学校本科专业目录的新专业名单，这意味着我国融合教育的发展又一次迈进了新征程。

为进一步响应国家在融合教育进程推进和质量提升方面的要求，我们开展了有关普通学校融合教育实施现状的调查，发现普校教师在教育特殊儿童时存在接纳意愿与信心、教育理念与认知、教育策略与方法、建设方向与支持系统等方面的困境，教师对不同特殊儿童特征认知和行为理解的不足也常常使教育思路和教学方法受到限制，"束手无策"局面的形成不仅因为方法不足，更是因为了解不够而导致教育成效难以提高。对此，我们提出"以认知改变推动理念变革，以价值接纳促进方法显效"的融合教育质量提升策略。《特殊儿童融合教育概论》一书即在该策略的指导下完成。

在分析现有融合教育类教材的基础上，我们将本书的目标定位为，帮助普通师范类专业学生和普通学校教师全面理解不同类型特殊儿童的发展特点与需求，进而为其提供融合教育内容设计、融合教育策略与方法实施、融合教育班级管理等方面的针对性指南，从而为融合教育实践在理念、方向、过程、质量等方面的改变提供支持。全书共十一章，阐述了九类特殊儿童的界定、成因、评估等基本问题，深入分析了各类特殊儿童的心理行为特征和教育需求，提出了各类儿童融合教育中的个别化支持内容、课程调整与教育策略、班级管理等方面的具体内容以及实践理念和操作方法，能够为普通学校开展融合教育实践工作提供较为全面的指示。

作为一本可供普通高校师范类专业开设融合教育课程的教材和普通学校教师融合教育知识培训用书，本书力求实现以下特色。

第一，以特殊儿童融合教育的成功案例为起始，通过描述特殊儿童的发展历程，呈现融合教育环境对特殊儿童和普通儿童发展的意义和促进的作用，增强普通学校教师对融合教育的信心和责任担当。

第二，对各类特殊儿童心理发展特点的阐述以"优势视角"为基本理念，在解释特殊儿童心理行为表现的过程中不止于描述病理原因的影响，更着重强调社会理解和教育支持对他们学习行为的重要性。期望能通过理念的调整和思维视角的转换，为普通学校教师转变学生观、构建支持系统提供参照。

第三，在特殊儿童融合教育的部分，介绍了融合教育实践在无障碍环境建设、课程调整、个别化支持内容、教育策略与方法、班级管理理念与方法、资源教室建设等系列内容，并提供了一定的操作案例作为支撑，能够为普通学校教师的具体工作提供指导。

第四，本书设置了"拓展专栏"，提供有关特殊儿童身心发展及融合教育方法、资源、研究进展等方面的信息，为学习者的自主探究和拓展学习提供了方向和线索。

全书由郭海英、张晓燕、蒲娟负责理念定位、撰写思路、结构与体例等方面的设计，并对全书进行修改审定。各章节的撰写人员如下：

第一章	绪论	郭海英
第二章	听觉障碍儿童的教育	蒲娟
第三章	视觉障碍儿童的教育	韩梅晓、郭海英
第四章	智力障碍儿童的教育	石彩秀、张晓燕
第五章	自闭症谱系障碍儿童的教育	张晓燕
第六章	学习困难儿童的教育	李莎、郭海英
第七章	超常儿童的教育	杨翠、张晓燕
第八章	肢体障碍儿童的教育	张晓燕、杨洪荣
第九章	语言障碍儿童的教育	马斯佳、蒲娟
第十章	情绪与行为障碍儿童的教育	蒲娟、唐健
第十一章	个别化教育计划的制订与实施	赵骁骁、郭海英

感谢邯郸学院特殊教育学院对本书的支持和鼓励，感谢各位参编者的付出，由于本书篇幅较大，参与撰稿者较多，虽经多次修改，仍有不足之处，敬请广大读者批评指正，期望通过进一步的实践调研和一线融合教育教学研究与协作，共同推动融合教育实践经验积累和质量提升。

编者

2021年6月　于　邯郸

目 录

第一章　绪论 ··· 001
　第一节　融合教育概述 ·· 003
　第二节　融合教育的发展现状 ··· 009

第二章　听觉障碍儿童的教育 ·· 021
　第一节　听觉障碍概述 ·· 025
　第二节　听觉障碍儿童心理特征 ·· 035
　第三节　听觉障碍儿童融合教育 ·· 042
　本章小结 ··· 055

第三章　视觉障碍儿童的教育 ·· 057
　第一节　视觉障碍概述 ·· 060
　第二节　视觉障碍儿童的发展特征 ······································· 067
　第三节　视觉障碍儿童的融合教育 ······································· 075
　本章小结 ··· 087

第四章　智力障碍儿童的教育 ·· 089
　第一节　智力障碍概述 ·· 092
　第二节　智力障碍儿童的发展特征 ······································· 104
　第三节　智力障碍儿童的融合教育 ······································· 113
　本章小结 ··· 120

I

第五章　自闭症谱系障碍儿童的教育 123
第一节　自闭症谱系障碍概述 126
第二节　自闭症谱系障碍的诊断与评估 131
第三节　自闭症谱系障碍儿童的心理行为特征 134
第四节　自闭症谱系障碍儿童的融合教育 138
本章小结 148

第六章　学习困难儿童的教育 151
第一节　学习困难概述 154
第二节　学习困难儿童的特征 158
第三节　学习困难儿童的鉴别与评估 168
第四节　学习困难儿童的教育干预 173
本章小结 182

第七章　超常儿童的教育 185
第一节　超常儿童概述 188
第二节　超常儿童的特征 191
第三节　超常儿童的融合教育 199
本章小结 205

第八章　肢体障碍儿童的教育 207
第一节　肢体障碍概述 210
第二节　肢体障碍儿童的特征 217
第三节　肢体障碍儿童的融合教育 219
本章小结 228

第九章　语言障碍儿童的教育 231
第一节　语言障碍概述 234

第二节　语言障碍儿童的特征 ……………………………… 239

第三节　语言障碍儿童的融合教育 ………………………… 242

本章小结 ………………………………………………………… 248

第十章　情绪与行为障碍儿童的教育 251

第一节　情绪与行为障碍概述 ……………………………… 254

第二节　情绪与行为障碍的成因 …………………………… 255

第三节　情绪与行为障碍儿童的特征 ……………………… 258

第四节　情绪与行为障碍儿童的融合教育 ………………… 261

第十一章　个别化教育计划的制订与实施 279

第一节　个别化教育计划概述 ……………………………… 282

第二节　教育评估与诊断 …………………………………… 288

第三节　个别化教育计划的拟定与实施 …………………… 294

第四节　实施个别化教育计划可做的调整 ………………… 305

本章小结 ………………………………………………………… 309

第一章 绪论

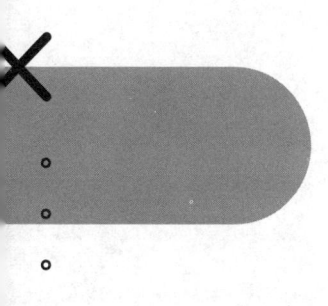

第一节 融合教育概述

一、融合教育

融合教育是提倡特殊儿童融入普通学校,和普通儿童一起接受义务教育的教育安置方式,是继"回归主流"教育理念后的全新特殊教育理论,是针对特殊儿童提供相应教育的一种模式。这是一个面向所有儿童的教育观点,既要让特殊儿童融入同龄儿童群体,也要让普通儿童认识和了解特殊障碍群体,关注每一个儿童的成长。

倡导特殊儿童和普通儿童融合教育,对普通学校、教育机构教师和教育资源的合理分配有重要的促进作用,让特殊儿童能够享受和其他孩子一样的教育环境和教育资源,可以和普通儿童一样完成学业,这不仅可以提升特殊儿童对知识和技能的学习能力,也可以成为其融入社会的起点。

谈到特殊儿童的时候,首先应了解几个容易混淆的概念,在不同的语境下,这几个概念有不同的含义,也表现出不同的社会发展和理论发展阶段。

(一)从"残疾儿童"到传统广义的"特殊儿童"

"残疾儿童"是特殊教育概念中最早的教育对象。1930年我国出版的《教育大辞典》对特殊教育的定义为:"对于一部分身心具有缺陷而非普通教育所能奏效之儿童所施之特别教育而言。"早期特殊教育学校也是专门招收残疾儿童的学校,所以说,特殊教育的初始概念多半是作为残疾儿童教育的简称和同义语。随着时代和特殊教育实践活动的发展,人们把超常儿童也纳入特殊教育范围,形成了传统广义的特殊儿童概念:基于身心特征的显著差异,把超出常模标准的学生称为特殊儿童,既包括身体或心理发展有障碍的学生,也包括高于典型(正常)发展的超常学生。

(二)从传统广义的"特殊儿童"到"特殊教育需要儿童"

20世纪70年代,伴随着民权运动的深入和对特殊教育的反思,西方发达国家掀起了一场以融合为导向的"回归主流""一体化"等特殊教育改革运动,借以批判医学主导的标签式和隔离式教育模式。1978年,英国发布《沃诺克报告》,首次在国家文件中提出"特殊需要儿童"(child with special needs)或"特殊教育需要儿童"(child with special education needs)的概念,认为学生在成长过程中的不同阶段可能有不同的学习困难，既包括轻微、暂时性的学习困难，也包括严重的、永久性的残疾造成的学习困难。该报告同时强调，每个儿童都有自己的独特需要，特殊儿童与普通儿童的特殊需要只是量上的区别，而没有本质的区别；以残疾、缺陷指称特殊儿童不仅具有标签性的歧视色彩，而且强化了对他们的隔离与不平等对待。2001年英国公布的《特殊教育需要实践准则》中，有了对"度"的规定：如果儿童在学龄阶段具有相较于同龄儿童来说非常显著的学习困难，或者具有阻碍他们像普通儿童一样学习的残疾，即为特殊教育需要儿童。

1994年，联合国教科文组织为了倡导和深化全民教育，召开了"世界特殊需要教育大会"，会议文件《萨拉曼卡宣言》和《特殊需要教育行动纲领》引用了"特殊需要教育"概念，并提出了"全纳教育"的思想。会议文件指出：特殊需要学生泛指"一切身体的、智力的、社会的、情感的、语言的或其他任何特殊教育需要的儿童和青年"，"这就包括残疾儿童和天才儿童、流浪儿童和童工、偏远地区或游牧人口的儿童、语言或种族或文化方面属少数民族的儿童，以及来自其他不利处境或边际区域或群体的儿童"。自此，特殊需要教育与全纳教育成了国际性的议题。"特殊教育需要儿童"和"特殊需要教育"逐步取代了"特殊儿童"和"特殊教育"，成为特殊教育领域中重要的专业性术语。不少学者主张把特殊教育对象扩大到所有因文化背景差异而造成其处境不利的儿童。

针对特殊儿童的安置，由早期的被抛弃、被虐待到被同情、被接纳，逐渐有了受教育的权利和机会，足以说明特殊教育发展本身就是人类文明和生产力不断发展的体现。从特殊教育到融合教育转变的历程体现了社会对特殊人群的态度，也体现了文明发展的轨迹。而针对特殊儿童的称呼也在逐渐发生改变，由"残疾儿童"到"残障儿童"再到"特殊儿童"的转变也是人们对特殊群体的尊重和思想意识的改变。如今，我们将有特殊教育需要的儿童称为"特殊需要儿童"，从某种意义上说不仅是对特殊群体的新的认识，也是从更广泛的意义上理解"特殊儿童"这个概念。将"特殊儿童"由原来的听觉障碍、视觉障碍和智力障碍等障碍类型逐渐扩展到如今的肢体障碍、言语语言障碍、情绪行为障碍、自闭症谱系、能力超常等多种类型，使特殊教育本身的内涵和外延得以丰富和完善，也使特殊需要儿童的特征和需求得到重新认识。从这个角度说，针对特殊需要儿童的教育安置也逐渐由隔离式教育、一体化教育、回归主流发展到现在的融合教育，这是一种必然的结果。

融合教育作为对特殊需要儿童的新型安置方式，是以经过特别设计的环境和教学方法来适应不同类型的特殊需要儿童学习，最终目的是使特殊需要儿童最大可能地在普通教育中受益，最终融入社会生活。与传统意义上的特殊教育不同的是，融合教育打开了对特殊儿童的隔离，将他们融入普通教育的环境，纳入普通教育的范畴，在此基础上为他们提供相应的支持，以满足他们的特殊教育需要，同时让更多的普通儿童了解、接纳特殊需要儿童，走进他们的生活，相互进行支持和帮助，从而让二者共同受益。

二、融合教育的理论基础

开展融合教育不是空中楼阁，它的提出基于重要的理论体系的支持与完善，其中儿童发展理论和全人教育理念是融合教育的提出的重要依据。

（一）儿童发展理论

每一名儿童都有发展的可能和需要，在他们的成长过程中，需要教育的支持，需要合适的教育的支持，需要学校为其提供合适的教育的支持，这是他们发展的条件，也是他们发展的权利。儿童的身心能够得到发展，外界环境是首要的条件。人文环境和物质环境共同组成外界环境，共同对儿童的发展起作用，即通过人与物的恰当支持才能使儿童得到能力的提升。无论家庭教育还是学校教育都有不可推卸的责任。与非专业性的家庭教育相比，专业而系统的学校教育能更大限度地帮助儿童得到发展。

儿童发展理论要求教育提供给儿童适合的条件，促进儿童的发展。儿童发展有一定的阶段性，学校教育在促进儿童发展过程中的责任显而易见。学校和专业教师能够根据儿童的发展特点提供专业的支持和教育安置，无论是教学内容还是教学方法，都能依据儿童发展的阶段性提供支持。融合教育教师更了解儿童发展各阶段的目标和现状，对特殊需要儿童的期待更接近儿童发展的目标。资源教室的建设和先进的校园文化建设会给特殊儿童发展提供环境支持，特殊儿童既需要在自然环境的各种变化下进行体验，也需要师生关系、同伴关系等社会关系的支持。让普通人群了解特殊需要儿童，理解和接纳特殊需要儿童，是特殊教育最终的目标，而融合教育正是走向这一目标的开始。

（二）全人教育理念

"全人教育"是一种整合以往"以社会为本"与"以人为本"两种教育观点，形成既重视社会价值，又重视人的价值的教育新理念。这是一种理想的教育观念，也是中外教育家的一种理想追求。

全人教育的理念强调教育的范畴应该是整体性的、全面性的，同时要考虑到孩子的发展学习需要与顺序，这样培养出来的儿童才能在心智及体魄等方面得到健全均衡的发展。全人教育重视儿童发展的阶段性特点，将不同时期的发展当作一个整体，不割裂儿童发展的阶段性，同时重视儿童发展各阶段中不同领域的提升，关注儿童身体发育、认知发展、情感社交等多个领域的发展，与传统教育中普遍存在的"重视文化学习"现象不同，全人教育关注儿童各领域综合发展，即"全面发展"。换句话说，就是要让儿童不仅学习到各种知识，还要形成良好的道德与正确的生命价值观念，帮助他们具备相关知识以应对现实社会的种种考验，更重要的是帮助他们拥有追求真、善、美的人生目标，在这样的基础上，将来他们就会懂得如何走正确的路，做正确的事。

三、融合教育的法律支持

1994年6月7日至10日，联合国教科文组织在西班牙王国萨拉曼卡市召开了"世界特殊教育大会"，颁布了《萨拉曼卡宣言》，明确提出了"全纳教育"（inclusive education）的思想。在贯彻全纳教育宗旨的过程中，各国开始推广融合教育。一般认为，融合教育是指教育应当满足所有儿童的需要，每一所普通学校都必须接收服务区域内的所有儿童入学，并为这些儿童都能受到自身需要的教育提供条件。当然这"所有儿童当中"也包含各类有特殊教育需要的儿童，如有听觉障碍、视觉障碍、智力障碍、自闭症谱系障碍、肢体障碍、沟通障碍等问题的儿童，还包括某些方面有超常能力的儿童。这些儿童都将成为融合教育的对象。联合国发布的《教育白皮书6：特殊需要教育——构建一种全纳的教育与培训体制》提出，不同的国家针对特殊儿童创建了不同的融合教育模式。

我国顺应国际上一体化教育、回归主流、融合教育的潮流，结合中国国情提出"随班就读"的形式，实施融合教育。《中华人民共和国残疾人保障法》（1990年12月颁布，2008年4月修订）和《中华人民共和国残疾人教育条例》（1994年8月颁布，2011年和2017年两次修订）在宏观上确定了鼓励和支持特殊儿童的教育保障，具体的保障措施同时颁布。1994年7月21日国家教委颁布的《关于开展残疾儿童少年随班就读工作的试行办法》总则指出以下几点。

（1）深入贯彻执行《中华人民共和国义务教育法》和《中华人民共和国残疾人保障法》，开展残疾儿童少年随班就读工作，是发展和普及我国残疾儿童少年义务教育的一个主要办学形式，是建立适合我国国情的残疾儿童少年义务教育新格局的需要。

（2）残疾儿童少年随班就读有利于残疾儿童少年就近入学，有利于提高残疾儿童少年的入学率，有利于残疾儿童与普通儿童互相理解、互相帮助，促进特殊教育和普通教育有机结合，共同提高。

（3）各级教育行政部门必须高度重视和积极开展残疾儿童少年随班就读工作，并使其逐步完善。

新的发展时期，无论是国际上还是国内的政策，都将融合教育的推广当作首要实现的目标进行推进。2015年5月的仁川会议以"2030年教育：迈向全纳、公平、有质量的教育和全民终身学习"为主题，并通过了《仁川宣言》。其中明确指出"确保全纳、公平、有质量的教育，增进全民终身学习机会"是"来源于以人权和尊严、社会公正、全纳、保护、文化、语言和种族多样性、共担责任和问责制为基础的人文主义教育与发展观"，倡导"让所有的孩子都有机会获得有质量的儿童早期发展、看护和教育"，"确保所有的孩子都在学校、都在学习"，对融合教育的落实提出了更高的目标，从人权和尊严、公平公正的角度呼吁为所有人提供学习的机会。

我国在《国家中长期教育改革和发展规划纲要（2010—2020年）》《特殊教育提升计划（2014—2016年）》以及《第二期特殊教育提升计划（2017—2020年）》等多个文件中也一再强调为特殊需要儿童提供教育机会的重要性和必要性。《特殊教育提升计划（2014—2016年）》提出，"针对实名登记的未入学残疾儿童少年残疾状况和教育需求，采用多种形式，逐一安排其接受义务教育"，并要求通过"扩大普通学校随班就读规模""提高特殊教育学校招生能力"和"组织开展送教上门"等措施扩大残疾儿童少年义务教育规模。《第二期特殊教育提升计划（2017—2020年）》进一步指出："优先采用普通学校随班就读的方式，就近安排适龄残疾儿童少年接受义务教育。以区县为单位统筹规划，重点选择部分普通学校建立资源教室，配备专门从事残疾人教育的教师（以下简称"资源教师"），指定其招收残疾学生。其他招收残疾学生5人以上的普通学校也要逐步建立特殊教育资源教室。依托乡镇中心学校，加强对农村随班就读工作的指导。"这些文件对随班就读的推广实施都起到了纲领性的作用，也使融合教育的发展有法规政策可依。

2020年6月，教育部印发了《教育部关于加强残疾儿童少年义务教育阶段随班就读工作的指导意见》（教基〔2020〕4号），在总体要求中指出，随班就读工作的开展就是"坚持以习近平新时代中国特色社会主义思想为指导，全面贯彻党的教育方针，落实立德树人根本任务，弘扬社会主义核心价值观，强化依法治教理念，更加重视关爱残疾学生，坚持科学评估、应随尽随，坚持尊重差异、因材施教，坚持普特融合、提升质量，实现特殊教育公平而有质量发展，促进残疾儿童少年更好融入社会生活"，强调"坚持优先原则"，"加强谋划、合理布局，统筹学校招生计划，确保随班就读学位，同等条件下在招生片区内就近就便优先安排残疾儿童少年入学。为更好保障随班就读质量，可以选择同一学区内较优质、条件更加完善的普通学校作为定点学校，相对集中接收残疾儿童少年入学"。同时，该文件对资源教室的建设、资源中心作用的发挥、专业教师的培养等都提出了明确的要求，以实现最大限度地满足特殊儿童就学的需要。

四、融合教育的作用

（一）对特殊儿童发展的促进作用

（1）增加特殊儿童的社会交往机会，锻炼他们的社交技能。在普通学校就读的特殊儿童的社会沟通技能以及其他社会行为比就读于隔离环境中的学生发展得好。在与同龄人的交往的环境中，特殊儿童需要经常与小朋友们互动，这样的社会化环境是家庭中无法模拟的，而这种社会适应能力也是特殊儿童在日常局限、刻板的日程中难以培养的，能够帮助提升孩子的适应性，增强其自我掌控的安全感。

（2）为特殊儿童提供学习普通学校课程的机会，改善他们的学业。与同龄普通儿童一起就读，也为特殊儿童提供了可以学习普通学校课程的机会。在学校学习有利于培养孩子的认知能力，孩子天生对外面的世界充满好奇，他们会仔细地关注和探索周围的事物，努力了解自己未知的东西。

（3）对所有儿童的个性发展产生积极的影响。在与他人相处的过程中，接受外界传递的信息，可以让特殊儿童慢慢将信息转变成自己的所能表达的内容。这一方面促进了特殊儿童的个性发展，促使他们养成良好个性，另一方面促进了普通儿童养成积极乐观向上、互相包容的心态，也增强了他们的自信心。在求学过程中，特殊儿童能够学会与同学、教师和睦相处，与他们开展有效的合作，那么未来就更容易与社会中的不同人员相处与合作。

（二）对普通儿童发展的促进作用

（1）培养学生积极进取、乐于助人的优秀品质。当面对各类障碍同伴时，学校和教师通过教育引导，鼓励普通学生关心帮助各类障碍同伴，使其形成热爱帮助他人的良好行为习惯和人格品质。在这样的环境中，学校和教师的正确引导非常重要，有利于形成良性的校园文化氛围，对促进社会风气的良好发展也会有积极作用。

（2）揭示生活中新的关注点，为将来的发展提供实践依据。在普通儿童的生活世界里出现特殊儿童的身影，对普通儿童来说是未曾出现过的现象，这会给普通儿童以新奇或震撼，也会将他们带入一个陌生的世界，点燃他们对未知领域的探索愿望。

（3）使学生理解生命平等，养成尊重他人的习惯。教育的核心任务就是培养学生健康的人格和良好的社会道德，特殊儿童融入普通班级，是生命平等的最好的呈现方式，无条件关心、关注每一个学生，是生命平等最好的体现，爱护同伴、尊重同伴是尊重他人的最基本的体现，也是对每一个儿童的最好的教育。

第二节　融合教育的发展现状

一、融合教育的研究现状

在特殊教育领域，对特殊儿童随班就读的调查研究一直是热点内容。各方面特殊教育工作者一直进行着这方面的研究。例如，中央教育科学研究所特殊教育研究室在1996年举办了"中国一体化教育改革的理论与实践研讨会"，北京师范大学举办的"海峡两岸特殊教育研讨会"也将特殊儿童随班就读作为重要议题。2003年，华国栋在《中国特殊教育》期刊上发表的《加强教育研究 促进随班就读发展》一文指出，1995年以后，对随班就读的研究逐步向系统化、科学化、规范化过渡。另外，确立研究课题，进行科学研究，如对随班就读师资培养培训与支持系统的研究、随班就读的课堂教学研究等也逐步形成了有一定理论基础的系统的论著。例如，汤盛钦主编的《特殊教育概论——普通班级中有特殊教育需要的学生》、陈云英编著的《随班就读的课堂教学》、华国栋主编的《随班就读教学》等都是研究者对随班就读工作的探索和总结。经过近30年的发展，随班就读在保证残疾儿童入学机会平等及促进义务教育普及等方面效果显著。2017年，我国普通小学、初中随班就读和附设特教班招生5.66万人，在校生30.40万人，分别占特殊教育招生总数和在校生总数的51.10%和52.52%，这些数据表明随班就读是特殊需要儿童教育安置的重要方式。

（一）普通学校领导和教师对特殊儿童随班就读的态度

尽管很多特殊需要儿童走进了普通学校，但他们受到的教育待遇并不都是乐观的。2008年，《中国特殊教育》杂志发表的《河北省残疾儿童随班就读的现状分析及对策》指出，残疾儿童是社会中的弱势群体，在构建社会主义和谐社会的今天，他们的教育等问题更应当得到我们的关注。从调查来看，大多数普通学校的领导和教师从内心并不情愿接纳残疾儿童到自己的学校、自己的班上随班就读，分析下来有以下几个原因。

（1）多数教师专业知识匮乏，难以为特殊儿童提供适合的教育教学手段。研究发现，普通学校教师对特殊儿童了解不多，对特殊教育这个领域接触较少，对资源教师与资源教室等特殊教育专业名称也缺乏了解。另外，普通学校教师缺乏特殊教育的学习培训，绝大多数普校教师表示没有接受过特殊教育专业知识的培训，2006年和2018年两次调查的数据显示，2018年接受相关专业教育的比重较2006年并无太大变化，都不到20%，这显示出普通学校教师特殊教育培训十分匮乏。

（2）大部分教师认为随班就读弊大于利。由于对特殊儿童的认识不足，存有误区，很多教师认为特殊儿童在普教环境中对其他儿童会产生消极影响。其原因也在于普通学校的考核、升学压力相对较大，教师认为特殊需要儿童在普校里学习对自己形成的压力过大，教师没有足够的精力支持特殊儿童的学习和生活，有的甚至认为特殊儿童在学校里可能面临歧视、伤害，会更严重地影响他们的心理和身体健康，而且有消极认识的教师为数不少，值得我们深思。同时，还有一部分教师认为特殊儿童在普校学习会对其他学生产生很大的消极影响，从而影响学校的教学质量。

（3）教师和家长对特殊儿童的教育期望相对较低。由于特殊儿童在身体、认知等能力上的不足，教师和家长对他们的教育期望相对较低。很多家长都表示，孩子能认识一些日常用字和简单的数字，会买东西就行，如果可以学一些生活技巧更好，以便今后独立生存，至于升学、考试等目标，他们认为太遥远，孩子的能力达不到，因此并不重视。家长的教育需求会直接影响家校合作、与教师沟通等。部分教师也产生了这样的较低期望，对特殊儿童的教育目标设定得也相对较低，表现在教学过程中就是"随班就坐"，只要这些特殊儿童不影响上课秩序，不影响班级评估即可，教师没有关注特殊儿童的优势或长处，没有从特殊儿童的真实需求开展教学活动，也导致了特殊儿童的随班就读流于形式。

（二）目前随班就读缺少严格的管理机制

2014年常建文在《从随班就读的现状看特殊教育学校的发展》中提出，从国家层面上看，目前国内很多政策性文件中虽然多次提到随班就读，但对于随班就读的管理，缺乏明确的机构和相应的法律法规；从地方层面上看，地方教育主管部门因为对特殊教育的重视程度不够，或者从业务角度来讲不熟悉，导致各地随班就读的业务指导、过程监督等处于"空白状态"。从学校层面上看,各普通中小学校长虽然了解随班就读,但随班就读的管理一无政策,二无规范,在实际操作上仍有很多问题亟待解决。

在很多普通学校,与评估、升学等相关的教学任务相对繁重,而对是否接纳特殊儿童就近入学、入学后是否提供适合的教育支持等,并没有列入学校教学质量的评估体系,这就导致无论在基层学校层面还是在教育行政管理层面都缺乏系统的管理机制,也容易使随班就读流于形式。即使已经随班就读的学生,也会因不适应环境、跟不上教学进度、人际关系不良等重新回到特教学校。

(三)传统观念导致随班就读的大环境支持力度不足

虽然在20世纪50年代我国就存在对特殊儿童开展随班就读的安置形式,但是在全国大力推行随班就读还需要研究和试验。1989年,原国家教委委托河北、山西等省开展针对视觉障碍儿童随班就读的"金钥匙盲童教育计划",开始了普通教育对盲童的接纳,取得了一定的成果,同时听障儿童的随班就读也逐渐展开,但对智力障碍儿童进入普校学习,很多人都抱有否定态度,直至目前,针对智力障碍、自闭症、多动症等类型儿童的随班就读工作推进仍存在较大困难。

出现这种现象的主要原因在于,在传统观念中,残障儿童都有不同程度的残疾或病患,他们会在认知、情感、行为等方面存在各种不足或问题,会影响正常教学;同时,基础教育还有一个重要的任务就是向高等院校输送人才,当特殊儿童没有机会走进高等学府的时候,基础教育的意义将备受质疑。因此,如果说智力水平正常的视力障碍、听力障碍和肢体障碍等学生可以进入普通学校接受教育,在克服视觉、听觉、活动等障碍的前提下,这些学生或多或少地接触了融合教育,后期更容易融入社会;而那些智力水平低下的其他类型的特殊儿童进入普通学校的可能性非常小,在各项随班就读的调查研究中也发现,有大比例的教师不愿接纳智力障碍的学生进入本班学习。

专栏·拓展阅读:

徐白仑:给盲童一把开启梦想的"金钥匙"

1955年徐白仑从南京工学院建筑系毕业,到北京市建筑设计研究院工作。他在1971年的一场医疗事故中双眼濒于失明。在家人的鼓励下,徐白仑鼓起生活的勇气,揭开了新的篇章。41岁的他开始学习盲文,把自己的命运和盲童紧紧联系在了一起,用羸弱的身躯创造了一个又一个奇迹:

他创办了第一本盲童读物——《中国盲童文学》,不仅填补了我国盲童教育的空白,也成为陪伴一代又一代盲童成长的良师益友。

他组织了第一届盲童夏令营——"祖国处处有亲人"。

1988年他还在北京成功地举办了"全国盲中学生智力竞赛"。

他第一个引进并实施了盲童教育计划——"一体化教育"。缘于在与盲童广泛接触的过程中,徐白仑惊讶地发现,当时盲童的入学率仅为3%,他们急需教育的支持。于是,他和妻子纪玉琴于1987年成立了金钥匙视障教育研究中心,引入"一体化"教育模式,后来发展为"全纳教学",即让各类残疾儿童进入普通学校,与健全的孩子们一起学习。徐白仑殚精竭虑,制订出了一套具有中国特色的"一体化教育"试验计划,先后在山西、江苏、河北等地建立了盲童一体化教育试点。1990年经国家教委、中国残联共同召开的全国经验交流会鉴定,肯定了这项实践的必要性和可行性,决定在全国推广,定名为"随班就读",从此中国的特殊教育事业翻开了新的一页。

1996年10月4日,瑞士日内瓦。66岁的徐白仑接受了联合国教科文组织颁发的"柯美纽斯奖"。这项国际大奖是专门授予在教育研究和创新方面有杰出贡献的专家的,他是中国获此殊荣的第一人,也是世界上获得这个奖项的唯一的盲人。

徐白仑送给盲童一把"金钥匙",帮助他们开启精彩的人生。

二、融合教育的实践与展望

融合教育的推进是人类文明和经济发展的必然历程,无论是尊重人权、和谐社会的建设还是可持续发展理念的贯彻,都会使特殊儿童融入普通教育,与普通儿童享受同样的教育环境和教学内容成为必然。为特殊儿童在普教环境中接受普教提供针对性服务,给予他们与普通儿童一样的发展机会,可以使特殊儿童与普通儿童一起发展、一起进步。

我国多年的教育实践经验告诉我们,想要真正落实融合教育,使特殊儿童身心得到全方位的发展,必须做好充分的准备,其中既包括行政政策方面的支持,也包括普校物质环境的支持,还包括教师、家长、同伴等人际支持,在此基础上结合特殊儿童的特别需要,开展针对性的融合教育。国家在政策方面已经明确了融合教育的意义及相关要求,各级各类学校及普通学校的教师要做好充分的准备。

(一)加强资源教室建设,配备资源教师

1. 资源教室

资源教室(resource room),又称资源教室方案(resource room program),

或称资源方案（resource program）。

资源教室是在普通学校或特殊教育学校建立的集课程、教材、专业图书以及学具、教具、康复器材和辅助技术于一体的专用教室。资源教室具有为有特殊教育需求儿童提供咨询、个案管理、教育心理诊断、个别化教育计划、教学支持、学习辅导、补救教学、康复训练和教育效果评估等多种功能，其设备配置有一定的规定，具有不同的特点。各地各校可以根据本校学生的需求或地方特点，整合资源教室，其目的就是要满足具有显著差异儿童的特殊教育需求，为他们在普通学校接受平等的教育提供最适合的环境与条件。

资源教室的建设目的是辅助进入普校学习的特殊学生更好地适应普通班级的学习活动。特殊学生大部分时间在普通班级中学习一般课程，部分时间在资源教室内接受资源教师的指导。通过这种安排可以使特殊学生的潜能有最大的发挥，使其缺陷在发展中得到补偿，同时发展了社会适应能力，使他们得以在普通班级顺利地随班就读。因此，资源教室可视为普通教育与特殊教育之间的桥梁，是资源教师利用资源教室的设备与校内外一切可利用的资源，为特殊学生和普通班教师提供的服务与协助，它能使随班就读学生在普通教育中享受到特殊教育的专业服务和支持。

在普通班级学习的特殊学生都应该备有个别教育计划，这是针对每个人实际情况设置的独特的教育计划。这个计划以充分利用资源教室为契机，在资源教师的辅导帮助下，把理论与"小班化"教育结合起来，切实做到在发展中挖掘潜能、补偿缺陷，培养社会适应能力，使在普通学校就读的特殊学生全面发展，使随班就读工作向更深层次推进。资源教师也必须遵循"以学生发展为本"的理念，有效利用资源教室等专业资源，实现个别教育计划方案，这就是建立随班就读资源教室的目的。

除了特殊学生以外，普通学生也有使用资源教室的可能。当一个学生因身体、心理等各种因素导致他们有特殊教育需求的时候，资源教室和资源教师也有为他们提供帮助和支持的可能。概括而言，资源教室方案是要帮助普通班级中所有学习上或行为上困难的学生，他们可能是特殊学生，也可能是普通学生。

2.资源教师

在资源教室里的特殊教育专业教师就称为资源教师，每个资源教室都要配备一定比例的资源教师，以落实和完善资源教室的功能。资源教师充当了特殊教育和普通教师之间的桥梁，他们的任务烦琐、细碎，具体有以下几个方面的工作内容。

（1）全面了解特殊学生的基本情况

学生个人的情况：包括性别、年龄、出生后的健康状况；学生的障碍类型和障碍程度，导致障碍出现的原因等；了解学生父母的生育年龄、分娩的情况等。

了解其家庭情况：父母的文化程度、职业，家庭成员组成，对特殊学生的养育态度和教育期望；了解主要照顾者、学生平时所处的环境等，了解孩子在家的性格及平时爱好、生活自理情况等。

对学生目前情况的了解与评估：学生目前具备的能力，包括基本认知水平、身体运动能力、语言表达能力、社会交往能力等，特别是在学科方面的能力，如计算、语言表达、记忆能力、理解能力。针对不同障碍类型的学生，有不同的专业评估量表，可以用于测量。

（2）整合资源，制订个别教育计划

在全面了解情况和专业评估的前提下，对各类障碍学生的各方面有专业的评估结果，这些结果可以作为制订个别化教育计划的依据。资源教师需要与行政部门（如教务处等）、任课老师、家长、医生等人员组成某一个学生的个别教育计划小组，为特殊学生制订符合其个人发展的教育计划，该计划要征得学生本人的同意或告知学生本人。

（3）落实教育计划，监控计划实施

资源教师有义务协调各方面因素，保证个别教育计划的实施或推进。有需要的学生会利用适合的时间到资源教室上课，资源教师要给这些学生提供计划中教学内容的支持；还有义务辅助或协调任课老师在课堂上的教学活动，以及落实行政部门对特殊学生的安排。同样，行政部门和任课老师也有义务配合资源教师的工作开展，以达到促进特殊学生发展的目标。

（4）提供其他支持

特殊儿童在成长的过程中会遇到这样或那样的问题，资源教师可量力给予支持，其中包括对特殊儿童的心理支持，也包括对他们在社交困境中的问题处理，也可以为他们争取相应的权益等。资源教师是全面支持特殊儿童融入普通学校的专职教师。

应当选择受过特殊教育专业训练的教师担任资源教师，保证教师的专业性，建立特殊教育和普通教育之间的桥梁，也可以让资源教师巡回服务，辐射周边的学校教育教学。资源教师的教学时间应配合学校上课时间进行统筹安排。

（二）制订符合学生实际的个别教育计划

个别教育计划（individualized education program，IEP）是指为接受特殊教

育的每一位特殊需要学生制订的适应其个人发展需要的教育方案。这是 1975 年美国国会颁布的《全体残障儿童教育法案》中规定的一项内容。该法令要求美国地方教育部门在对残疾学生实施特殊教育之前必须组织一个包括教育行政人员、任课教师、学生父母及学生本人（必要时）在内的小组，共同商定教育或训练的内容及措施，并制订一份书面的教育方案。

个别教育计划基本内容如下。

（1）该生目前达到的教育水平的说明。

（2）该生应达到的短期目标（一般是季度目标）和长期目标（一般是年度目标）。

（3）为该生提供特殊教育和服务的项目及该生能够参加普通教育的程度的说明。

（4）实施上述教育服务的预定日期和实施期限。

（5）制订以一年为周期的评估目标、评估办法及评估日程表。

每一位学习者的学习起点、学习风格、学习环境都不同，因此就有不同的学习需求。需要了解每个人的基本情况，才能知道怎样的教育适合他们。特殊需要学生有多种类型、不同程度的残障水平、不同水平或类型的潜力或优势，这些都将成为评估的内容，并为学校提供适当的教育依据。

从广义上说，不仅是特殊需要学生或特定的残障学生需要个别教育，班级授课制中很多学生都有自己独特的学习特征。即使在同一个年级、同一个班级，不同学生的学习需求往往也有很大的差异，要求学生使用同样的学习节奏，学同样的学习内容，用同样的学习评量方法，很容易造成不符合学生需求的现象，从而影响学生接受和理解学习内容，难以达到良好的教学效果。尤其是对于学习优秀学生和学习落后学生而言，学习内容应照顾到所有的学生。班级授课过程中学生的差异性永远存在，这也是个别教育计划存在的意义。

（三）普及特殊教育专业知识，了解特殊需要学生特点

经多位研究者调查发现，普通学校教师普遍缺乏特教方面专业知识的普及与培训，这也成为阻碍融合教育发展的重要原因。很多普校老师反映"未接受过培训""没有时间参加培训""不会教特殊儿童"等，导致他们在面对特殊需要学生的时候不知所措、无能为力。以河北省为例，尽管近年来国家和省级层面经常组织特殊教育的"国培""省培"项目，但前来接受特教专业培训的人员多是特教学校老师，没有专门针对普校老师开展的特教知识普及性培训，也表明教育行政部门在对融合教育的认知上存在一定的偏差，普通学校教师的特殊教育知识普及并没有受到应有的重视。由此而导致虽然国家大力倡导推行随班就读，但随班就读工作的推进往往受到多种影响因素的限制。

要进行特殊教育专业知识的培训，主要应该了解以下几方面的内容。

1. 特殊儿童的类型及特点

（1）国外的特殊儿童分类

以英国为代表的国家采用"粗分模式"，主张采用"特殊教育需要儿童"或"特殊需要儿童"，而不再进行细分，以避免给儿童错误地分类和乱贴标签。

以美国为代表的很多国家则采用了"细分模式"，如美国于1975年公布的PL94-142号联邦法令《全体残疾儿童教育法》把特殊儿童分为11类，即智力滞后、重听、聋、言语和语言障碍、视觉障碍、重度情感紊乱、肢体残疾、其他健康损害、聋盲、多重障碍和学习障碍。1990年，在新颁布的《残疾人教育法》（IDEA）中将重听和聋合并为听觉障碍一类，并增加了自闭症和外伤性脑损伤两个类型。此外，在1973年颁布的《职业康复法》和1978年颁布的《天才与特殊才能教育法》中还分别把注意缺陷多动障碍、天才和有特殊才能的学生确定为特殊儿童。至2004年，修订后的《残疾人教育法》（IDEA）对特殊儿童类型进行了修订，新的分类包括学习障碍、言语或语言障碍、智力障碍、情绪障碍、多重障碍、听觉障碍、肢体障碍、其他健康障碍、视觉障碍、自闭症、聋盲、外伤性脑损伤、发育迟缓等13类。

而日本将特殊儿童分为以下7类：视觉障碍（盲、弱视）、听觉障碍（聋、重听）、精神薄弱、肢残、病弱及身体虚弱、言语障碍、情绪障碍。俄罗斯的分类与此有些区别，但基本上也在10类左右。

（2）国内的特殊儿童分类

我国比较认同细分模式，对特殊儿童进行了详细的分类。

我国台湾地区对特殊儿童的分类比较靠近美国的分类方法。1997年，根据台湾地区的有关规定，特殊儿童被分为身心障碍和资赋优异两个类型：身心障碍类型包括智能障碍、视觉障碍、听觉障碍、语言障碍、肢体障碍、身体病弱、情绪行为障碍、学习障碍、多重障碍、自闭症、发展迟缓和其他障碍12种类型；资赋优异分为一般智能、学术性向、艺术才能、创造能力、领导才能及其他才能等类别。

我国大陆根据1987年全国残疾人抽样调查领导小组制定的标准对特殊儿童进行了分类，共列出6类：视力残疾、听力残疾、言语/语言残疾、智力残疾、肢体残疾、精神病残疾。之后，随着人们对特殊教育的理解、对特殊儿童的尊重，将很多带有"残疾"的字眼改为"障碍"，同时将"学习障碍""情绪行为障碍""自闭症"也纳入特殊需要儿童类型。

方俊明教授在《特殊教育学》一书中将特殊儿童分成了以下三大类。①残疾儿童：感官残疾儿童、肢体残疾儿童、语言残疾儿童、病弱与多重障碍儿童、智力障碍儿童等。②问题儿童：学习障碍儿童、社会行为障碍儿童、情绪行为障碍儿童、自闭症儿童、孤儿和寄养儿童等。③超常儿童。

本书结合以上分类，以普通学校常见的特殊儿童类型为依据，将感官障碍、智力障碍、情绪行为障碍、肢体障碍等障碍类型以及在学习方面出现困难的学习障碍学生和某些方面优于普通儿童的超常儿童作为主要研究对象，对这些类型的特殊儿童进行分析和研讨，以利于融合教育的开展。而唇腭裂、心脏病、营养不良、贫血、侏儒、处境不利的儿童，因其身心存在异于常态的问题，也被纳入了特殊需要儿童的范围，但并不在本书讨论的范围之中。

（3）特殊儿童的特点

很多人在提到特殊儿童的时候，往往想到他们的障碍类型以及障碍的程度，将他们的不足放在首要考虑的位置上，强调他们存在各种各样的问题，如听障儿童因听力不好而导致言语表达问题、视障儿童因看不到而难以理解形象的内容、智力障碍儿童认知能力差等。如果将一个儿童的不足放在首要考虑的位置上，那么老师在教育的时候可能会因此限制了儿童的学习潜能。

当我们了解儿童的特点的时候，应该从优势和不足两个方面来考虑。尽管特殊儿童在别人看来有这样或那样的障碍或不足，但我们依然要从儿童自身的教育优势和困难两个方面认识教育对象，以期找到促进特殊儿童发展的新途径。例如，听障儿童听力不好或无法说话，但他们的观察能力、模仿能力、抗噪声能力都非常好；视障儿童看不到，难以理解形象的内容，但他们的辨音能力、触觉能力、语言表达能力非常好；智力障碍的儿童认知能力差，但他们的模仿能力很好，做事很认真、一丝不苟等。这些都是特殊儿童表现出来的能力特点，客观地分析，就是他们既有不足，也有优势，让我们在融合教育中找到切入口。

本书在分析各类特殊儿童的特点过程中，以优势导向为出发点，重视发掘特殊儿童的优势，建立有利于他们成长的教育环境和教育秩序，采用扬长避短或扬长补短的教学策略，将促进特殊儿童的发展付诸实践。

专栏·拓展阅读：

中国古代对残疾人的分类

据陆德阳和日本稻森信昭先生的考证，在古诗中就出现了"姬人荐初酝，幼子问残疾"这样的诗句。古代用来表示残疾的词很多，如"废、疾、伤、损"等，尽管内涵与外延略有不同，但都是指那些肢体、感官残缺不全或伴有机体功能障碍的特殊人群。中国古代对残疾人有比较明晰的分类并与现在大致相同。

盲、失明——视力残疾。盲多指双目失明，眇多指单目失明。"瞽"也表示盲人。

聋、聩——听力残疾。对先天性耳聋和后天性耳聋的区别已有初步的认识。

喑、哑——语言残疾。先秦时多用喑来表示，后来用哑来表示。

瘸、跛、孑孑、挛躄——肢体残疾。区分了上肢残疾、下肢残疾和上下肢混合残疾。

驼、偻、佝偻、侏儒、偏死——躯体残疾。侏儒，是指身体异常矮小的人。偏死，多指因中风引起的麻痹和瘫痪。

痴、呆、愚、疢——智力残疾。

癫、疯、癫狂、狂疾——精神残疾。

由此可见，在古代，中国人已经对各类残疾人进行了仔细的观察。古人用来描绘残疾人的用词可以对不同类型的残疾人进行清晰的分类。这些为后来对各类残疾人的安抚、治疗、教育以及推进残疾人称谓的人性化奠定了基础。

2.特殊儿童的鉴别、筛选

鉴别不同类型的特殊儿童有非常专业的评估诊断工具，普通学校的老师应具备基本的鉴别能力，做好初级筛选判断。当我们面对一名阅读障碍或自闭症儿童的时候，能用科学的视角了解这些孩子的基本需求，而不是错误地将他们划归到不努力、不认真的行列里，忽视他们对学习付出的努力，否定他们的特殊教育需求。

教师进行有关的鉴别和筛选工作前是需要经过专业培训的。将严格、规范的评估量表的综合指标展现在教师面前，能让他们对一些特殊需要儿童有初步的判断，以便对其进行专业的评估。

3.特殊教育专业技能的学习

（1）个别教育计划的制订与实施

当一名特殊儿童需要特殊教育辅导的时候，会由资源教师和普通班级教师等多位专业人员共同制订"个别教育计划"（IEP），普通班级教师需要结合IEP的内容，与资源教师共同完成教学计划的实施，促进特殊儿童的发展。

（2）行为改变技术理论与基本技能

一些特殊儿童伴有情绪与行为问题或心理问题。普通班级教师需要掌握行为改变技术的理论与基本技能，可以客观观察、了解、记录儿童的问题行为，为制订下一步的干预计划做依据，同时专业的干预技术也需要教师、家长等的协作，各方共同为改善儿童的行为努力。

（3）与资源教师的合作与推介

当特殊儿童的发展受到普通教师专业、技能等方面的限制，或者说普通教师不能按特殊儿童的需要提供支持的时候，普通教师有能力将特殊儿童的情况推介给资源教师或特殊教育中心教师，并积极配合专业教师实施干预方案。

融合教育促进了特殊儿童的社会化发展和社会功能的改善，而对于一般儿童来说，融合教育可以帮助他们理解平等、尊重、接纳、包容的思想，在与特殊儿童共同学习相处的过程中培养他们善良、友爱、同理他人、乐于助人等很多优秀的品质和个人素养，也为他们成年后对多元化世界的理解、包容打下了良好的心理基础，这是促进特殊儿童和普通儿童成长的"双赢"教育模式。

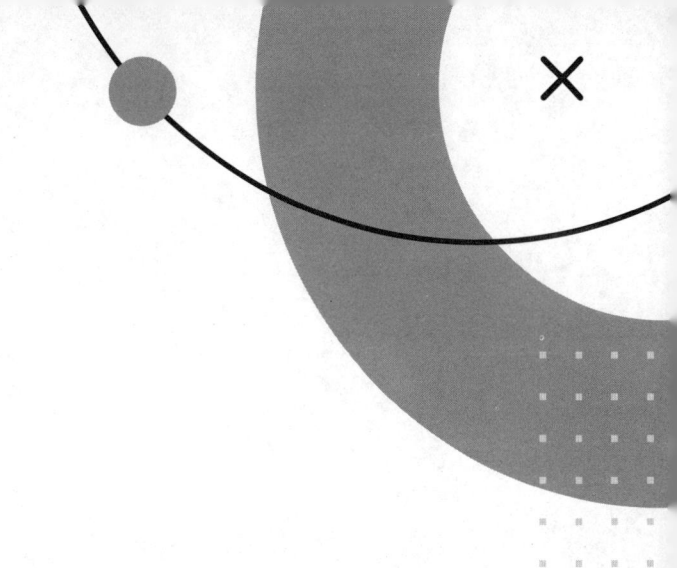

第二章 听觉障碍儿童的教育

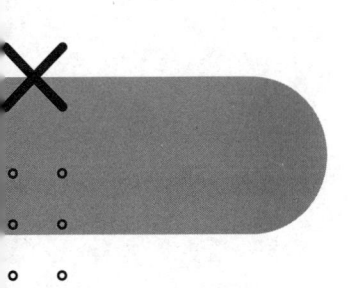

第二章 听觉障碍儿童的教育

案例：

小豪，24岁，四川成都双流人，2014年通过天津某高校单独招生考试，以工科类第二名的成绩考入该校聋人工学院，进入财务管理专业学习。2017年，该高校获批成为推荐优秀应届本科毕业生免试攻读硕士研究生资格的单位，小豪也因此成为该校，也是全国首位聋人推免研究生，顺利通过云南某高校的推免生复试。

在植入人工耳蜗之前，小豪的世界里只是寂静一片，没有小伙伴一起玩，多数的时候一个人玩玩游戏，看看书，学习百科全书、宇宙科普、人文地理，就这么一点点地长大。小学就读于双流特殊教育学校的代诚豪说，"二三年级的时候，学校有大学生志愿者来组织活动，问，中国最长的河是哪条？"小豪马上就举手回答了，正是这次表现，让老师们注意到了他，鼓励他进入普通学校学习。

之后有了人工耳蜗的帮助，初中，小豪进入了当地某中学，和普通孩子们一起学习，但现实并不是那么美好。由于佩戴人工耳蜗年纪较大，补偿效果不是特别好，老师讲的课大部分听不清，有些是听得到声音，但是听不懂。小豪只能自己看老师的板书，借同学的笔记，课后再找老师讲解。早上第一个抱着书到教室开始学习，晚上熄灯后抱着台灯看书，学习一个知识点，要比同学们付出更多时间和心血。对于老师说的一些重要的事，同桌怕他听不清，总是写在纸上给他。刻苦努力的小豪在老师和同学的帮助下以全班第五名的成绩考入了当地某高中。

随即又通过了天津某高校单独招生考试，以优异的成绩考入该校聋人工学院，进入财务管理专业学习。大学期间小豪所在的全纳教育班级其实是和普通学生一起上课，为了弥补自己听课的不足，小豪开始广泛阅读相关的课外书，成绩也一直保持在前列。当然努力得到了回报。就在小豪埋头在图书馆苦读的时候，就读大学的聋人工学院拿到了研究生推免资格，仅有一个名额，除了要求专业成绩第一、没有挂科经历等条件外，还需要至少通过英语四级考试，而这一点，对于听觉障碍的学生来说，非常不易。小豪备考三次终于通过了四级考试，成功获得推免资格，成为全国首位聋人推免研究生。

尽管他已经很优秀了，在进入社会的大门的时候，还是碰壁了。小豪刚出校门时去参加了一个实习会计岗位的面试，但结果并不十分理想。右耳戴着黑色人工耳蜗的小豪，其实不仔细观察，并不能发现他的不同，但他因先天耳聋，不能完全听懂别人快速说话或者专业性很强的句子。

又是一段新的挑战，但是小豪对他的未来充满信心。

问题聚焦：

小豪无疑是优秀的，更是幸运的。幸运在于家人全心全意的爱护，在于有老师们对听障儿童闪光点的发现，在于普校师生对其的接纳和帮助，这才能让听障儿童能将自己的优势充分发挥，并且取得成功。录取小豪的研究生导师吕教授对这个给自己发过邮件的学生有很深的印象，在给小豪的邮件回复中，他鼓励道，"你有残疾而被推免，显然是位优秀的学生"，并给小豪推荐了一些专业文章和书籍。"关注他的成长过程才有意义。"吕教授婉拒了《成都商报》的记者采访，表示录取小豪是"平常事而已"。

但是目前中国大部分听障儿童的求学和成长过程都未必能如此顺利。期待越来越多的老师加入听障儿童的融合教育中来，让小豪的"幸运"变成千千万万听障儿童的"平常事"。

学习目标：

1. 理解听觉障碍的概念、分类，并了解不同听力损失程度的表现。
2. 了解并认识听觉障碍儿童的优势特征。
3. 掌握基本的听障学生融合教育教学策略。

第二章 听觉障碍儿童的教育

第一节 听觉障碍概述

早在古希腊时期，伟大哲学家亚里士多德接受了希波克拉底对感觉器官影响个人生活和学习的观点，认为在智力发展中，听觉是最重要的，在肯定听觉对个体认知和学习的作用方面起到了重要的作用。正是在亚里士多德这种思想的影响下，聋教育比其他障碍类型的教育发展更早、更成功。我们不禁要问，听觉到底是如何产生的，又是如何影响个人认知、语言和社会性等方面的发展的？如何界定听觉障碍？造成听觉障碍的原因有哪些？

一、声音与听觉传导路径

为了更好地理解听觉障碍的概念，首先需要了解听觉产生的机制。声音作为最基本的刺激源，通过声波的传递，再经过听觉系统的处理，最后由大脑皮质进行分析和整合，产生了听觉。听觉的产生是一个非常复杂的过程，需要听觉系统的协调合作。

（一）听觉系统的结构和功能

从医学上来看，人的听觉系统可以分为外周和中枢两个部分。其中，外周部分又包括耳和听神经，中枢指的是大脑皮质颞叶区和各级听觉中枢。

1. 外周部分

听觉系统外周部分包括耳和听神经，耳分为外耳、中耳和内耳，各部分之间相互连接，共同作用。

外耳由耳郭和外耳道两部分组成，耳郭起着收集声音、扩大声音的强度以及判断声源的方位等作用。外耳道从耳甲腔底开始，向内一直到鼓膜处，全长大约为2.5～3.5厘米，宽为0.8厘米，形状类似"S"形。需要注意的是，新生儿的外耳道还没有发育完成，一般要持续到9岁，新生儿的外耳道相对于成人的短而直。[1]这也是新生儿外耳道易感染的重要原因。

中耳处于外耳道与内耳之间，外侧与外耳道隔着鼓膜，内侧与内耳相连。中耳分为鼓室、咽鼓管、鼓窦和乳突四个部分，各部分之间有内黏膜相连，彼此连接以致容易扩散病变。中耳的鼓室形似一个六面体盒子，属于颞骨内的一

---

[1] 张婷. 特殊教育的医学基础[M]. 北京：北京大学出版社，2013：60-61.

个不规则含气腔。鼓室中向后通过鼓窦入口与鼓窦和乳突气房连通，向前由咽鼓管和鼻咽腔连通，主要包括听小骨（或称听骨）、听骨韧带、鼓室血管与神经。听小骨是人体中最轻、最小的一组骨，由锤骨、砧骨和镫骨三部分组成听骨链，听骨链起着将鼓膜感受到的声波传到内耳的功能。咽鼓管是连接鼓室腔和鼻咽腔的通道，与鼓室前壁相连的为咽鼓管鼓室口，与鼻咽腔侧壁相连的为咽鼓管咽口。成人和儿童的咽鼓管略有不同。成人的咽鼓管大约长为3.5厘米，而儿童的只有成人的一半长，且成人的咽鼓管鼓室口约高于咽口2～2.5厘米，与水平面约成45°角，儿童的咽鼓管接近水平，角度大约为10°，管腔较短而内径较宽。咽鼓管是个"只出不进的装置"，只允许中耳内的液体或空气通过咽口排出，而不允许鼻咽腔的分泌物或细菌通过咽口进入鼓室。但是在张口吞咽、咀嚼、打哈欠等活动中，鼓室腔和鼻咽腔相连通，空气通过咽鼓腔进入鼓室，维持中耳内气压和外界大气压的平衡，从而保持中耳腔的充气状态，促使鼓膜受到声波刺激时，产生正常的振动，保持鼓膜和听骨链的正常活动，才能产生正常的听力。这也是为什么在飞机突然升降、潜水时，会造成暂时性的鼓膜内外压力失衡，当压力过大时，鼓膜位置或凸起，或凹陷，引起鼓膜疼痛或耳闷感。儿童咽鼓管的长度仅为成人的一半左右，宽而平，鼻咽腔的炎症易通过咽鼓管传染到中耳，引起中耳炎。一般而言，中耳具有传音和提高声音强度的作用，同时具有保护内耳的功能。

　　内耳由产生听觉的耳蜗和产生位置觉的前庭器官共同组成，因内部结构精细复杂而被称为"迷路"。从解剖学上看，内耳分为前庭、半规管和耳蜗三个部分。耳蜗形似蜗牛壳，由螺旋形管道围绕蜗轴盘旋数圈而成，蜗轴壁上的骨螺旋板伸出基底膜和前庭膜，在耳蜗中将其隔成三个螺旋形管腔，分别为前庭阶、鼓阶和中阶。耳蜗基底膜上排列着与听觉器官密切相关的细胞组合体，称作螺旋器（或称为柯蒂氏器），由感觉细胞、支持细胞核盖膜等组成。感受细胞也叫毛细胞，为感受听觉的细胞，如果毛细胞因为过激的振动或药物导致脱落、萎缩或退化等，都将造成毛细胞兴奋困难，阻断了声音传入大脑皮质听觉中枢，造成人体的听觉障碍。内耳的主要功能是感音。耳蜗接收传入内耳的机械声音振动，引起基底膜及其螺旋器上毛细胞的振动，盖膜与基底膜各沿不同的轴上下移动，使两膜之间产生一种剪切力，借助剪切力的作用，毛细胞的静纤毛发生弯曲或偏转，引起毛细胞兴奋，从而使声音的机械能转换为听神经生物电能，最终通过毛细胞底部的蜗听神经末梢产生神经冲动，经听神经及其中枢传导到大脑皮质听觉中枢，产生听觉。

　　听神经是第八对脑神经，也称作"前庭耳蜗神经"，是主要由内耳向大脑传导听觉和平衡觉的感觉神经。听神经通过神经冲动的形式传递声音。

2. 中枢部分

听觉中枢指的是从耳蜗核到大脑皮层听区的听神经通路，也就是从听神经以上的脑干到大脑半球中的听觉结构。其功能主要为对声音信息的分析、加工与整合。

（二）听觉刺激

听觉刺激指的是物体振动所引起音频的振动，音频即传递声音的媒介。物体振动发出的声波，即所谓的声音，是听觉的最基本刺激。声音的强弱通常用声波振动的强度和频率表示。物体在一秒内振动的次数称为频率，通常用赫兹（Hz）表示，一般人耳所能听见的声音频率范围为20～20 000赫兹。经过测试发现，人们一般说话声音的频率在500～4 000赫兹之间，临床上听力测试根据500赫兹、1 000赫兹、2 000赫兹和4 000赫兹四个频率听力损失的平均值而定。

声音的强度或称为响度，常用分贝（dB）表示，0分贝表示健听者所能听到的最小声音，也是测听的0点。

在正常情况下，声波通过空气传导、骨传导两条路径传入内耳，然后由内耳的内、外淋巴液产生振动，螺旋器完成感音过程，随后听神经产生神经冲动，呈递给听觉中枢，大脑皮层综合分析后，最终"听到"声音。空气传导的路径为"声波—耳郭—外耳道—鼓膜—锤骨—砧骨—镫骨—前庭窗—外、内淋巴—螺旋器—听神经—听觉中枢"。声波通过颅骨传导到内耳，促使内耳淋巴液发生相应的振动，从而引起基底膜的振动，产生的听觉称为骨传导。倘若你用双手捂住耳朵，自言自语，无论多么小的声音，我们都能听见自己说什么，这就是骨传导作用的结果。声音的传播途径以空气传导为主，只有当中耳增压效应遭到破坏时，骨传导途径才发挥作用。

二、听觉障碍的定义

随着人本主义精神的发展，人们对听觉障碍群体的称呼正在经历一个逐渐"去标签化"的过程，这也是为什么对这一群体称呼多样的原因，已有的称呼为"耳聋""重听""听力残疾""听力损伤""听觉障碍"等。虽然在我国现有法律、法规中仍采用"听力残疾"，但本着更加无歧视的立场，在本书中统一使用"听觉障碍"一词。

基于不同的立场和目的，对听觉障碍的界定也各不相同。医学上，侧重根据听力损失的程度将听觉障碍分为从轻度到重度的连续的体系，听觉障碍是指具有传导声音作用的传音器官和具有感受声音作用的感音器官以及大脑皮层对声音的分析获得的感受这一整个系统发生了结构或功能性障碍；教育上，将儿童的听力能力与其学习语言、学业成就以及教育行为对其个体发展的影响等联系起来。美国的《残疾人教育法》是特殊教育领域中具有代表性的文件，其中对听觉障碍的界定为：由于听觉损失对教育效果产生不利影响，因此儿童符合接受特殊教育的资格。20世纪八九十年代，我国大多数特殊教育工作者将听障儿童分为聋童和重听儿童。[①] 重听儿童一般能在助听器的帮助下理解语言，这类儿童的主要学习和交流渠道仍然是使用听觉进行互动；聋童虽然能用残余的听力听见声音，但不得不借助视觉感官进行学习和沟通。

目前，我国较有权威的针对听觉障碍的界定沿用第二次全国残疾人抽样调查残疾标准中的定义，即听力残疾，是指人由于各种原因导致双耳不同程度的永久性听觉障碍，听不到或听不清周围环境声及言语声，以致影响日常生活和社会参与。

三、听觉障碍的类型

根据发病时间和发病类型的不同，对听觉障碍的分类也不同。在本书中主要介绍两种听觉障碍的分类。

第一，根据病变部位不同，听觉障碍分为传导性听觉障碍、感音神经性听觉障碍和混合性听觉障碍。

（1）传导性听觉障碍：由于外耳或中耳病变导致声音无法正常传入内耳，可能是因听觉管道中过多的蜡状物阻塞或是引起鼓膜、听骨链的震颤异常所致，但内耳功能正常。传导性听觉障碍可以通过外科手术或药物治疗进行矫治，助听器对这类障碍型儿童的帮助较大。

（2）感音神经性听觉障碍：由于耳蜗、听神经或听觉中枢等发生病变，从而引起大脑对声音感觉和认知功能的障碍。

（3）混合性听觉障碍：造成传导性听觉障碍和感音神经性听觉障碍的病因同时存在造成的听觉障碍称为混合性听觉障碍。

第二，根据2006年第二次全国残疾人抽样调查分类标准，分别将听觉障碍分为四个不同的级别。

（1）第二次全国残疾人抽样调查标准与1997年世界卫生组织（WHO）标

---

① WILLIAM L HEWARD.特殊需要儿童教育导论[M].肖非,等,译.北京：中国轻工业出版社,2007:297.

准基本保持一致，评定时以双耳中的较好耳在 500 赫兹、1 000 赫兹、2 000 赫兹、4 000 赫兹的平均听阈为准（表 2-1）。2006 年的标准中将听力残疾分为 1～4 个级别：听觉系统的结构或功能极重度损伤即较好耳平均听力损失 ≥91 分贝为一级残疾；听觉系统的结构或功能重度损伤即较好耳平均听力损失在 81～90 分贝为二级残疾；听觉系统的结构或功能极中重度损伤即较好耳平均听力损失 61～80 分贝为三级残疾；听觉系统的结构或功能中度损伤即较好耳平均听力损失在 41～60 分贝为四级残疾。

表 2-1 我国第二次残疾人抽样调查与 WHO-1997 听觉障碍分级比较

听力阈值 dB HL	第二次残疾人抽样调查	WHO-1997
≥91	一级	极重度
81～90	二级	
61～80	三级	重度
41～60	四级	中度
26～40	正常	轻度
≤25		正常

（2）2021 年世界卫生组织听力损失分级标准与聆听表现。

2021 年 3 月 3 日，是第二十二个"全国爱耳日"，也是第九个"世界听力日"，世界卫生组织（WHO）在最新发布的《世界听力报告》（*The Word Report on Hearing*）中采用了新的听力分级建议，制定了最新听力损失分级标准（表 2-2）。

表 2-2 听力损失与聆听表现

听力阈值 dB HL	分级	在安静环境下的听力体验	在噪声环境下的听力体验
<20	正常	听声音没问题	听声音没有或几乎没有问题
20～35	轻度	谈话没有问题	可能听不清谈话声
35～50	中度	可能听不清谈话声	在谈话中困难
50～65	中重度	在谈话中困难，提高音量后可以正常交流	大部分谈话都很困难

续表

听力阈值 dB HL	分级	在安静环境下的听力体验	在噪声环境下的听力体验
65～80	重度	谈话大部分内容都听不到，即便提高音量也不能改善	参与谈话非常困难
80～95	极重度	听到声音极度困难	听不到谈话声
≥95	完全听力损失	听不到言语声和大部分环境声	听不到言语声和大部分环境声
好耳<20 差耳≥35	单侧聋	除非声音靠近较差的耳朵，否则不会有问题。可能存在声源定位困难	可能在言语声、对话中和声源定位方面存在困难

四、听觉障碍的成因

国外研究中，对致聋的原因已查出了四百多种，但是仍超50%的儿童致聋原因不明。[1]2008年，孙喜斌、于丽玫等人对我国0～17岁听力残疾儿童进行的抽样调查中结果显示近30%的儿童致残原因不明。其次占第一位的原因是遗传因素（17.32%），中耳炎（14.19%）占第二位。[2]

教育中，探讨最多的是听觉障碍发生在学语前还是学语后，因此有必要着重探讨学语前和学语后听觉障碍的成因。

（一）学语前听觉障碍的成因

援引国外的一项数据，约有95%的学龄期听障儿童的听力损失是在学习语言之前发生的。我国学者徐秀、王穗芬等人对上海地区2 378名新生儿进行听力筛查分析发现：低出生体重、高胆红素血症、卡那霉素注射史、庆大霉素注射史等可能是导致新生儿听觉障碍的高危因素。学语前听觉障碍的成因中，最为常见的分别为遗传因素、麻疹、遗传性巨细胞病毒、早产、难产以及怀孕时的并发症和Rh因子。[3]

1.遗传因素

孙喜斌，魏志云等人的研究发现遗传是除不明原因外儿童致聋的最主要成

---

[1] WILLIAM L HEWARD.特殊需要儿童教育导论[M].肖非,等,译.北京:中国轻工业出版社,2007:306.
[2] 孙喜斌,于丽玫,张晓东,等.中国0～17岁听力残疾儿童抽样调查分析[J].中国听力语言康复科学杂志,2008(5):14-17.
[3] 贺荟中.听觉障碍儿童的发展与教育[M].北京:北京大学出版社,2014:14-15.

因。[1]遗传因素导致的听觉障碍主要指通过显性染色体、隐性染色体或 X 染色体三类遗传基因导致听觉障碍。遗传学表明致聋显性染色体是由一位携带者通过基因的方式传给孩子，其至少有 50% 的可能性致聋；尽管如此，统计发现 80%～90% 的遗传性耳聋是由隐性染色体携带者传给子女所致，即使其子女的耳聋可能性只有 25%；X 染色体主要指母亲携带了隐性听觉障碍的因子，通过基因传给儿子而不会是女儿，这种情况所占比例较小，仅为 1% 左右。

值得关注的现象是，第一，大多数遗传性耳聋均为隐性致聋基因导致的，90% 的听障儿童出生于健听家庭，30% 的听障儿童的亲人是听觉障碍者。第二，两个听障者结婚生出听障儿童的概率较低，主要是因为父母双方都携带同一种致聋基因的概率较小。

2. 早产或难产

早产是造成低出生体重儿童听觉障碍的主要原因，难产造成的新生儿脑出血或生产过程中的缺氧都是导致学龄前儿童听觉障碍的原因。

3. 麻疹

孕妇在怀孕的过程中身体抵抗能力较弱，特别是在怀孕前的三个月中，如受到麻疹的侵袭，将严重的影响新生儿的发育过程，这也是导致新生儿各种障碍的重要原因之一。庆幸的是，自 1969 年发明了麻疹疫苗以来，麻疹致聋率大大地降低了。

4. 遗传性巨细胞病毒（CMV）

遗传性巨细胞病毒又名"先天性细胞巨化病毒"，是传染性病毒中的一种，CMV 是一种常见的滤过性传染病毒。该病毒不仅可以通过子宫传染给胎儿，还可以通过产道或母乳传染，大多数感染者会经历一个像呼吸道感染时的轻微症状，但很快症状就会消失。大约 1% 的婴儿的口水中含有该病毒，感染该病毒的其中 10% 的婴儿今后将形成不同程度的障碍，有智力障碍、视觉障碍，最多的就是听觉障碍。另有研究显示：查明的将近一半的听障儿童的致病原因是巨细胞病毒。目前，通过羊水穿刺和血液检查均能够检查出孕妇是否感染了该病毒，或者是否有感染该病毒的风险，但至今没有预防和治疗的有效办法。

（二）学语后听觉障碍的成因

1. 中耳炎

中耳炎，顾名思义是因中耳发炎引起的，是一种短时性或周期性的中耳

---

[1] 孙喜斌,魏志云,于丽玫,王琦,梁巍.中国听力残疾人群现状及致残原因分析[J].中华流行病学杂志,2008（07）：23-26.

感染疾病。中耳炎根据发病时间的不同，可分为急性中耳炎和慢性中耳炎，中耳炎是6岁以下儿童最常见的耳病，研究发现至少得过一次中耳炎的儿童占了90%，另外5岁以下的儿童中有三分之一得过周期性中耳炎。[①]婴幼儿的抵抗力较差，加上本身的发育特征，使细菌很容易通过宽大平直的咽鼓管进入中耳，引起中耳感染。

2. 脑膜炎

脑膜炎是因细菌或病毒感染中枢神经系统，可能扩展到脑和耳等器官，进而造成内耳感音系统的破坏。脑膜炎成为后天耳聋的首要病因。

3. 梅尼埃病

梅尼埃病是一种原因不明、相对少见的内耳疾病，主要出现在40～60岁的人群中，10岁以下的儿童少见，多数患者先一侧耳发病，主要特征为耳鸣、听力下降、突发性眩晕。

4. 噪声损伤

长期暴露在噪声刺激的环境中，容易造成一种缓慢的、进行性的听觉损伤，损伤部位主要是内耳。长期暴露在90分贝的环境中可能会使听力逐渐丧失。

五、听觉障碍的出现率

出现率指的是在某个特定时间内，一定人口中已经存在的某种类型人数占总人数的比，例如，"听障生的出现率=某年学龄听障生人数/这年学龄儿童人数"。统计发现，美国听觉障碍的人数大约为2 200万人，占总人数的8.6%。出现率最高的是65岁和65岁以上的人群，出现率最低的是儿童，18岁以下的儿童中有1.3%是聋或重听儿童。[②]

2006年全国第二次残疾人抽样调查显示，我国听觉障碍的出现率为1.52%，全国共有听障人数2 004万人，占所有残疾人总数的24.16%。[③]18岁以下单纯性听障儿童有22.15万人，出现率为0.18%；6～14岁学龄听障儿童有11万。[④]

---

① WILLIAM L HEWARD. 特殊需要儿童教育导论[M]. 肖非，等，译. 北京：中国轻工业出版社，2007(5)：306-307.

② 特恩布尔，等. 今日学校中的特殊教育（下册）[M]. 方俊明，等，译. 上海：华东师范大学出版社，2004：758.

③ 中华人民共和国国家统计局. 2006年第二次全国残疾人抽样调查主要数据公报（第二号）[EB/OL].[2009-05-08].http://www.gov.cn/fuwu/cjr/2009-05/08/content_2630949.htm.

④ 沈励，刘民. 听力残疾的流行病学研究进展[J]. 中国康复医学杂志，2009（3）：281-283.

值得注意的是，在查找相关文献的过程中发现，我国 0～6 岁听障儿童的出现率从第一次全国残疾人抽样调查到第二次呈明显下降趋势，具体数据如图 2-1 所示。

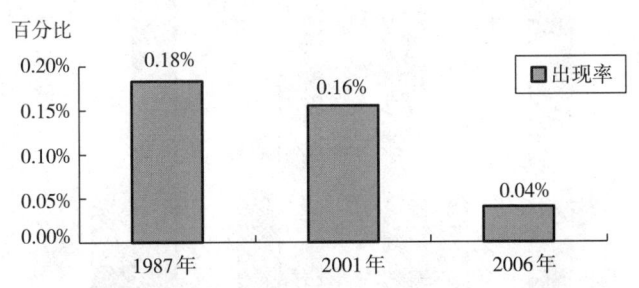

图 2-1　我国 0～6 岁听障儿童的出现率示意图

但是根据听力残疾分级的年龄特点，60 岁及以上组听力残疾三级、四级的人数占 79.13%，4～6 岁组一级、二级残疾占 67.36%，0～3 岁组一级、二级残疾占 83.90%，可见老年人听力残疾以轻中度居多，儿童听力残疾以重度极重度居多。且 15 岁及以上人群以单纯听力残疾为主，占 72.65%，0～14 岁人群以多重听力残疾为主，占 64.55%；农村听力残疾发生危险性是城市的 1.27 倍。具体据如图 2-2、图 2-3 所示。

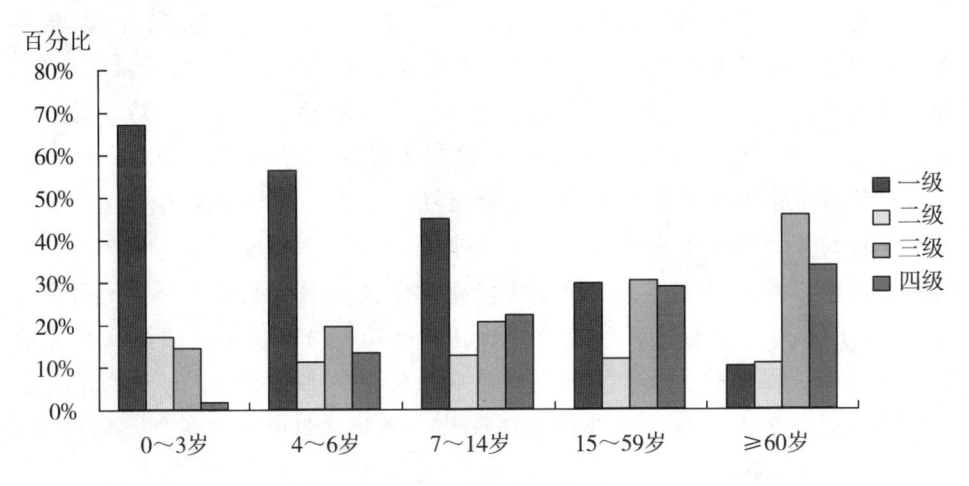

图 2-2　我国听力残疾年纪分布图

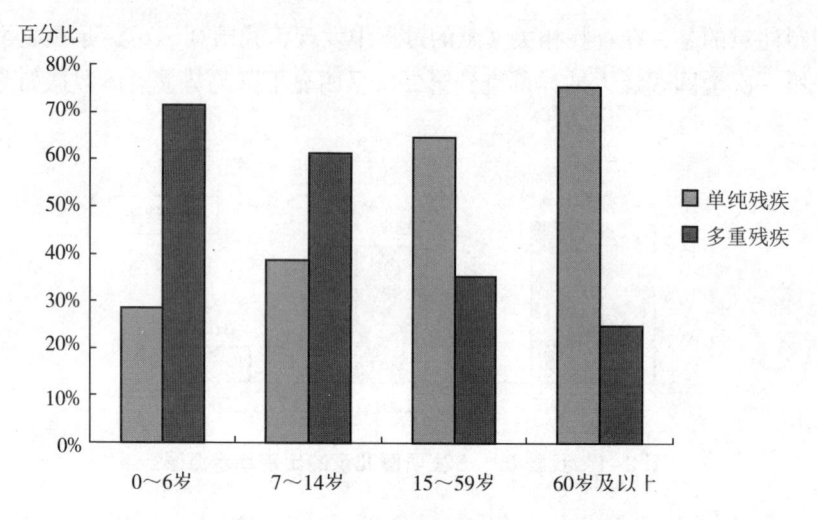

图 2-3　听力残疾类别的年龄特点示意图

专栏·拓展阅读：

加劳德特大学

位于美国首都华盛顿的加劳德特大学（Gallaudet University）是世界上唯一一所聋人和听觉障碍人士的文理综合性大学。加劳德特大学的创立得益于加劳德特父子的艰辛努力。

托马斯·霍普金森·加劳德特（Thomas Hopkins Gallaudet），1787 年出生于美国宾夕法尼亚州费城，后来随父母迁至位于康涅狄格州的外祖父母家。加劳德特自幼聪慧，14 岁就考入耶鲁大学，成为耶鲁大学的第一届学生。从耶鲁大学毕业后自学法学并于 1810 年获得文学硕士学位。1814 年，出于对邻居科格斯韦尔博士的女儿爱丽丝（爱丽丝是个聋童）的怜惜之情，27 岁的加劳德特顿生了要献身于美国聋人教育事业的念头。之后加劳德特开始到英国和法国学习聋校教育，并认识了法国聋童学校的年轻教师劳伦特·克拉克（Laurent Clerc），克拉克被加劳德特的精神感动，与其同回美国建立聋童学校。1817 年，在加劳德特、克拉克和爱丽丝父亲的共同努力下，成立了美国最早的美利坚聋人学校，加劳德特任校长，他和克拉克同为教师。1851 年，加劳德特与世长辞。

"There must be something in life more important than counting money."（生命中往往有着比金钱更重要的事情）这是老加劳德特最小的儿子爱德华·加劳德特经历了银行工作后，对生活意义的重新认识。加上受父亲的影响，小加劳德特决心要像父亲一样做一个开拓者，创办一所聋人学院。举步维艰之际，小加劳德特收到了美国邮政总长阿莫斯·肯德尔（Amos Kendall）从华盛顿寄来的信。肯德尔在华盛顿创办了一所盲聋学校，在肯德尔的鼓励和支持下，美利坚聋人学校迁至华盛顿，与肯德尔的哥伦比亚盲聋哑教养院（Columbia Institution for the Instruction of the Deaf and Dumb and the Blind）合并。1864年，小加劳德特给美国国会写了一份议案，要求国会批准哥伦比亚盲聋哑教养院培养聋人大学生。当时许多国会议员和代表极力反对，部分人认为聋人根本学不了大学课程，甚至肯德尔也开始动摇了。此时的美国正处于动荡的南北战争之际，亚伯拉罕·林肯却在战争之余，全力支持小加劳德特的议案。1864年4月8日，林肯正式签署法令成立国立聋哑学院（National College for the Deaf and Dumb）并成为第一个捐款人。27岁的爱德华·加劳德特任首位院长。1865年，盲人学生从哥伦比亚学院转到了马里兰州盲校。从此，该校成为专门的聋人学院。1894年，国立聋哑学院正式以爱德华·加劳德特的名字命名——加劳德特学院。1986年8月4日，里根签署关于聋人教育的法案，批准加劳德特学院为加劳德特大学。

1988年3月6日，加劳德特大学的学生举行了著名的"现在让聋人当校长"的运动，抗议大学的校长由正常人担任。金·乔丹博士成为历史上第一位聋人校长。加劳德特大学作为聋人高等教育的象牙塔，拥有最著名的聋人教育专家和先进的教学设备条件。其研究生教育面向全美和全世界的聋人。1995年2月，加劳德特大学通过关于手语交流的声明，支持聋人、有听觉障碍的人和正常人在大学校园进行直接可视交流。大学中的每个人都有义务使用清晰且易于理解的手语。

第二节　听觉障碍儿童心理特征

事物作用于感官时人对事物个别属性的反映、各种感官的活动都能产生对事物个别属性的认识，如嗅觉、味觉、听觉、视觉等。感觉是人类认识客观世界的开端。知觉是客观事物作用于感官时，脑对事物多种属性或部分加以综合而产生的整体反映，知觉以感觉为基础，并与感觉同时发生。

知觉反映的是事物之间的一定关系，它除了包含感觉之外，还包括过去的经验。知觉是依据反映活动中起主导作用的感官进行分类的，如视知觉、听知觉、触知觉等。总有几个感官参与知觉过程，它们作用不同，其中一个起主要作用，其他的起辅助作用。健听儿童上课时，起主导作用的是听觉分析器，学生同时要看老师、看黑板、看课本、看挂图、记笔记，在听知觉起主导作用的前提下，视觉、动觉都参与听课活动。对于听觉障碍儿童来说，他们上课时不是听课，而是看课，视觉起主导作用，听觉（残余听力）和其他感官起辅助作用。

听力损失给儿童的整个认识活动带来了很大的影响，使他们的感知活动与健听儿童有所差异。听障儿童由于部分或全部丧失了听觉，其感知觉特点具有独特性。研究发现，听觉障碍儿童的视觉发展速度较快，与健听儿童相比，优势不明显。听障儿童的视觉表象清晰、完整、更接近实物，在细节上优于普通儿童，但在概括性上，却相对落后。

一、听障儿童的感知觉特征

（一）听觉障碍儿童的视觉

视觉能感知物体，辨认形状、大小、色彩、远近等特征，获得空间表象。在丧失听力的情况下，视觉的意义就更加重要。有数据表明，听觉障碍儿童所接收的外界信息，有90%以上来自视觉。补偿听觉障碍儿童的听觉缺陷的任务主要是视觉来承担的，"以目代耳"是听觉障碍儿童感知觉的突出特点。听障儿童的视觉还有以下几点特征。

（1）感知活动贫乏，范围狭窄，缺乏完整性。

（2）听觉障碍儿童的视觉感知能力是随着年级的增长逐步发展的。

（3）听觉障碍儿童的感知活动缺乏选择性、系统性和准确性。

①听觉障碍儿童不善于区分知觉的对象和背景，不能有目的地突出重点，抓住知觉对象的主体。当他们看一幅画时，可能注意到一些很小的细节，认为画上的一切都很重要，但却说不出画的主题。

②听觉障碍儿童对整体与部分的关系和比例的认识是比较模糊的，对事物的感知往往偏重部分，忽略整体，忽略各个部分在整体中的正常比例关系。

③听觉障碍儿童的视觉感知中，分析能力比概括能力强。

④听觉障碍儿童感知活动中往往缺少声音的刺激和语言的参与，感知能力与其语言能力的发展不相适应。

健听儿童感知活动与学语言经常是同步进行的，特别是父母或教师教他们语言的时候总是结合实物、图片进行。而听障儿童每天接触各种事物，但反映事物性质的声音信号和表达这些物体的词语信号却不能同时被他们感受到。

（二）听觉障碍儿童的触觉

触觉属于皮肤感觉，人的触觉细胞最密集的地方分布在手掌、指尖和嘴唇上。手是主要的触觉器官，是人特有的一种认识手段。人借助手的触觉，能感受到物体的形状和空间位置，获得关于物体表面特性的认识，如光滑、粗糙、柔软和坚硬等。

触觉和视觉是并行的感觉，他们所反映的内容基本相同。触觉经常参与视知觉的过程。例如，我们把东西拿在手里，用眼睛看，视觉可以获得颜色、形状等，同时我们又能获得触觉感知到的信息。

对于听障儿童而言，触觉可以帮助他们学习模仿语言，感受音乐等，具有重要的补偿作用。听觉的丧失同样会影响触觉的发展。学龄期，听觉障碍儿童触知觉发展落后于健听儿童，表现在触摸动作少而单调，很少注意物体的整体形状。在学龄阶段，触觉在学习过程中不断发展，主要反映在触摸过程和揭示物体特征上的改变和完善。

（三）听觉障碍儿童的言语运动觉

言语运动觉是一种重要的动觉，人的手指、舌头和嘴唇上聚集着大量的运动感受器，因为它们要完成准确精细的动作和言语运动。

人在发音说话时会产生极为复杂的言语运动觉，包括各发音器官的位置、言语运动的方向、发音器官的紧张度、语速的快慢等。听觉障碍儿童不能靠听觉调节和控制自己的语言活动，发音器官的动觉（语言运动觉）就成了他们模仿、检查、监督自己发音器官的重要工具。

听力丧失影响了儿童言语运动分析器的正常发展，儿童由于失去借助听觉模仿说话的可能性，变成了不会说话的人，这也就是我们说"聋哑人"的原因，聋和哑往往是同时出现的。如果没有及早发现听障儿童，且没有对其进行言语语言训练，长此以往，他们的言语运动器官基本就会处于停滞状态，丧失其原本的功能。

言语运动觉和思维的关系也十分密切，听障儿童的言语运动觉的精细程度取决于发音说话的清晰程度，发音越准确，说话越清楚，产生的言语运动觉就越准确精细，对思维的帮助也就越大。

对于已经掌握语言的听障儿童，他们能根据言语运动感觉能够及时发现和纠正自己的发音错误，同时，言语运动觉又是听觉障碍儿童看话的主要依据。

（四）听觉障碍儿童的残余听力

有关统计表明，听觉障碍儿童群体中有残余听力的人占85%以上，残余听力对听障儿童的认识活动有重要作用。

听觉障碍儿童残余听力的现状：

（1）听觉障碍儿童中有残余听力的个体之间的差异很大；

（2）有残余听力的听觉障碍儿童听觉功能的发挥受到条件的限制；

（3）有残余听力的听觉障碍儿童对语音的感知难度大；

（4）有残余听力的听障儿童对客观世界丰富多样的声音刺激的感知受到局限。

二、听障儿童的认知特征

听障儿童在学习活动中，由于无法感知事物的整体性，对所注意的物体容易失去兴趣。另外，听障儿童依赖视觉注意，长时间的视觉加工容易导致视觉疲劳，从而导致注意转移，这也是听障儿童在课堂中很容易偏离老师的讲课内容，喜欢寻求新的刺激物的原因。但是他们的这一特征在今后的发展过程中的优势将显现出来，听障儿童更能从事注意力集中的事，如绘图、雕刻等。另外，听障儿童的注意范围相对较小，注意的转移能力相对较差。

听障儿童由于听力损失的影响，在记忆方面表现出来的显著特征是视觉记忆表现较好，可能与其长期偏向于使用视觉记忆有关。不少人注意到听障儿童视觉缺陷较少，且在视觉注意力方面特别优异，怀疑这是感官补偿的结果，实验研究推翻了此类假设。除了视觉缺陷的检查外，有些学者比较研究听障儿童与健听儿童在视觉认知速度及视觉认知广度的区别以及维持视觉注意力的持续时间方面的差异，证明两组儿童并无显著的差异。由此可见，听障儿童在读唇方面展现的视觉注意力应该是长期训练和注意力集中的结果。[1]

听障儿童以直观动作、具体形象思维为主，抽象逻辑思维较差，这种情况会一直持续到十四五岁，与普通儿童的思维发展速度不一。

三、听障儿童的语言特征

相关研究表明，听障儿童的语言发展速度与健听儿童相比更加缓慢。哈平安认为，大部分的听障儿童的书面表达能力较差，但是书面理解能力还可以。哈平安要求听障儿童先读课外书，然后通过手势复述所读过的故事或内容。在这个活动中，较多的听障儿童能够准确地把故事"讲述"给同学们。

听障儿童普遍掌握的词汇量小，对语义的理解不够深入，使其在文字书写上困难更大。与同龄的健听儿童相比，这类儿童的文字应用倾向于简单、具体、形象的词汇，句式较短，结构简单、单调，句子完整性较差。受到手语学习的影响，听障儿童的书面表达中句式的成分经常颠倒。听障儿童书面语言出现的动词运用不当、搭配混乱、成分残缺和语序颠倒等问题在刘德华

---

[1] 郭为藩.特殊儿童心理与教育[M].台北：文景书局,1985：165-166.

对听障儿童书面语的研究中有所体现。①

瞿秋霞在其研究中得出结论：听障儿童的书面语掌握和运用能力较差。听障儿童的写作常出现句式残缺、用词不当等现象。②

四、听障儿童的社会性发展特征

听力损失对听障儿童的行为发展和社会情绪的发展有直接的影响，听不到别人的声音、语气或语调，使听觉障碍者在交往的过程更加直接，表现出来的显著特征就是不成熟、任性、固执等。其实，听觉障碍程度重的儿童反映其本身常感到孤独和排斥感，特别是在父母是健听人或与健听人一同活动的环境下，这样的感觉更加强烈。美国一项研究对1 000名在教室中有破坏行为的听障儿童进行研究发现：被调查者的破坏行为与其阅读能力成正相关，换句话说，他们的阅读能力越差，在学校中出现的破坏行为越多。

五、随班就读听障儿童的学业特征

基于听障儿童认知语言社会性发展特点，其在融合教育学习中常常表现出以下特征。

（1）上课常不专心。

（2）有时可听见别人说话，有时却听不见。

（3）好像明白别人的话，但行为却明显表现出"不明白"。

（4）要求别人重复。

（5）聆听长时间的口述和讲话，容易感到疲惫。

（6）小组讨论时，对跟从他人的讲话感到困难。

（7）可跟从1～2个步骤的指示，对执行多个步骤的指示可能有困难。

（8）对于学习新事物比其他学生慢。

（9）有时需要看身边的同学在做什么，才能跟上课程活动。

即便如此，需要提醒的是，教师不能也不应该将学业成绩等同于智力水平。聋本身不会造成个体的认知缺陷，具有代表性的人物就是海伦·凯勒，经过她的家庭教师和她自己的不懈努力，成了著名的作家，顺利考进哈佛大学拉德克利夫女子学院，同时掌握了多国语言。对听障儿童的教育问题主要体现在，教师习惯于错误地将听障儿童的知觉能力和对口语、书面语的需求

---

① 刘德华.关于加强聋生书面语教学的思考[J].中国特殊教育,2002(2)：43-46.

② 瞿秋霞.关于加强聋生书面语教学的思考[D].武汉：华中师范大学,2005.

对应起来，造成个体发展刺激的不足。

六、教室声学环境对听障儿童言语理解的影响

大多数听障儿童进入普校学习时都会佩戴助听装置，助听装置的验配通常是在特定的相对安静的环境下进行的，如验配中心、助听器验配室、听力中心等，验配师与验配者多是面对面并且刻意大声清晰地讲话。而在现实环境中听障儿童不得不面临噪声、混响和距离等环境因素对言语感知和言语理解的影响，而且这些因素往往是同时存在，其协同影响远大于其中某一个因素的单独影响，因此听障儿童在教室里多人互动交流时，言语感知尤其困难。

（一）噪声对听障儿童言语理解能力的影响

背景噪声由一系列的声源产生，可以由室内设备和人员产生，也可以是室外的自然声和人造声。与言语交流最相关的不是噪声的绝对强度，而是信号与噪声之间的关系，即信噪比（S/N 或 SNR），也就是信号与噪声强度的差值，而不是比值。儿童较听觉系统和沟通技巧发育良好的成人需要更高的信噪比。用预知性高低不同的语句所做的研究表明，11～17岁的健听儿童在信噪比为0和-5分贝条件下对高预知性语句的表现明显差于成人，但对低预知性语句的表现却差别不大，说明背景噪声对其通过上下文语义提示理解言语的能力有明显影响；相反，9岁的健听儿童在此信噪比下对高预知性和低预知性语句的理解都较差，结果显示，即使是健听儿童在语句理解时也会受噪声的掩蔽效应影响。对母语不是英语族群的研究显示，在信噪比为10分贝或更低的情况下，母语不是英语的儿童较母语是英语的儿童更难理解语句，也就是说这些儿童（包括单侧听觉障碍但未佩戴助听器的儿童）需要更大的信噪比。听障儿童需要付出更多的努力才能感知背景噪声下的言语。研究显示，在听辨语句和无意义单词音节时，单侧重度及以上听障儿童较同龄健听儿童需要高3～4分贝的信噪比；安德森（Anderson K.L.）等调查了在安静环境，信噪比分别为+12分贝、+6分贝和0分贝四种环境下轻中度听力损失儿童与健听儿童的言语感知能力，结果显示所有儿童在信噪比下降时言语感知得分都有所降低，听障儿童言语感知得分降低尤为明显，从安静环境下的87%降到信噪比为0时的42%，在高噪声环境轻度听障儿童的得分也不到一半，说明信噪比对听觉的影响巨大，无论有无听觉障碍，信噪比对言语识别率都有很大影响，15分贝信噪比的改善可使言语识别率提高近60%。

（二）混响对听障儿童言语理解能力的影响

混响是指声波到达人耳部之前在封闭空间中各种界面间的反射。人们听到

的声音最初直接来自声源及其反射波，这些反射波合并起来后大多数听者都解释为一种声音。混响时间（RT）是指声音停止后声音强度降低或衰减60分贝所需的时间，高强度的混响（混响时间大于1.2秒）往往会使言语感知降低，因为环境的各种反射面（体）在吸收对言语识别至关重要的高频声的同时，也反射具有扩散掩蔽作用的低频声，反射能量的重叠掩蔽了言语的直接信号。儿童在混响环境里不能很好地理解言语，因为儿童还不完全具备可以在混响环境中抑制反射声，优先听取信号声，从而改善混响条件下言语理解力的优化统一能力。健听儿童5岁左右时这种能力开始发展，此前其在混响环境的言语理解力不如成人，因为他们总是将回声或反射声听作独立的声音，而不是将这些反射声混入信号声。有研究者分组观察了5～12岁儿童在混响时间分别为0.4秒和0.6秒两种条件下对无意义音节的感知，结果显示混响时间越长，所有年龄组儿童的言语感知得分都越低，5岁组得分最低，从安静环境下的96%正确言语感知降到63%的平均言语感知。连续的研究发现在混响条件下儿童的言语感知能力到13岁时最接近成人。混响对听障儿童的影响更大。有研究比较了混响环境下无听力损失和轻中度听力损失儿童的言语感知得分，结果显示佩戴助听器的听障儿童在混响时间为0.4秒时感知单音节词的平均得分从87.5%降到74%，混响时间为1.2秒时猛降到45%，健听儿童的得分降低较少，混响时间为1.2秒时从94.5%降到76.5%，结论是声学效果差的教室会对听障儿童的聆听学习造成非常大的困难和负面影响。

（三）混响和噪声对听障儿童言语感知能力的协同影响

研究发现噪声和混响对言语感知能力的协同影响，这对理解教室噪声和混响对有无听障的儿童的言语理解都有巨大影响，做出了重大的贡献。健听儿童组儿童从安静环境到0分贝信噪比环境下，言语识别率下降了34.3%，从混响时间为0秒到1.2秒环境下言语识别率下降了19%，如果简单相加，两者联合影响应该是53.3%，但实际上当混响时间为1.2秒，信噪比为0分贝时，言语识别率下降了29.7%，即噪声和混响的协调影响使得分减少了64.8%，比简单相加大约10%，对听障儿童的影响类似，说明高强度的噪声和混响会对健听儿童的聆听学习造成困难，使听障儿童几乎不可能正确聆听，因为健听儿童的平均言语识别率也只有11.2%。目前，绝大多数听障儿童都在普通教室聆听学习，所以必须努力改善教室的声学环境。总之，噪声大小与混响程度严重影响听障者的感知能力，两者的协同影响对听障者来说更为严重，一般助听器在噪声与混响环境中基本无能为力，因此听障儿童在普通教室聆听是一项艰巨的任务。对于大多数儿童，尤其是小龄听障儿童，在声学条件差的教室里聆听学习很可能处于更加艰难的境地，他们必须克服噪声和混响的不良影响。因此，对于听障儿童的学习环境必须参照适当的标准进行评估。

(四) 距离对言语感知的影响

任何人都会因聆听距离而影响言语可听度，听障儿童更是难以适应。"噪声—混响—距离"的协同作用极大程度地增加了理解语言的难度，随着与声源距离的增加，音量迅速衰减，随着教室讲话者与儿童距离的增加，信噪比逐渐下降，儿童的言语感知水平也随之减低。

第三节 听觉障碍儿童融合教育

一、听觉障碍儿童个别化支持内容

(一) 利用资源教室，优化听能管理

越来越多的听障儿童在义务教育阶段进入普通学校随班就读。这部分儿童通常具备比较理想的听觉言语水平，能通过自身努力，结合教师教学策略、教室声学环境等方面的调整，基本适应普通学校的学习生活。

但是也存在一部分随班就读的听障儿童就读过程并不顺利，甚至会出现返回听力语言康复中心接受再康复教育的现象，从表面上看是因为听障儿童学习成绩跟不上，实质上是语言问题，即听清语言、听懂语言、听熟语言和语言表达能力的问题导致了这一现象产生。听障儿童在班上没听懂教师关于活动的安排和要求，就不知道自己该做什么，怎么去做，只能被动地跟着他人学。听障儿童没听懂教师课堂的教学语言、具体安排和要求，就难以跟上教师的教学进度，常常觉得云里雾里，不知道教师讲到了哪里，无所适从，导致听障儿童在普校中处于孤立的状态。

究其根本原因就是普校对听障儿童的听能疏于管理，普校教师不了解听障儿童的认知特征，导致其听不好，学不懂，交流困难，适应困难。对于随班就读的听障学生，普校教师可以从当地特殊教育指导中心、资源中心等支撑机构寻求专业支持，以获得更高品质的听能管理与服务，从而提高听障学生的随班就读质量。

1. 对听障儿童的助听设备做日常护理

（1）助听器的保养与维护

①干燥、防潮、防高温

助听器及电池均应放于阴凉干燥的地方，不宜置于高温环境下或阳光直射的地方。

助听器易受潮，洗头、洗脸、洗澡之前，运动或流汗后，都应将助听器取下。

如助听器受潮，切勿使用吹风机将其吹干，过热的温度会损坏助听器。

不戴助听器时，请将助听器放于干燥盒内，以防损坏助听器及使其受潮，切记取出电池，减少电量消耗，同时查看是否有化学物外漏现象。

②安全

电池需要用助听器专用电池——锌空电池，并且应将电池、干燥剂放置于儿童拿不到的地方，以防儿童误吞电池或干燥剂导致意外发生。

③正确佩戴

佩戴助听器前要检查音量钮是否设定在听力师建议的音量挡位上，检查助听器是否设定在"M"，而不是在"T"，检查耳模和耳钩是否对准，耳钩有无折损，耳钩内有无水珠。

④其他

避免将异物插入助听器内，以免造成严重损坏。

切勿使助听器与化学物品（如发胶、香水、刮胡液等）接触。

如发现耳模导声管有硬化或破裂现象，并产生回馈音，必须及时更换。

⑤会使用助听器清洁包

干燥盒：当干燥剂变成浅蓝色或近乎白色时，即表示已吸饱水汽，需更换；干燥饼由金黄色变白色后需更换。

测电器：在液晶屏上显示出剩余电量。

吹气球：清除助听器及耳模导管内的耳垢和附着物；清除耳模及传声管清洗后黏附的水分。

监听耳机（听筒）：将监听耳机套在助听器出声口处，监听时可用林氏六音测验高低频声音听起来如何，将助听器拿远及拿近说话并监听。

刷子：用于助听器的清洁，一头装有磁铁，可方便取出电池，另一头安有钢针圆环，可用于喇叭、触点中异物的清除。

气孔通杆：用于耳模及定制机气孔的清洁和疏通。

干擦布：质地柔软，去污、吸水能力极强，可用于擦拭助听器及耳模上的附着物。

（2）耳模的保养和维护

①耳模的保养

每天用干燥、柔软的布料把耳模擦净，并除去声孔内的污物。

每周用肥皂水洗涤一次，去掉油垢。

切记不可用酒精擦洗，因为酒精可溶解耳模材料，用酒精擦洗后耳模表面会产生裂纹，以致影响封闭性。

及时将耳模声孔内的水汽、水珠甩掉，最好将其存放在有干燥剂的密封小盒内。

②耳模的更换

0~3岁的儿童每3~6个月更换一次，3~6岁的儿童每6~9个月更换一次，6岁以上的儿童每12个月更换一次，听力损失严重的儿童，每半年更换一次。

此外，遇到以下情况时，也需要更换：

佩戴方法正确但仍感到疼痛或不适时；

耳模声孔内的污物无法除掉，以致影响助听效果时；

耳聋加重，需要更换更大功率的助听器时，同时应更换耳模；

有漏声现象，说明耳模小了，密封不严，需更换新耳模。

③耳模的佩戴

佩戴前先将助听器的开关关闭，用手捏住耳模，将耳模的耳道部分对着耳朵，慢慢放入耳道，如不易放到正确位置上，可在耳模的耳道部分薄薄地涂一层凡士林，将有助于取戴。

耳道部分放好后，将耳模向后旋转按下，让耳壳、耳轮依次就位，最后轻拉耳郭，按紧耳道部分，将助听器放置耳后，注意勿使胶管扭曲。打开助听器开关，调整音量到适当位置。

摘取助听器之前，先将助听器的开关关闭，用手捏住耳模，从耳轮、耳壳至耳道部分依次退出，与佩戴时的顺序相反。

（3）人工耳蜗的保养

植入部分：研究表明植入体的抗震、抗撞击能力不是很强，为保险起见，在日常生活中要防止植入部位重力的直接撞击；及时治疗耳科和局部的感染。

体外部分：言语处理器需注意避免潮湿、静电；避免受重力从高处摔落。麦克风要注意防潮，每晚进行干燥。电池和导线使用一段时间后需更换。通常体外部分使用一段时间后要进行定期保养，确保机器正常工作。

人工耳蜗在使用过程中应注意下以几点。

①清洁、干燥、防潮。

②防静电：静电放电会损坏植入系统的电子元件，或扰乱言语处理器的程序，应将导线放在衣服里面紧贴皮肤，以减少带静电物体对导线的吸引和影响。

在佩戴耳机和言语处理器之前，请先触摸其表面，以使其与身体的带静电水平相平衡。

在玩蹦床或塑料游戏设施时，要先摘掉耳机和言语处理器，只是把它们关掉是不够的。

对衣物、地毯、汽车坐垫等物品使用衣物柔顺剂或抗静电喷雾剂处理。

避免将耳机和言语处理器与电视屏幕或电脑显示屏接触。

③头部避免外伤。

④避免接触强磁场。

乘飞机前进行安检时应关闭言语处理器。

磁共振检查时要关闭言语处理器。

使用磁疗机时要关闭言语处理器。

⑤其他。

不要在传输线圈上缠绕诸如毛线之类的东西，以避免造成传输信号的中断。

更换电池时，一定要先关闭言语处理器，再开启电池仓。

帮助人工耳蜗使用者取下外部部件前，应先关机；相反，开机前，应先帮助人工耳蜗使用者佩戴好每一个外部部件。

2.林氏六音评估，监察听障儿童听力状况

林氏六音测试法的概念基于选择常见的语音来代表250～8 000赫兹的言语频谱。选用m、u、a、i、sh、s来分别代表低、中、高频声音对听障人士的听力水平进行测试，应用这一测试方法能够快速而有效地检查儿童能否察觉到言语频率范围内的声音，是家长、老师和听力医师必须掌握的一项技能（表2-3）。使用这一方法除了可以快速有效地检查儿童能否察觉和辨识到言语频率范围内的声音，还可以快速了解听障儿童是否出现听力活动或助听设备是否出现异常，帮助助听初期的听障儿童养成良好的倾听习惯。这种方法与传统测听技术所测试的范围相同，应用和操作更加便捷，更容易掌握。

表 2-3 林氏六音声学特性

林氏六音	第一共振峰 (F_1)	第二共振峰 (F_2)	摩擦音谱峰
/m/	—	—	250～500 赫兹
/u/	350 赫兹左右	900 赫兹左右	—
/o/	700 赫兹左右	1 300 赫兹左右	—
/i/	300 赫兹左右	2 500 赫兹左右	—
/sh/	—	—	2 000～4 000 赫兹
/s/	—	—	3 500～7 000 赫兹

注意：在这里 /m/ 不要发成 /mo/ 音，/mo/ 音频率高，发成 /mo/ 检测不到儿童对低频的反应。/sh/、/s/ 要发成清音，声带不能振动，声带振动了，频率会降低。

（1）林氏六音测试流程及要求。

安静环境。

坐在儿童身边或后面，回避视觉。

最初从距离儿童佩戴的扩音器 50 厘米处发音，发音时用正常音量。

随机发出声音（调整每个音之间的间隔，打破发音间隔的可预测性），防止儿童根据顺序预测声音。

对于处在觉察水平的儿童采用"听声放物"法。

对具备识别能力的儿童请采用"听声指认"法。

对具备一定言语能力的儿童可采用"听声跟读"法。

儿童听到声音，如果做出正确行为（或如转身、看你、微笑等动作），要让其知道"听到我说 /a/，真棒"，立即强化。

如果儿童对某个声音没有反应，试着改变音调或延长声音再说一遍。如果儿童还没有反应，转向下一个音。别忘了和听力康复专家探讨这个情况。

当儿童对 50 厘米的声音做出反应后，将距离增至 1 米；当儿童对 1 米的声音做出反应后，将距离增至 2 米，然后增至 3 米（2 米是两人对话的正常距离，3 米是两人以上对话的正常距离）。

每天进行（早上戴上助听设备后和每日康复训练之前进行）测试。

随时用"林氏六音日常检测表"记录儿童的反应。

（2）林氏六音测试记录符号如下。

察觉：√

辨识：×

无反应：—

发音错误：直接写出错误音（如果听不出来，就用"？"表示）

3.听觉言语训练

语言康复的成效是听障儿童随班就读的基础。大部分听障儿童口语发音不太清晰，导致很难融入群体，毕竟口语才是与人交往的基础。在成功案例中，教师通过个别指导、助听、助表述等形式帮助其语言康复，取得了不错的成效。

（二）学校支持策略调整

1.改善目前教室的声学环境

ANSI（《美国国家标准化教室声学条件、设计要求和指南》）为美国建设学校的建造师和建筑工人提供了大量的细节确保他们建造的教室能够满足教学要求。结合我国的实际情况，对于目前不能达到声学标准的教室，我们可以借鉴以下修缮方法来改善教室的声学环境，其中最有效的方法是降低天花板的高度和铺地毯，这样可以有效减少混响时间和由于桌椅板凳与地面摩擦产生的噪声。

修缮方法：

（1）仔细维护保养供暖和通风设施。

（2）升级嘈杂的供暖和通风设施。

（3）如果不能铺地毯，就在桌椅板凳的腿下安装橡胶垫。

（4）在窗户和墙面上挂窗帘和褶裥。

（5）用软木板或壁毯做黑板或公告栏（注意用光面纸或板会抵消软木板或壁毯的效果）。

（6）用书架作为分隔物营造安静的建设环境。

（7）在房间放置一些绳索或公告栏，使其与墙壁成一定角度而不是平行放置。

（8）用景观美化来降低外界噪声。

（9）关闭朝向走廊、门厅和隔壁教室的门窗。

（10）在教室之间建隔离墙。

经过改造使教室的信噪比大于等于15分贝，空室的噪声强度小于等于45分贝（A），混响时间小于等于0.6秒。确保听障儿童处于较好的声学环境。

2.安装声场FM助听系统（教室扩音系统）

声场FM助听系统是一种非常好的教学工具，能够控制教室内的声学环境，从而有利于教师与学生之间无障碍地沟通。声场放大系统就像一个无线扩音系统，但它专门设计用于确保所有的言语信号，包括弱的高频辅音，都可以传达到教室中每名儿童耳中（图2-4）。

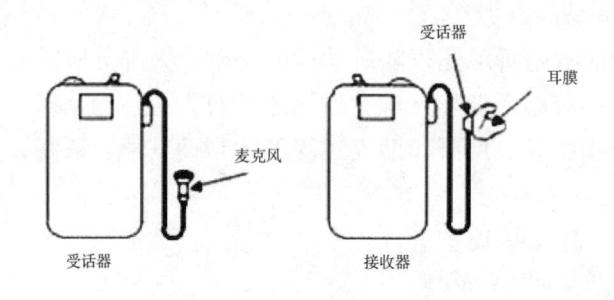

图2-4 声场放大系统

利用这种技术，通过使用一个、两个、三个或四个固定在墙上或安装在天花板上的扬声器，可以将整个教室的声音放大。声场FM系统的操作类似公共FM系统，老师佩戴无线麦克风发射机，其声音通过无线电波（FM）被发送到一个放大器放大，然后通过教室里的一个或多个扬声器发送到整个房间。教师与设备之间没有电线进行连接，而是通过无线电波的方式，使教师不受电线的限制，可以在教室中自由走动，所有的听障儿童都可以接收到老师被放大的声音，但扬声器需要固定在可以均匀地提高教室信噪比的地方，这种系统特别适用于所有儿童都有特殊听觉需求的班级。声场放大系统还适用于学习外语、听处理紊乱、语言发展迟缓以及轻度或单耳听障的小儿，甚至健听儿童。同个人FM系统一样，声场FM系统也需要管理，在单独或小范围语训时，老师需要使其声音被儿童听到并处于主导地位。研究证明，佩戴个人FM或桌面声场系统的轻到重度听障儿童的言语感知较使用红外声场系统更好，儿童离扬声器太近，言语感知会受影响；重度以上听障儿童推荐使用个人FM系统或直接音频输入，因为他们需要更大的信噪比；另外，佩戴个人FM系统的听障儿童更自信，反应更敏捷。

二、听觉障碍儿童融合教育策略与方法

本着因材施教的原则，教师可以从以下几个方面调整对听障儿童的支持。

第一，调整教学态度。

在融合教育环境中，一些任课老师对随班就读听障儿童总是怀着"只要不打扰到我和其他同学就行"的态度，所以常常默许他们的走神、发呆、自

说自话等课堂问题行为，并没有主动采取措施引导听障儿童融入班级。导致很多听障儿童在班级中处于"随便坐读""随班混读"的学习状况，学习质量并不能得到保障。融合教育强调不论残障的类型，每位残疾生都有平等学习的权利，每位听障儿童来到学校都是为了学习，如果老师不思考采用什么方式去教他们，怎么做才适合他们，那么听障儿童注定会被班集体边缘化。每年因为不适应普通学校学习而重返特殊教育学校或机构的学生数量逐渐增多，正说明了这一问题。老师们尽可能了解融合教育的本质，了解听障儿童的特点，就能更加包容听障儿童与普通学生之间的差异。同时，老师对待听障儿童的态度又会直接影响班级同学对他们的态度，这些都是听障儿童顺利就读的非常重要的条件。

第二，调整学习内容。

听障儿童偏重视觉形象学习，可增加美术、律动等课程，运用视觉、运动觉、触觉等多感官教学，增强学生对抽象知识的理解。

第三，调整学习历程。

听觉的缺陷会影响听障儿童的学习速度。对于听障儿童不擅长的科目，可利用资源教室，适当增加其学习时长。

第四，调整学习环境。

在普校学习过程中，在小组活动中听障儿童的参与会比较困难，在此类活动中，有以下建议。

（1）提前与听障儿童讨论大纲。

（2）学习伙伴可以单独发言。

（3）在听障儿童优势耳侧发言。

（4）在可以看到伙伴口型的位置发言。

（5）适当辅以手势。

（6）减慢谈话速度。

（7）对听障儿童的疑问和发言给予耐心。

第五，调整学习评估方式。

每一位随班就读听障儿童都应该有属于自己的一套融合教育方式，融合教育的成功离不开贯穿全程的评估，教师能根据评估结果来不断调整适合听障儿童的教学活动，为促进每位听障儿童的个性发展提供全程服务。对听障儿童的评估除了能了解他们的学习水平以及教师的教学效果，还能让学生及时收到教师的反馈。反馈时要使用正面评价，因为听障学生在学业成就上普遍落后于普通学生，他们自信心较弱，成就感也不足。为了让他们树立起自信，最大限度地发挥潜能，可以尝试对他们进行适度的赞扬。当然对听障学生的正面评价并不是简单说一句"你太棒了，真聪明"，而是要对学生的正确行为或表现进行较为具体的肯定评价。例如，"你能流畅地背诵这篇课文，很不错，加油。"这样的反馈不仅肯定了听障儿童，也能让他明白自己的优势在哪里。所以教师应伴随学习内容和学习历程的调整，调整对应的评价方式。

三、听觉障碍儿童融合教育班级管理

（一）创建接纳的整体环境

在实际的听障儿童融合教育过程中，我们发现，在普通班级中，如果教师正确引导，普通生对听障儿童的接受态度还是比较好的。但是由于大部分教师并未接受过特殊教育的系统学习，对听障儿童的心理、生理特点了解不足，导致他们在教学中将普通学生与听障儿童区别对待，这也间接致使听障儿童在班级中孤立无援，得不到应有的尊重。普通学校的教师出于成绩的考虑，也更愿意把时间和精力花在普通儿童身上而无暇去顾及随班就读听障儿童，从而在班级中产生了等级秩序——重视普通学生教学，轻视随班就读听障儿童。普通学校的教师或许可以借鉴下面这位老师的做法。

四川某普通小学黄老师，这学期接管了一个新的班级，她注意到班上有一位特殊的孩子。

安安，男，出生于2010年2月，就读于三年级。经医院鉴定，该生右耳平均听力损失：75分贝HL；左耳平均听力损失：20分贝HL，为右耳听力重度残疾，未佩戴助听设备。依赖视觉获取信息，而在听觉注意范围、转移、稳定性等方面发展受限，思维发展水平也逊于同龄儿童。由于安安只能靠一侧耳朵听，在交往、学习中会遗漏部分的信息，因此不太愿意与人交往，性格孤僻，日常语言沟通甚少。该生父母文化程度不高，又因安安左耳听力正常，能听清楚部分音，所以对孩子患有听力残疾这一事实始终不愿相信。

为了改变这一状况，黄老师主要采取了以下两方面指导措施。

一是教师方面。上课前，班主任都会和安安单独做一次课前预习，像朋友一样和他沟通欠缺的知识、答题的技巧，让他能更快速、更顺利地融入集体教学中去。为了使他能牢固掌握基础知识，老师在教学设计中结合考试题型尽可能为他设计提问，一方面促进他对知识的吸收，另一方面培养其自信心，使其取得进步。同时，由于安安右耳存在听力障碍，所以在课堂提问时老师都会走

到安安的左耳边，而且声音略响地与他交流，使其能顺利地参与课堂学习。

二是学生方面。培养安安认真听讲的学习习惯，通过同桌和同组对读、给别人挑错、复述别人说的话等，有效提高该生的课堂参与率。此外，还要培养其自学能力，在课堂上创造机会让他当众多说话、多锻炼，提高他的表达能力。并且加强对该生的学习指导，让他学会学习。最重要的是要加强其交往能力，让该生和同桌交流，在小组内交流，这样既能增加该生的发言机会，又便于融洽同学关系，使他能学会合作，体会合作学习带来的成功感受和同学之间的友爱。

老师每周都会与安安的家长就安安的在校情况和在家的情况进行沟通，对于该生出现的各种问题，老师会和家长共同商讨对策，帮助其融入班集体的学习和生活中。课前老师会帮安安进行课前预习，课堂上会针对安安设计几个问题，让安安积极参与到课堂教学中来，课后会安排一些基础性的作业，由家长进行监督和辅导。

就这样，通过教师的个别学习指导、提高该生课堂参与率、安排分层作业等形式，安安的学习成绩从"不合格"变成了"合格"。而且，在长期的沟通和实践过程中，安安不仅养成了良好的学习习惯，还变得比较开朗活泼。在老师坚持对安安进行课前预习辅导的情况下，他对阅读课文产生了兴趣，并能够主动预习。一次，安安在学习课文《妈妈，老师不是最弱小的》的课堂上，主动举手要求朗读课文，教师带领全班同学给安安送上了掌声，安安也在这掌声中自信起来，慢慢融入到了普通学生的学习中。现在的安安不仅能够在上课时间做到注意听讲，还能按时完成力所能及的作业。经过一年多的融合教育，该生已从一个性格孤僻的小朋友成长为一个乐于交流的小学生了，听课及作业已经能跟上大家的步伐，和同学们的交往也越来越多，他正在慢慢融入班集体！

（二）善用集体后效班级管理策略，促进集体融合

听障儿童融合教育的过程中，总是出现各种常规问题，如走神、发呆、自说自话等，甚至会出现攻击性行为或者违反班级学校规则的问题行为，这些问题行为也增加了教师的课堂管理压力，对听障儿童融入班集体非常不利。

刘红梅、胡晓毅在其研究中引入国外融合班级普遍使用的方法集体后效的管理策略，这一策略可帮助特殊儿童更好地融入普通班集体，更好地参与班级教学活动。集体后效是一种根据小组中某个或某些学生的行为表现达标与否来提供预定的偏好物或活动的班级管理系统。它能利用同伴的影响和监督对小组中存在的问题行为进行管理。因此，相比个体后效，集体后效的管理更经济、高效。根据小组需要达标的对象，集体后效分为三种形式：互赖集体后效、依

赖集体后效、独立集体后效。在这三种形式中，小组中的每个成员都会为了达到教师设置的同一标准获得奖励而努力并相互监督。

在互赖集体后效中，只有小组整体达到了教师预期的标准，该小组的每个成员才能获得奖励。这就意味着小组中的每个儿童都是"命运共同体"成员，即要么小组成员都有奖励，要么都没有。因此，互赖集体后效有助于改善特殊儿童的同伴关系，培养其亲社会行为。对于难以较长时间控制自己行为的听障儿童来说，教师可以借助一些有形的物品或结合代币来实施互赖集体后效。

依赖集体后效是教师在小组中选择某个或几个学生作为观察对象，仅记录所选学生的行为表现是否达到了教师预先设置的标准。小组所有成员能否获得奖励就依靠所选学生的表现。实施依赖集体后效时，教师可以根据小组成员的年龄和认知情况设计活动以引起学生的兴趣。

在独立集体后效中，虽然小组成员有着相同的目标行为和标准，但后效奖励的获得取决于儿童个体的行为表现。也就是说，小组成员能否获得奖励取决于其自身的行为表现。与前两种集体后效形式不同的是，独立集体后效中儿童个体的行为表现不影响他人。另外，对于一些听障儿童来说，独立集体后效可能更容易被理解，因为这不要求他们明白自己的行为表现会影响小组其他同学获得奖励。而其他同学获得奖励也会对听障儿童有间接的刺激作用，起到同伴示范的作用。教师在实施独立集体后效时需要记录每个学生的表现。

例如，在下面的案例中，老师就以集体后效作为主要的实施方法，做了一系列的干预。

兰兰，女，2010年6月生，左右耳均为中重度弱听，双耳都佩戴耳背式助听器。其性格较活泼好动，动作交往多语言交往少，喜欢运动、画画，平时与老师、同学之间几乎没有言语上的交流，喜欢独自玩耍，没有互动情节，在班中与同伴关系较差。兰兰的父母学历较高，对兰兰的身心发展也比较重视，乐于积极配合学校的教育。

首先，助听、助表述，在学校中将兰兰的座位安排在教室中央的第一排，教师的表述语速适中、清晰，为她营造表述交流的机会，在心理上帮她克服表述胆怯。

回到家后，请父母多与兰兰聊聊学校里的事情，回忆复述学到的课文与知识，正面引导，体验用语言表达的乐趣。而且在生活、运动、游戏以及学习过程中，每个环节都给兰兰充分的参与机会，不断地问兰兰有没有听懂或者看懂等，让其体会到老师和同学的关心。

其次，发挥助学小组的作用，帮助兰兰融入与普通学生的交往中。

如有一次，老师布置了一个"百家姓调查表"的任务，分组时，让班级中几个乐于助人的同学与兰兰组成一组。小组的成绩就是每个同学的成绩。为了小组的利益，小组成员全程和兰兰进行商量，兰兰也被带动得特别积极。由于兰兰语言表达差，前期小组成员就分配兰兰作为记录员，在小组成员的带动下兰兰也开始主动参与询问过程。调查好之后，兰兰和小组成员一起汇总表格，最后兰兰代表大组到前面汇报统计结果。汇报结束后，全班掌声热烈，兰兰的脸上流露出了由衷的喜悦。

现在，兰兰在课堂上能主动回答一些简单的问题了，对思考性的内容，能在助学小组的指导下，尽自己的能力参与小组讨论，回答问题时注意了语速，让同学们都听得清；也能受小组委托在大组交流中说出自己的见解。

（三）缺陷补偿，开发优势潜能

睿睿，男，左耳听力损失85分贝，右耳听力损失72分贝。虽然佩戴了助听器，但由于介入较晚，说话还是有些口齿不清。其动手能力比较强，在泥塑制作和画画方面具有天赋。

睿睿所在的学校非常重视随班就读工作，在学校几位老师的配合下，对睿睿采取了以下指导措施。

（1）为了解睿睿的实际需求，教师通过日常观察、评估量表、学业水平测试对睿睿进行了全方位的评估。

汇总了评估结果后，资源教师团队给出了个别化教育的意见：加强语言训练与学科辅导，进行缺陷补偿，同时通过动手操作类的课程，对其进行潜能开发。

（2）学校首先召开了资源教师评估会议，分析了睿睿的评估结果，讨论了个别化教育的意见。

然后，学校召开了随班就读联合教研会议，参加会议的有学校分管领导、资源教师、各学科任课教师、家长等，会上各资源教师交流了睿睿的评估情况，提出了个别化教育意见，各位任课教师也提出了对学期目标的想法，睿睿的家长提出了座位安排、课前支持等方面的一些要求。

（3）会后，老师们确定了各个领域的学期目标、单元目标和支持方式，交由专管员老师汇总后，教导处对所有课程的安排进行协调，一份 IEP 初步完成。

一周后召开 IEP 会议，出席会议的有相关资源教师、任课教师和家长，会议上分管领导解读了这份 IEP，并就睿睿的课程安排征集了意见，大家对 IEP 确认无误后，各自签名，表示认同。

（4）相关老师都有一份学期计划和单元计划，放在自己的备课前页，以供参考。

在安置过程中，学校对个案所在的班级环境做了调整，睿睿的座位固定在第三排的中间，方便他看清老师的口型。

有两名小干部自愿承担助学伙伴的任务，轮流做他的同桌。教师对两名助学伙伴进行了培训，并为他们制作了任务卡，提醒他们助学任务。

除此之外，睿睿每周五还会参加第一听障指导中心的注意力训练课程，回校后还会进行一次辅助训练。

（5）睿睿的动手能力特别强。

在泥塑制作中，他不仅能掌握基本的造型捏制，在细部刻画中也有自己的想法。美术教室的墙上有好几个作品都出自他手。根据他的兴趣与特长，学校特地邀请了泥塑领域专家发展他的特长。睿睿同学的作品多次参加展览，受到许多手工艺老师的高度赞扬。通过各种展示、交流，睿睿变得更自信、更开朗了。

（四）效果与反思

通过以上案例，我们可以看出，通过我们有针对性的工作，能看到学生发生着一点一滴的变化，从排斥到接纳，从孤立到融入。只要我们给予听障儿童恰当的关注，就能够很好地改变其自卑的心理、克服其交往障碍，提高他们的学习成绩。在随班就读过程中，可以通过为听障儿童安排助教伙伴、调整教室的物理环境、有针对性地制订特殊教学目标和教学计划、利用特殊的教学资源等，让听障儿童感受到教师和同学的善意支持。同时还可以根据听障儿童的优势来对其进行个性化的教育，并以此支持听障儿童其他方面能力的提升或延伸，更快地让听障儿童拾起对同学和班级的信心，享受到公平的教育资源，成为有理想、有志向的中国新青年。

本章小结

综上所述,听觉障碍儿童在义务教育阶段的随班就读已经成为听障儿童的主要教育安置模式,融合教育顺利开展离不开各方面的支持。普通教师作为听障儿童融合教育实施的主体,起着非常重要的作用。打破固有思维,全面了解听障儿童是融合教育的基础,听障儿童因为其听力损失在听觉语言上不可避免地表现出困难,但是我们更应该看到听障儿童的触觉、视知觉、运动觉等优势能力,在适当的教育条件下,听障儿童也能取得相当的成就。但是仅仅有普校教师的接纳还远远不够,更需要特殊教育与普通教育之间的协同,为教师提供专业技术,需要学校支持普通教师的工作,从根本上解决普通教师的后顾之忧,同时积极为教师提供各项支持,如教材、教学方式、教学资金、技术等,为听障儿童的随班就读做好充足的准备。要结合各方力量,学校除了充分利用校园内现有的人力、物力等资源外,还可以将触角向外延伸,为家庭、社区、学校三者的合作提供契机,在合作过程中获得意料之外的收获,从而给融合教育的开展带来更好的效果与影响。

思考题:

1. 听觉障碍儿童有哪些优势知觉?
2. 听障儿童融合教育中需要哪些专业支持?
3. 听障儿童融合教育开展的难点有哪些?

参考文献

[1] 刘红梅,胡晓毅.随班就读中集体后效班级管理策略的应用[J].现代特殊教育,2021(1):37-40.

[2] 高洁.小学随班就读听障生融合教育的个案研究[D].上海:上海师范大学,2017.

[3] 高珂娟.聋校听能管理的价值与实践[J].中国听力语言康复科学杂志,2017,15(6):442-445

[4] 兰明.聆听环境的影响因素及解决方案(Ⅰ)[J].听力学及言语疾病杂志,2016,24(5):495-498.

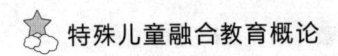

[5] 兰明. 聆听环境的影响因素及解决方案（Ⅱ）[J]. 听力学及言语疾病杂志, 2018,26（1）: 99-105.

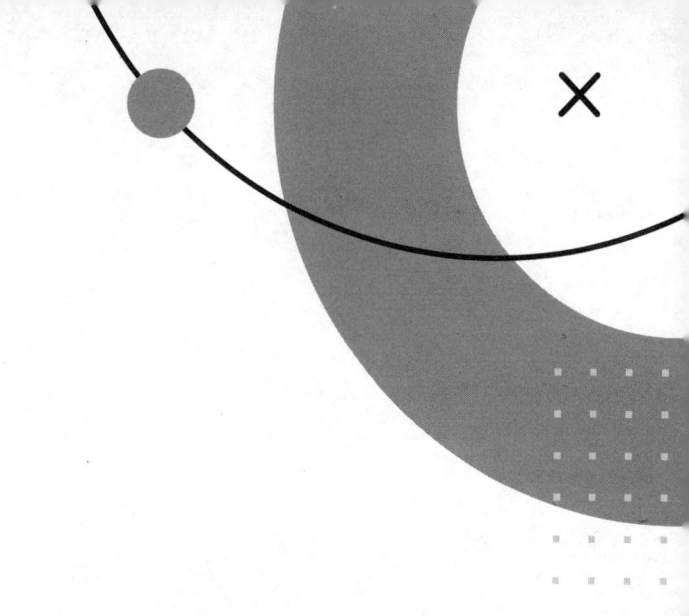

第三章　视觉障碍儿童的教育

案例：

盲人高考

目前，在我国，盲人可以通过参加高考接受高等教育。2014年的高考中，教育部门首次使用盲文试卷为盲人安排了一场盲人高考，李某某是第一位参加考试的考生，盲人高考为众多盲人平等分享教育资源提供了渠道，也给他们的未来增加了出路。在此之前全国针对盲生的专业只有针灸按摩和音乐表演，多数盲生从事的职业就是推拿按摩，学习成绩好坏对未来就业影响不大，盲生学习动力有限，家长的培养动力、老师的教学质量也会打折扣。而有些盲人在其他学科上有天赋，但他们一出生就被告知，将来只能学按摩，开店养家，扼杀了他们的天性。允许盲人高考，就是给小学、初中、高中的盲生以希望。有了上普通高校的机会，他们会发挥天赋，学校也会因材施教。在此背景下，能和普通考生一样参加高考，成为众多盲人的梦想。发展到2020年7月7日的高考，全国有山西、安徽、上海、西藏四个省、自治区、市共五名全盲考生使用盲文试卷参加考试。两名西藏全盲藏族考生首次使用藏文盲文试卷。盲人高考既尊重了盲人参加高考的基本权利，又为进一步完善盲人高考提供了一系列的思路，能够让教育公平惠及更多的人，同时能点亮盲人群体心灵之灯，从而引领盲人走向坚强而积极的人生。

问题聚焦：

1.随着医疗技术水平的提高，视觉障碍儿童的出生率有所下降，加上目前我国融合教育的发展、盲人高考的设立，越来越多的视觉障碍儿童进入普通学校接受教育，盲校面临转型，而普通学校是否做好了迎接视觉障碍儿童融合教育的准备？

2.作为师范专业的学生，未来的准教师，你们对视障学生进入普通学校普通课堂接受教育是否做好了准备？

本章主要介绍视觉障碍的概念、类型、原因及评估，视觉障碍儿童的心理发展特点及视觉障碍儿童融合教育中的一些问题。

第一节 视觉障碍概述

视觉在我们的日常生活和学习中扮演着非常重要的角色,人类接受外界信息的 80% 以上都是通过视觉,大大超过其他感知觉。因此,视觉是人类获取外界信息的主要感觉通道。视觉是辨别物品的形状、大小、颜色等属性及物品所处的空间状态(如方向、距离、位置)等的重要知觉,是人类进行空间定向、有效行走与活动的主要依仗。

一、视觉障碍的定义

美国 1975 年颁布的《全体残障儿童教育法案》(Education for All Handicapped Children Act)中对视力残疾的定义是以一个人如何体验和学习社会为核心,认为视力残疾是一种视觉上的损伤,即使经过矫正,其损伤对孩子的教育仍有不利影响。这个定义的关键是学生有某些妨碍他们学习的视觉系统障碍。对于视力残疾者而言,视觉上的障碍影响其日常生活中的行动及社交生活,使其易与社会产生隔阂。

我国在两次残疾人抽样调查标准中,均指出视力残疾是指由于各种原因导致双眼视力低下并且不能矫正或视野缩小,以致影响患者的日常生活和社会参与。[1][2]

二、视觉障碍的分类

视觉障碍通常分为盲和低视力两类。对于这两类的划分,不同国家和地区及不同行业的划分不尽相同。

我国在 2006 年全国残疾人抽样调查中对视觉障碍的分类如下(表 3-1)。

---

[1] 全国残疾人抽样调查办公室编.中国残疾人手册[M].北京:地质出版社,1988:9.
[2] 颜华,赵家良,管怀进,等.第二次全国残疾人抽样调查视力残疾标准制定的研究[J].中华眼科杂志,2007,43(11):1055-1056.

表 3-1　2006 年第二次全国残疾人抽样调查视觉障碍分级表

类别	级别	最佳矫正视力
盲	一级盲	无光感～＜ 0.02，或视野半径＜ 5 度
	二级	≥ 0.02 ～＜ 0.05，或视野半径＜ 10 度
低视力	三级	≥ 0.05 ～＜ 0.1
	四级	≥ 0.1 ～＜ 0.3

2006 年全国残疾人抽样调查采用的视觉障碍级别的划分标准强调了以下几点基本的原则。

（1）盲或低视力均指双眼而言，若双眼视力不同，则以视力较好的一眼为准。如仅有单眼为盲或低视力，而另一眼的视力达到或优于 0.3，则不属于视觉障碍范畴。

（2）最佳矫正视力是指以适当镜片矫正所能达到的最好视力，或以针孔镜所测得的视力。

（3）视野是指人的眼球固定注视不动时，视线保持平直方向所能见到的空间范围。正常视野是一个近似椭圆椎体，截面是近似的椭圆。视野半径小于 10 度者，不论其视力如何均属于盲。

不同行业、不同专业领域从各自工作的角度对视觉障碍进行了定义和分类。已经形成视觉障碍标准的领域主要有法律界、体育界、经济界、教育界等领域。其中，教育界的标准是将视觉障碍儿童分为教育盲和教育低视力。教育盲是指视觉受损伤严重到无法以视觉进行学习者。这些人必须以听觉、触觉、嗅觉、肤觉等为主要的学习手段，在读写方面使用点字。教育低视力是指远距离使用视力困难较大，近距离能够看见物体，视觉仍然是这些人学习的主要手段，他们可以阅读印刷品，经过调整可以轻松地掌握许多视力正常人学习和生活的内容。分辨一个学生是教育低视力还是教育盲的作用在于判断该学生是适用盲文学习还是适用印刷字学习。

三、视觉障碍的成因

造成视觉障碍的原因有很多。视觉障碍可以发生在胚胎发育时、出生后的短时间内或儿童成长的任何时期。视觉障碍的成因大致可以归纳为两类：一是先天性的，二是后天疾病和外伤所致。

（一）先天因素

先天因素是指儿童出生时就带有的因素，先天因素并不等同于遗传因素，先天因素包括遗传和非遗传因素。先天致盲原因有家族遗传、孕期原因以及其他不明原因。

家族遗传是指父系或母系中一方或双方存在显性或隐性的致盲因素，遗传给后代。父母有一方或双方患有先天性疾病，如先天性青光眼、白内障、白化病等疾病，就可能遗传给子女。有研究显示，遗传性眼疾在我国一些地区已经成了青少年致盲的主要因素。因此，必须采取措施，高度重视遗传眼疾的预防，确保下一代的健康。

孕期原因是指母亲在妊娠期因药物中毒、外伤、营养不良或患有其他疾病及临产时难产而使胎儿缺氧等各种原因，致使胎儿先天发育不良，形成视神经中枢或眼球发育不良，或眼结构缺损。

除了上述原因外，还有许多先天视觉障碍是因某些疾病造成的，但究竟是何种病因却又无法确定。这种情况在先天因素导致的眼疾中占有很大比例。

（二）后天因素

后天因素包括各种出生后发生的眼疾，如眼球萎缩、角膜病、视神经萎缩等，还包括心因性疾病、眼外伤和环境因素等。偶发事故、中毒、脑肿瘤和其他全身性疾病也都可能造成明显的视觉障碍，严重的可导致盲。

对上海市盲校学生病因分布调查发现，先天性因素占据了绝大部分，后天因素所占比例相对较少，发现位于第一位的致盲疾病为早产儿视网膜病变。低视力病因中第一位是先天性白内障术后无晶状体。[1] 石岩等人对太原市盲校学生视残病因进行调查发现，视残主要致病因素为先天性原因，前三位病因分别为先天性小角膜小眼球、先天性白内障、先天性眼球震颤，盲校中一半以上的学生具有可利用的残余视力。[2]

四、视觉障碍的诊断与评估

视觉是视觉器官在光波的作用下所产生的对外界事物的大小、明暗、颜色和动静等特性的感知，具体包括视力（生理视力）与视能（功能性视力）。因

---

[1] 吉桂芳，徐洪妹，沈红芬．上海市盲校学生病因及视力调查分析 [J]．眼科新进展，2006，26(8)：622-623．

[2] 石岩，周静圣．太原市盲校学生视残病因及视力分析 [J]．国际眼科杂志，2006，6(4)：961-962．

此，视觉障碍儿童的鉴定与评估主要包括客观检查和主观评估两个方面，即视力检查与视能评估。

（一）视力检查

视力即生理视力，是指在一定距离内眼睛辨别物体形象的能力，是通过对视敏度和视野的测量以及对特殊眼病、外伤、遗传或产前因素的影响进行评估而得知的。视力是反映视觉功能最重要的指标之一，视力的好坏由视网膜分辨影像能力的大小来判定，是衡量眼机能是否正常的尺度，也是分析病情的重要依据。视力包括中心视力（即视敏度）和周边视力（即视野）。视敏度反映的是视网膜黄斑部注视点的视力，包括远视力和近视力。视野是指人的头部和眼球固定不动的情况下，眼睛观看正前方物体时所能看得见的空间范围，称为静视野；眼睛转动所看到的范围称为动视野，常用角度来表示。视野的大小和形状与视网膜上感觉细胞的分布状况有关，可以用视野计来测定视野的范围。[①]

视力检查即视觉量的评估，包括视力量的评估和视野量的评估。视力量的评估一般借助视力表进行，如《国际标准视力表》《标准近视力表》，其结果用数值表示；视野量的评估则需要借助视野计的测定。视力检查一般是由医生来进行的。医生也可以通过先进的医疗设备对人的眼部进行检查，发现眼部异常部位后，有针对性地进行相关治疗和医学康复。

（二）功能性视力评估

功能性视力评估是对被评估者在实际环境中利用剩余视力功能的非正式评估。其关注点不在于被测者能够看清第几行的"E"字开口方向，而是教师从教学角度对视觉障碍儿童的用眼能力、视力水平及视力残疾特点进行粗略评价和估计。只有先了解其功能性视觉能力，才能提供具体策略，帮助视觉障碍者以更有效的方式完成多项主要依赖视觉的学习和生活自理活动。

功能性视力评估能帮助普通班的老师和学生发现视觉障碍儿童能在多远处看见他们，喜欢什么颜色和什么大小的物体，能够告诉普通班的学生应该在怎样的情况下给予他们协助，又应该在什么样的情况下让他们独立。通过这样的相处，普通学生和教师都会转变自己原有的错误观念，会发现视觉障碍儿童并不是不能取得成绩，这种转变对视觉障碍儿童来说具有重大的意义。在功能性视力评估的指导下，父母更容易看到自己孩子在使用剩余视力上的可喜成绩，并且可以在相关专业人士的帮助下，制订出对孩子残余视力的初步的、系统的训练计划。例如，教会视觉障碍儿童利用残余视力进行感知，鼓励他们尽可能

[①] 林永馨. 特殊教育辞典[M]. 北京：华夏出版社，2006：135-136.

使用剩余视力辨别物体。这既能增强父母对孩子的信心，也有利于亲子交流。如果他们在较早的时候为儿童的发展付出辛劳，不久，他们就会发现，自己是在为将来孩子获得更多的知识和更好的技能发展奠定基石。

功能性视力评估的方法和步骤是简单易行且有效的。具体方法步骤如下。

第一步，准备用具：笔形手电筒 2 支，简单的几何图形卡片 2 套（自制），图形大小 3 厘米 × 3 厘米，七色卡片 2 套（自制），近视力表 1 张，远视力表 1 张，从小到大的印刷体汉字卡片 1 张（可自制），卷尺 1 个，直径 2 厘米的彩色球一个，记录表格 1 张（可自己设计）。

第二步，开始评估，主要方法如下。

（1）询问：教师向视觉障碍儿童提出问题，通过学生的回答，了解其自身情况以及其自我感觉。

（2）观察：教师观察视觉障碍儿童的视觉器官及动作，了解其视觉损伤部位以及视觉残疾对其行动的影响。

（3）检测：教师利用简单的器材对视觉障碍儿童进行测试，观察其反应，从而了解其用眼能力。

第三步，分析。对原始资料进行分析，然后做出结论。

第四步，报告。把评估结果有选择地报告有关教师、家长以及学生本人。

功能性视力评估的项目的选择可根据评估侧重点的不同由教师决定。对视觉障碍儿童的第一次功能性视力评估可参选以下项目。

（1）眼病名称。方法：询问家长或查看学生病历，以医生诊断为准。

（2）发病时间。方法：询问或查看病历。

（3）病因。方法：询问家长或查看病历。

（4）发展趋势。方法：询问家长，以医生诊断为准。

（5）眼外观。方法：观察双目是否对称，眼裂是否正常，眼睑有无下垂、外翻、炎症等。

（6）眼球。方法：观察有无眼球、大小如何；有无角膜，晶状体是否混浊，瞳孔是否规则、大小如何；有无眼球震颤，程度如何；等等。

（7）远视力：裸眼视力，矫正视力。运用标准视力检查表。

（8）瞳孔对光的反射。方法：首先询问学生是否怕光，若很怕光，就不要检查了；否则用笔形手电筒分别快速照射其两瞳孔，观察瞳孔是否正常反射。

（9）确定光位。方法：对有光感的学生，教师用笔形手电筒在距离学生脸部 20 厘米处照射其脸，让学生用手指出光线来自何方，并摸到手电筒。

（10）辨别光束。方法：在学生前面 20 厘米处，教师用两手各拿一支笔形手电筒,随即打开一或两个,不要让学生听见拨动开关声,让学生说出有几束光。

（11）看手运动。方法：教师在学生面前15~20厘米处伸出一只手,缓慢从一侧移动到另一侧,观察学生是否能注视手的运动。

（12）跟踪。方法：让学生正视前方,头不动,教师在其前面15~20厘米处伸出一只手,缓慢从一侧移到另一侧,学生靠眼球的运动跟踪手指的运动。

（13）交替注视。方法：让学生正视前方,头不动,教师在其前面15~20厘米处伸出两食指,以中线为对称轴,两指间隔15~20厘米,让其靠眼球的转动交替注视两食指。

（14）斜视。方法：让学生正视前方,教师观察学生双眼瞳孔位置是否对称。或用光反射法检查。

（15）视野。方法：看病历上医生的报告,或让学生正视前方,头、眼球都不动,教师立于学生背后,手持笔形手电筒,在其眼部同高度的水平面上,离头30厘米处,分别从两侧由后向前缓慢移动,记录其刚好看到光的位置。然后测上下,手电筒沿中线由上至下后做相反之运动,记录其刚好看到光的位置。

（16）远距离搜寻。方法：在一宽阔平整的地面上,背对学生,在离他5米远的地方放一彩色球后,让其面向彩色球并开始搜寻,观察其搜寻的方式是否有序,离多远时发现了彩色球。

（17）近视力检查。方法：用近视力表分别检测双眼近视力。

（18）形状配对与近距离搜寻。方法：在学生面前的桌上摆放一套图形卡片,教师拿一套相同的卡片,教师将卡片一张一张地拿出来给学生观察,让学生把每张卡片放在桌子上相同的卡片上。做完后,让学生将两套卡片收起。教师观察学生的近距离搜寻是否有序,有无配对能力,能否辨认图形。

（19）颜色配对。方法：在学生面前的桌上摆放一套七色卡片,教师拿一套相同的卡片,教师将卡片一张张地给学生观察,让学生把每张卡片放在桌上相同的卡片上,教师观察其颜色配对有无错误,是什么颜色配错了。问学生喜欢什么颜色,什么颜色看起来最舒服。

（20）可见明眼字号。方法：给学生看从大到小的印刷体汉字卡片。在最佳矫正视力下,让学生指出能看清的最小的那行字的笔画。

（21）明眼字掌握程度。方法：了解学生上过几年学,现在在几年级就读,会多少明眼字。

（22）用眼时的感觉。方法：问学生用眼多长时间后开始有不舒服的感觉，如头疼、晕、胀、眼疼、酸、流泪、睁不开等。

（23）照明要求。方法：问学生是否怕光，在教室里读书亮些好还是暗些好，还是无所谓，哪个方向来光舒服，冷光源好还是热光源好。若学生说不清，可让学生试试。

（24）助视器。方法：问学生医生配给的近用、远用助视器是否有效。如果没有，教师提供各种助视器试戴，并记录合适的近用助视器的屈光度和远用助视器的放大倍数。

（25）结论。方法：通过以上对学生的询问、观察、检测，对学生用眼能力有了初步的了解，教师将所得信息进行分析整理，得出结论，记录下来。结论包括视力残疾类别，用眼注意事项，对文化课、体育课、生活课教师和班主任的建议，对学生的建议，对家长的建议。

在评估过程中，怎样才能得到真实可靠的信息呢？首先教师与学生要在和谐的气氛中开始评估，教师要告诉学生将要做什么，对低年级学生应当使用儿童语言，以便得到学生的配合。当学生的回答有可疑处时，可让学生多做几次辨别，从中发现问题，但不要重复太多，以免学生厌烦而不配合。学生的活动可表现出许多问题，因此在测查某一项时，顺便观察前面有关项目的情况，以便纠正或证实前面得到的结果，还可为后面的测查提供线索。

最后，对评估结果进行分析，并写出报告，有侧重地报告给教导处、班主任、任课教师、生活教师、家长及学生本人，以供参考。

这种视力评估是非正式的，是初步的、非医学的，因而不够严格，只能作为定性了解。对学生的视力评估不是进行一次就足够的，因为学生是在不断变化的，需要定期评估，为教学提供参考。

功能性视力评估表如表 3-2 所示。

表 3-2 功能性视力评估表

姓名：		性别：		出生日期：
眼病名称：			发病日期：	
病因：			发展趋势：	
眼外观：			眼球前：	
远视力	裸眼	矫正视力		
瞳孔反射：			确定光位：	

续 表

姓名：		性别：		出生日期：	
辨别光束：				看手运动：	
跟踪：				交替注视：	
斜视：				视野：	
远距离搜寻：					
近视力 裸眼：		矫正视力：			
形状配对：				近距离搜寻：	
颜色配对：				喜欢颜色：	
识字量：				可见字号：	
用眼时的感觉：					
照明要求：					
配用助视器 远视：		近视：			
结论：					
测查者：				测查日期：	

第二节 视觉障碍儿童的发展特征

一、视觉障碍儿童的生理发展特征

视觉障碍儿童的生理发展与普通学生的发展顺序是一样的，二者有着相同的发展规律，同样受遗传和环境等因素的影响。视觉障碍并不直接影响视觉障碍儿童的生理发育，但由于部分或者完全丧失了视觉功能，视觉障碍儿童没有充分的视觉刺激以激发其运动的动机和兴趣，缺乏视觉模仿学习，如果教育和训练不及时，就会使视觉障碍儿童的运动能力不能像普通学生那样"自然而然"地发生、发展。另外，视觉障碍和不利的环境也会大大地限制学生进行身体锻炼的能动性和可能性。视觉障碍又可能导致其运动量减少，有机体的新陈代谢也相对较慢，目前因运动量不足而导致的肥胖现象也有所增加，也可能引起机体内分泌失调，从而导致视觉障碍儿童可能出现个子小、身体弱、发育滞后等情况。例如，普通婴幼儿在出生3个月左右就开始慢慢掌握翻身技能，而视觉障碍儿童由于缺少视觉刺激，本身没有翻身的动机和兴趣，因此获得该技能的时间可能会晚于普通儿童，但是如果家长用各种带声音的玩具诱发幼儿翻身，并加以辅助，那么视觉障碍儿童也会获得翻身技能。又如，普通幼儿学会独立行走的时间平均约为14个月，而视觉障碍幼儿获得行走的时间约为25个月，这些都是因为视觉障碍使个体对环境的控制和自我与环境的联系能力不足所致。但是只要给予视觉障碍儿童正确的、相应的训练和康复，其发展程度也能够达到与同龄普通儿童一样的水平。

二、视觉障碍儿童的心理发展特征

（一）视觉障碍儿童的感知觉特征

人类认识世界总是从感知觉开始的。然而对感官障碍学生而言，由于他们感觉器官受到损害，普通学生感到轻而易举的事情，对他们来说可能十分困难。而且他们在克服感官障碍的同时，可能会形成一些与普通人不同的认知世界的方式。

1. 视觉障碍儿童的视觉特点

在现实生活中全盲学生并不多见，多数视觉障碍儿童都有残余视力。美国的调查结果显示，只有7%的法定盲人完全看不见，10%的法定盲人有感光能力，83%以上的盲人还有可利用的残余视力，但从残余的视力接收到的信息是模糊、变形或不完整的。即使是这种模糊、变形以及不完整的信息，对视觉障碍儿童学习行为技能，了解、控制环境也具有十分重要的作用。视觉障碍儿童在助视器的帮助下，结合其他感觉所提供的信息，也能较快地形成对事物的完整认识，这有助于视觉障碍儿童形象思维及语言的发展。有些低视力学生通过适当的残余视觉训练，可以学习明眼文字，这能促进其身心的健康发展、知识的不断增长以及良好的社会适应能力。因此，如何合理地训练、保护和利用视觉障碍儿童的残余视力，是每个视觉障碍儿童本人、家长和教师都必须了解和掌握的。

相关研究表明，视觉障碍在教育上的影响主要表现为盲和低视力学生是否有过视觉经验，后天致盲者比先天致盲者有利，成年后失明比幼儿期失明有利，低视力者比全盲者有利。就失明年龄而言，5岁被认为是一个关键期。如果失明的年龄在5岁前，则个人的许多视觉印象将很容易消失掉。如果在5岁以后才失明，则儿童早期的视觉经验有望获得保留，对其以后的学习可提供比较具体的参考框架。

2. 视觉障碍儿童的听觉特点

听觉是人们接收外界信息，认识客观世界的重要工具之一。视觉障碍的学生部分或全部丧失了视觉,因此听觉成为他们认识世界、获取外界信息的主要手段,也是他们学习、交流、活动的主要途径。研究表明,受过训练的盲童的听力与明眼学生的区别主要表现在盲童有较高的听觉注意力与较强的听觉记忆力。[1]另外,经过训练,视觉障碍儿童还可以通过听觉进行定向,可以根据声音到达两耳的强度和时间的差别进行声源的定位和定向。视觉障碍儿童还需要通过说话声音来辨别声音是来自熟悉的人还是陌生的人,因此视觉障碍儿童的听觉就显得比普通人更灵敏,其实这些都是以训练为前提的。另外,近年来的一项研究结果表明视力残疾儿童听力损失的出现率为41.5%,是普通小学生听力损失出现率的两倍多,其原因如下:一是导致视力残疾的病因发生了变化,先天性因素是导致视力残疾的主要病因,特别是先天获得性因素,是通过改变胎儿生活的物理化学环境而影响胎儿发育的,在影响视觉器官发育的同时可能也影响到听觉器官的发育;二是由于视力残疾儿童对听觉有更多的依赖而使听觉系统受到更大的压力所致;三是某一发育领域的损伤对其他领域产生了消极影响,即某一领域的功能缺陷妨碍或歪曲了其他完好方面机能的发展。[2]因此,学校应为盲童创造相对安静有序的环境,远离工业交通噪声,以保护学生的听力。

3. 视觉障碍儿童的触觉特点

触觉在视觉障碍儿童的学习中起着其他任何感觉通道都不能替代的作用。视觉障碍儿童通过触觉认识物体的形状、大小、温度、硬度、光滑度、重量等。有关盲、明被试在"触觉—大小"比较上不存在显著差异,而在"触觉—反应时"上,盲人被试的反应速度比明眼被试快得多。[3]琚四化等人通过二点阈实验发现,盲生指尖触觉阈限值比明眼学生低;不同年级段和不同年龄段的盲生间,指尖触觉阈限值都存在显著差异,三、四年级段和11~13岁年龄段的阈限值最低;盲生手指触觉敏感度在11~13岁达到顶峰,此后,盲生触觉敏感度虽有下降,但仍会高于训练之初。[4]

不同研究结果的差异可能与实验的样本有关,但更为合理的解释是,只有经过触觉强化练习的盲人的触觉灵敏度才可能高于普通人。因此,学校应为视

---

[1] 马艳云.视听觉障碍儿童的认知能力[J].中国特殊教育,2004(1):59-61.

[2] 刘艳虹,焦青,韩萍,等.视力残疾学生纯音听阈测试研究[J].中国特殊教育,2004(6):49-53.

[3] 陈光华.视觉障碍者感知觉缺陷补偿的实验研究[D].大连:辽宁师范大学,2003.

[4] 琚四化,吴熹华,潘宁.年龄和训练对盲生指尖触觉阈限影响的研究[J].经济研究导刊,2010(24):238-238.

觉障碍儿童提供丰富的触觉材料，重视视觉障碍儿童的触觉训练。

4. 视觉障碍儿童的知觉特点

视觉障碍儿童的形状知觉、大小知觉和空间知觉主要靠触觉、动觉和嗅觉等感觉通道来获得，一般准确性较差、速度慢。视觉障碍儿童的移动知觉往往依赖听觉和触觉，他们可以根据火车的声音由弱变强或由强变弱判断出火车由远及近或由近及远的运动。但是视觉障碍儿童用视觉以外的其他各种感官的协同活动来获得的对事物的速度、方向等的移动知觉明显比明眼学生慢、准确性差。例如，当一个视觉障碍儿童扔出一个玩具后，其很难知道这个物体在移动过程中的速度、方向以及具体的移动轨迹。

无论是哪一种感知觉都是在实践过程中逐步发展的。离开了实践锻炼，视觉障碍儿童的身心都无法发展。人们认为盲人的耳朵特别灵、手特别灵，其实都是长期实践锻炼的结果。

5. 视觉障碍儿童感知觉训练原则

由于视觉障碍儿童在生理和心理上存在特殊性，所以在生活中，学生的感官是否得到充分利用、是否进行了感知觉的锻炼和训练将对学生身心发展产生截然不同的影响。在早期为视觉障碍儿童提供发展的条件、施以科学的感知觉训练是非常重要的。得到充分发展的视觉障碍儿童一样可以取得骄人的成就。

根据视觉障碍儿童身心发展的特点，在感知觉训练的过程中，家长和教育工作者应注意以下问题。

（1）感知觉训练应尽早进行。儿童心理的发展存在"关键期"。关键期理论告诉我们：在某个时期，儿童最容易学习某种知识、技能或形成某种心理特征，错过了这个时期，发展的障碍将难以弥补。从整个人生的心理发展来说，学前期是心理发展的敏感期。因此，对视觉障碍儿童的感知觉训练应尽早进行。大量视觉障碍儿童发展的研究表明：错过了心理发展的关键期，会导致儿童发展的异常。例如，0～3岁普通婴幼儿应具备的基本视觉技能包括对光和物的感知、定位和追踪能力、简单的空间关系认识能力和手眼协调能力等，家长或训练师可以参照普通儿童视觉技能发展的顺序，通过一些有意识的、强化的方法和操作手段，帮助视障儿童形成基本的视觉技能。[1] 儿童行走能力的关键期在1岁左右。由于视力残疾和教育环境的不利，视觉障碍儿童行走技能的形成大概会延迟一年。但如果家长能在早期为儿童提供正常的行走环境，培养儿童的行走能力，不过度地保护和限制，视觉障碍儿童仍能形成正常的行走技能。

---

[1] 黄东. 特殊儿童功能性视力训练[M]. 南京：南京师范大学出版社，2015：75.

（2）在视觉障碍儿童感兴趣的活动中及正常的社会生活环境中发展其感知觉。

视觉障碍儿童心理发展的趋势和规律与普通儿童基本相同。心理的发展都是在活动和实践中实现的。因此，对儿童尤其是婴幼儿的感知觉训练要在活动中，以游戏等儿童感兴趣的方式进行。

另外，视觉障碍儿童的感知觉训练不能与实际社会生活脱节。现实生活中，很多家长出于对孩子安全的考虑或自身的自卑心理而剥夺了儿童很多的活动及与外界交流的机会。把孩子紧紧地"保护"在自己的周围，这不是保护，而是对儿童发展条件的剥夺，对视觉障碍儿童是有百害而无一利的。因此，儿童的感知觉训练应在活动中进行，与现实生活相结合，在实际的社会生活中发展儿童的感知觉。

（3）感知觉训练要重视语言的运用。在视觉障碍儿童的思维发展过程中，常出现表象和概念脱节、概念掌握缺乏感性支持的现象。因此，感知觉训练中，应重视语言的作用，把语言、词与所感知的事物联系起来。训练者也应该注意语言的准确性和逻辑性。这样，不仅可以为学生提供语言和思维发展的感性经验，也可以培养学生语言和思维的逻辑性。

在感知觉训练中把语言和训练相结合，还有利于学生对感知对象进行科学、全面的认识。受触觉感知局限性的影响，视觉障碍儿童往往在触摸过程中很难把握整体和局部的空间关系。因此，在触觉训练中，训练者注意语言的指导，将会使视觉障碍儿童收到良好的训练效果。

（4）在感知觉训练中注意培养儿童认识世界的主观能动性。儿童心理发展的过程不是被动接受客观影响的过程。因为视力残疾的影响，儿童探索世界的能动性比较低。因此，在感知觉训练中，我们不但要教会儿童感知的方法，更重要的是激发视觉障碍儿童感知的需要、兴趣和动机，培养其主动感知的习惯和能力。

（二）视觉障碍儿童的注意特征

注意就是通过感觉、已储存的记忆和其他认知过程对大量现有信息中有限信息的积极加工，具有一定的指向性和集中性，是一种可以通过外部行动表现出来的内部心理状态。

视觉障碍儿童的有意注意较为突出。视觉障碍儿童由于缺乏容量较大的视觉信息，只能借助将听觉、触觉、嗅觉以及味觉等其他感觉器官获取的信息加以整合来认识周围事物。因此，视觉障碍儿童需要不断加强进行有意注意的能力，使有意注意得到不断强化并得以发展。

由于视觉系统出现故障，视觉障碍儿童的注意广度会缩小。只有把注意集中到小范围内，才能获得相对较多的刺激，但是他们的注意不容易受到周围其他刺激的影响，因而其注意就更加稳定、更难转移。

视觉障碍儿童有较强的听觉注意力，有较强的听觉选择性。对视觉障碍儿童来说，声音信号具有特殊的意义。随着听觉信息的强化，久而久之，他们的听力辨别能力和听觉选择水平都会有较大的提高，能辨别出各种声音的细微差别与变化，并能利用这些声音信息去认识环境。

（三）视觉障碍儿童的记忆特征

视觉障碍导致视觉障碍儿童在获取信息方面往往不全面、不完整。视觉经验的匮乏使视觉障碍儿童的记忆过程中缺乏视觉表象或视觉表象不完整。视觉障碍儿童的记忆以听觉记忆和触觉记忆为主。有研究显示，视觉障碍儿童单纯依靠触摸，对物体进行再认的成绩远低于明眼学生。但视觉障碍儿童有较强的听觉记忆能力。工作记忆能力方面，低中年级视觉障碍儿童的工作记忆明显落后于视力正常的学生，随年级的升高，差异逐渐减小，并趋于消失。[1]另外，视觉障碍儿童的机械识记能力较强。

（四）视觉障碍儿童的语言特征

视觉障碍儿童的语言发展具有以下几个特点。第一，视觉障碍儿童的语言水平可以达到同龄普通学生的水平。视觉障碍儿童由于没有智力方面的缺陷，且听力敏锐，他们的语言能力发展的速度与其生理年龄的增长同步，语言水平完全可以达到同龄普通学生的水平。第二，由于缺乏视觉表象，视觉障碍儿童的语言与实物容易脱节。普通学生语言获得发展是视觉经验和语言符号相结合的结果，视觉障碍儿童由于缺乏视觉表象，其语言缺乏感受现实作为基础，导致了语言与实物脱节。从视觉障碍儿童的作文中，我们可以看到，视觉障碍儿童的用词是非常丰富的，但往往是照搬和模仿，如"蔚蓝色的天空飘着白云""火红的太阳"等，这些词汇都是视觉障碍儿童听到的，并没有形成自己的感性认识，特别是在表达与视觉经验有关的概念方面，如"月光、浮云、雪亮、五颜六色"等，视觉障碍儿童因缺乏亲身体验而容易误解和错用。或者即使使用了某一词语，也非该词的真正意义，而仅是按其片面和错误的理解而想象出来的意义，造成"语"非其"意"的现象。第三，视障学生在借助表情、手势、动作来帮助说话方面有较大困难，有时会出现盲态，即视觉障碍儿童在说话的时候会表现出摆弄手指、耸肩、抓弄头发等多余的动作。第四，视觉障

---

[1] 方俊明. 感官残疾人认知特点的系列实验研究报告[J]. 中国特殊教育，2001(1): 1-4.

碍儿童有的发音不准，或有口吃、颤音的现象。视觉障碍儿童在模仿和学习语言时，仅凭听觉和触觉，看不到口型，会出现发音不准或口吃、颤音的现象，甚至在发音时出现面部的多余动作。并且由于缺少视觉参与，也就缺少了视觉在模仿发音过程中的调整作用，一些错误的发音动作得不到很好的纠正，也没有办法模仿正确合理的面部表情，所以视觉障碍儿童的语言会不可避免地表现出上述特点。

（五）视觉障碍儿童的思维特点

视觉障碍儿童往往难以形成清晰正确的概念。由于缺乏视觉表象为形象思维提供素材，其表象只能通过感觉通道和动觉来建立。在需要感知过大的物体或自然景观等难以触摸的事物时，视觉障碍儿童自然就难以建立完整的触摸觉表象并通过表象操作进行思维。由于听觉信息未能呈现物体在空间的形状和幅度，所以某些过大、过小或飘忽不定、较为抽象的概念的形成对视障儿童而言就有一定的困难。由于视觉障碍儿童在概念形成上存在较大的困难，造成了他们对事物进行分类归纳的能力也比普通学生差。另外，有研究显示，视觉障碍可能会影响盲生解决问题时获取信息的速度和对任务要求的理解速度，并可能会影响其解决问题过程中的表现。但在排除这些影响的情况下，盲生解决问题时的表现可能会改善。[①]

三、视觉障碍儿童的社会化发展

（一）视觉障碍儿童的情绪、人格发展特征

在视觉障碍儿童的情绪是否稳定的问题上，不同的研究有不同的结论，但是大部分研究认为视觉障碍儿童的情绪不稳定。同时，视觉障碍儿童的性格体现出内倾型。

李祚山的研究显示：12个个性因子中，视觉障碍儿童的抑郁性得分最高。[②] 孙圣涛和刘海燕对148名6～12岁的视觉障碍儿童和普通学生进行情绪表达规则的理解与使用的实验研究，结果表明视觉障碍儿童在两种情境下不使用情绪策略（内外情绪一致）及使用夸大策略的频率明显高于普通学生，而使用平

[①] 琚四化，刘春玲. 盲生与明眼生解决河内塔问题的比较研究[J]. 中国特殊教育，2014(11): 42-46.

[②] 李祚山. 视觉障碍儿童的人格与心理健康的特征及其关系研究[J]. 中国特殊教育，2005(12): 79-83.

静策略、掩饰策略的频率却明显低于普通学生。[①]

邓晓红等人采用"心理健康诊断测验"和"儿童社交焦虑量表"对广东省某盲校的55名小学生进行测试，探讨4～6年级视觉障碍小学生的心理健康与社交焦虑的特征及其相互关系。结果表明，男生的孤独倾向强于女生，不同年级的视觉障碍小学生过敏倾向和社交焦虑不同。[②]在人格研究方面，郭庆科等人研究发现，与普通高中生相比，视觉障碍儿童表现出更强的默认倾向，更喜欢折中的反应，反应方式更极端，有更少的弹性反应，等等。[③]

（二）视觉障碍儿童社会适应发展

由于视觉障碍，视觉障碍儿童的独立生活能力比较差，在生活上更多地的依赖父母和家人。如果父母和家人没有形成正确的教育观念和方式，过度溺爱孩子，更容易造成视觉障碍儿童饭来张口、衣来伸手的坏习惯，影响视觉障碍儿童独立生活能力的发展。但是如果父母和家人能够正确地教育和引导视觉障碍儿童，年龄大一些的学生完全可以生活自理，这也会增强其自信心，提高其认识世界和与人交往的主观能动性，从而促进其心理各方面的健康发展。在学校教育中应让视觉障碍儿童尽可能地与普通学生一起活动。有研究表明，视觉障碍儿童的情绪和社会适应问题在隔离的盲校或盲聋学校比在随班就读的普通学校更为突出。另外，学校应教育普通学生关心、照料和爱护视觉障碍儿童，主动与他们接触，以增强他们的社会适应性和交往能力。

总之，对于视觉障碍的学生，要了解其特征，并加以培训，让其得到其他方面的感觉，得到更好的感觉补偿，使其更快、更好地适应社会。对于视觉障碍者而言，周围人的关心与理解是十分重要的，只有重视其其他感觉通道的培养，才能使其身心更为健康地成长与发展。

四、对视觉障碍儿童应有的基本认识

视觉障碍儿童同明眼学生既有差异，又有共同点。夸大视觉障碍儿童与明眼学生之间的差异是不正确的行为。

视觉障碍儿童与明眼学生有基本的共性。视觉障碍儿童是正在成长、发展着

---

① 孙圣涛，刘海燕. 视障儿童与普通儿童理解与使用情绪表达规则的比较[J]. 中国特殊教育，2009(2): 47-51.

② 邓晓红，朱乙艺，曹艳. 视障小学生心理健康与社交焦虑的特征及其关系研究[J]. 中国特殊教育，2012(11): 44-48.

③ 郭庆科，王洪友，董冶. 听觉障碍学生和视觉障碍学生反应风格的特点及其意义[J]. 中国特殊教育，2008(11): 3-8.

的儿童,他们与明眼学生一样有着基本发展规律和生理基础。视觉障碍儿童的身体在自然生长,各种反射活动的基本规律与明眼学生是一致的,感觉器官在外界刺激下也在发展,当然视觉器官的发展有其特殊性。视觉障碍儿童的心理现象也是按反射的方式产生的,他们的高级神经活动与普通学生有一样的发展的可能性和可塑性。视觉障碍儿童的发展也是按照从低级到高级、从简单到复杂的顺序进行的。

视觉障碍儿童与明眼学生之间也存在差异,视觉障碍儿童与明眼学生最大的、最基本的差异在于视觉障碍儿童存在视觉缺陷。

视觉障碍儿童作为一个子群体,具有任何其他子群体所具有的一切特征,每个学生都是遗传和环境的产物。个别差异普遍存在,如智力、性别、文化背景等差异。除此之外,劳温菲尔德还指出了6项造成视力残疾学生间更多差异的因素:视力损伤的程度、致盲原因、致盲时间、眼睛现状、入学年龄、家庭环境。其中,家庭对待视力残疾学生的态度可以分为接受现实、逃避现实、过分保护、掩饰性的厌弃、公开的厌弃五大类。这更加大了视觉障碍儿童之间的差异。

总之,过分夸大视觉障碍儿童与明眼学生的差异,会导致教师在教育教学中过分追求特殊性,而忽视普通教育中许多宝贵的方式和方法在视觉障碍儿童教育中的作用,会导致不能平等、科学地对待视觉障碍儿童,会对视觉障碍儿童随班就读、回归主流产生消极的影响。

第三节 视觉障碍儿童的融合教育

一、视觉障碍儿童无障碍校园环境的创建

普通学校及教师要积极接收符合条件的视觉障碍儿童随班就读。学校应积极为教师创造条件学习特殊教育相关知识和技能,以保证随班就读教育的质量。

(一)创设安全适宜的无障碍学习环境

1.校园整体环境

总的来说,校园环境要规范、整洁、合理,要方便和利于视觉障碍儿童的活动。如校园中不要有乱堆乱放的废弃物、杂物。校园道路要平整,花草树木要定期修剪,楼梯台阶不要太高,走廊的墙壁上可根据视觉障碍儿童的需求,安装扶手板。在视觉障碍儿童经常去的地方可设置特殊的地面标识或者路标。学校的卫生间应方便视觉障碍儿童使用,墙壁要干净卫生,可以满足视觉障

儿童触摸需求，最好有扶手，有标志物，便于视觉障碍儿童触摸定向，不易滑倒、磕碰。住宿的学生有固定的寝室和床位，餐厅有固定的购买窗口和就餐的桌椅等。校园内需要有明显的盲道，并维持盲道畅通无阻。

2.教室内部环境

教室桌椅的颜色要柔和、不刺眼。教室前面的黑板与周围的墙壁要有一定的对比度。视觉障碍儿童的座位一般要安排在靠近黑板、离讲台和教师最近的位置。同时，要根据视觉障碍儿童功能性视力评估的结果安排其坐在靠近窗户还是远离窗户的位置。对那些怕强光的学生可安排其坐在远离窗户的位置，反之可安排在离窗户较近的位置。房门不要半开半闭，以免学生磕碰。

教室里的桌椅、物品摆放的位置要固定下来，便于视觉障碍儿童安全行走，尽快熟悉环境。培养学生养成物归原处的习惯，在不得不临时把东西放在走道等处时，一定要告诉视觉障碍儿童注意安全。同时，老师要有意识地培养视觉障碍儿童把自己的物品按顺序放好，将相同的书本做上区分用的记号等习惯。

学校需要为低视力学生提供大字课本和配合学习用的大字卡片、口算卡片等学习材料，同时提醒家长给低视力的孩子配置合适的助视设备，如放大镜、望远镜等，带班教师要熟悉仪器设备的使用和简单维修方法。

（二）创设宽松和谐的人际环境

1.教师和随班就读班级普通学生的接纳

随班就读班级任课教师要正确地对待视觉障碍儿童，对他们的学习与生活给予必要的关心、帮助和指导，为他们提供尽可能多的平等参与班级活动的机会，发挥他们在听觉、触觉、语言表达等方面的特长与优势，鼓励他们积极地融入班级和学校环境中来。提倡普通学生为视觉障碍儿童提供力所能及的支持，吸纳视觉障碍儿童参与班级开展的各种活动，在学习上互相帮助，共同进步。

教师有意识地采用协作学习的方式，挑选帮助视觉障碍儿童的助学伙伴，鼓励同学间进行交往、互相学习。助学伙伴可以从同班同学中挑选，一般更倾向于选择学习好、乐于助人、细心耐心的学生，关键考核的因素是性格开朗、乐于助人。助学伙伴的作用主要是协助老师在课堂教学时给予视觉障碍儿童帮助，如将看不清的板书内容读给视觉障碍儿童听，帮助检查视觉障碍儿童的课堂练习，等等。助学伙伴的另一个作用是和视觉障碍儿童建立良好的伙伴关系，引导视觉障碍儿童与同学交往，与同学建立友谊，建立初步的社会交际关系。需要注意的是，助学伙伴不能包办代替，把过度的帮助当作职责，这样也会降低视觉障碍儿童的参与意识和学习能力。

这种伙伴助学的效果是多方面的。一方面，有助于普通学生帮助视觉障儿童有效、灵活地学习，解决一些实际生活中的常见困难，有助于视觉障碍儿童身心健康发展；另一方面，有利于普通学生理解残疾学生，消除对他们的歧视，形成平等的接纳。普通学生通过帮助视觉障碍儿童会受到教师的表扬、同学的夸奖，感受到帮助他人的荣誉感、满足感、成就感等，最终形成乐于助人的良好品质，这也有助于普通学生提高生活能力，懂得如何去帮助别人，学会如何关心别人，能掌握不同的方法和技巧来帮助不同的伙伴。此外，视觉障碍儿童刻苦努力的精神对普通学生有激励作用，他们勇敢地面对老师、走进学校、克服困难、努力学习，能够激励普通学生。

2.教育视觉障碍儿童正确看待自己

前面我们分析了视觉障碍儿童的认知特点、性格特点等多方面的内容，所有的人都会有优点和不足，教师要有意识地帮助视觉障碍儿童客观看待自己的能力和现状，既不能因视力不足全盘否定自己的优势，也不能因自己有超常的听觉辨别能力、触觉感知能力或超强的记忆力等而自我满足。在教育视觉障碍儿童克服自卑、依赖和畏惧心理，放下包袱，以积极乐观的心态投入学校、班级的学习和活动中的同时，要教育其相信自己，多看到自己的长处与优势，取长补短，明白"尺有所短，寸有所长"，注意和同学、伙伴形成良好人际关系，理解他人，要树立必胜不服输的信心，不轻言失败，以正确的态度对待日常生活中发生的事情，学会包容与忍耐。

二、针对视觉障碍儿童的资源教室建设与应用

针对视觉障碍儿童的资源教室应配有1～2名专职或兼职的资源教师，这些教师可以兼顾其他障碍类型学生的辅导与特殊支持。需要在资源教室里配备适合视觉障碍儿童的录放机、实物投影仪、教学模型、盲文打字机、不同放大比例的放大镜、盲文书籍、诊断用的测验工具、资料柜、储藏柜、课桌椅等，有条件的学校还可以配备有声电脑、盲文点读器等相对先进的设备。具体如表3-3所示。

表3-3 普通学校特殊教育资源教室有关视觉障碍儿童教育的配备参考目录表

类别	名称	适用对象
盲文书写工具及盲用教学工具	1. 盲文板、盲文笔及盲文纸 2. 盲用直尺、盲用三角板、盲用算盘、盲用量角器、盲用圆规、盲用卷尺、盲用绘图板等 3. 盲文打字机、点显器等 4. 著名建筑模型及常用动物模型、标本等 5. 盲用电脑及软件、盲文打印机等	供视觉障碍（全盲）学生使用
教材及辅具	1. 盲文版教材及各种触摸图集、模型 2. 语音计算器、盲杖、眼罩等 3. 盲文读物、语音读物、触摸式读物	
视觉辅助设备	1. 视功能训练工具及材料 2. 便携式助视器或放大镜、望远镜、可调式照明灯等	供视觉障碍（低视力）学生使用
教材及其他	1. 大字版教材及图集 2. 助写板、大字格作业本及其他视知觉训练材料等 3. 可调节式阅读支架、闭路电视放大器等 4. 视力、视野测试及评估设备等 5. 视动协调类训练材料等 6. 学生、青少年阅读的大字课本书籍	

与特教学校和特教班有所不同，视觉障碍儿童只是部分时间到这里上课，其他时间仍在普通班中，所以资源教室的目标是为学生和普通班教师提供教学支持，以便使学生能继续留在普通班级，并帮助这些学生保持比较稳定的情绪，在学习方面也能有一定的进步。如果是使用盲文的学生，需要在进入普通教室之前，利用一段时间在这里掌握盲文的摸读和书写；如果是低视力的学生，可以在课余时间去资源教室弥补自己在课堂上遗留的问题。每名视觉障碍儿童都有一份"个别教育计划"，教师应针对学生独特的情况开展教学支持。具体做法如下。

（1）建立良性师生关系。

针对视觉障碍儿童的资源教师首先要注意与视觉障碍儿童的沟通和联系。因视力不佳，视觉障碍儿童往往会对外界产生不安全感，资源教师需要发挥视觉障碍儿童的语言表达优势，增加与他们的沟通交流，建立稳定的师生关系，做视觉障碍儿童的良师益友。教师在关注他们文化课学习的同时，还要培养他们的社会适应能力，以便他们能较好地适应普通班级和学校的生活。同时，教师要完成信息收集、评估、测量等任务，还需要运用教育诊断技术，分析视觉障碍儿童学习能力的长处及短处,并通过个别化教学,对这些学生的问题采取补救的教学与辅导。

（2）对视觉障碍儿童进行视力检测。

资源教师、家长和校医或眼科医生应一起对学生的视力做一次全面的调查和检测,其目的有以下几点:一是根据学生的视力情况,确定对学生的教育手段;二是为视觉障碍儿童提供适合他的特殊服务。通过对视觉障碍儿童和家长的调查,以及医生的诊断,可以确定造成学生视觉障碍的病因,教学中要特别注意造成学生视觉障碍的疾病是否仍存在或发展。对低视力学生来说,如果其眼疾不再发展,即可使用视觉学习,如可以使用放大镜、印刷体课本等;如果学生的眼疾仍在发展,可能会导致其失明,在日常的学习中还应以触摸觉、嗅觉等为主要学习手段,需要学习盲文。当然,无论学生的眼疾是否在发展,教师对视觉障碍儿童的残余视力都应该特别加以保护,同时教育学生要小心爱护眼睛。

（3）对视觉障碍儿童进行各种基本能力的评估。

对学生的自理能力的评估,包括进食、如厕、穿衣、脱衣、睡眠、卫生和安全等基本能力。

对学生定向与行走能力,即视觉障碍儿童能否安全、有效、独立地寻找目的地的评估。

对学生社会交往能力即如何与他人沟通和相处的评估。

评估学生是否会使用残余视力,并教其如何使用残余视力。

（4）对视觉障碍儿童的教育诊断。

针对随班就读的视觉障碍儿童在认知方面的状态和不同的特殊需求,提供不同的支持。

为视觉障碍儿童安排合适的座椅位置、为视觉障碍儿童提供其需要的教具学具,对视觉障碍儿童进行感知觉训练,为盲生提供定向行走课程、生活技能训练课等特殊课程。

（5）资源教师协助普通学校教师为视觉障碍儿童制订个别教育计划,安排课程和教学。

三、班级管理

当班里有视觉障碍儿童时,无论是班主任还是任课教师都要做好充分的准备,了解学生的实际情况,并且有目的地结合班级上课内容和班级活动内容来开展日常教学和管理。

（一）发挥视觉障碍儿童的优势进行教学和管理

充分利用"优势导向"是融合教育班级管理的核心理念。每一个学生都有自己的长处或优势，老师要在充分了解学生的实际情况的前提下，积极肯定或发挥特殊儿童的优势，从优势入手带动学生融入校园学习和生活。

视觉障碍儿童最明显的优势就是听觉敏锐、触觉灵敏、言语表达能力强。所以，在学习上利用视觉障碍儿童的这些能力，满足他们的学习需求；在班级生活中也可以为他们提供展示自己优势的机会，如唱歌、演讲等，培养他们的自信心，也让视力障碍学生在班级中获得荣誉。

（二）倡导同伴支持与合作

如何让普通学生接纳视觉障碍儿童，并为他们提供支持和帮助，是融合教育班级的教师需要考虑的重要问题。首先，仔细介绍视觉障碍儿童的身体状况，鼓励普通学生认识和接近视觉障碍儿童，和他们交朋友；其次，形成"互帮互助"的班风，培养学生乐于助人的品格，为弱势群体营造和善包容的学习氛围；最后，积极倡导"尺有所短，寸有所长"的观念，教会学生从他人身上发现优势，让学生懂得每个人都有优点，并能积极向他人学习。

（三）弥补视觉障碍儿童的认知困难

因视觉障碍，学生在学习时对形状、颜色、距离、表情等内容理解困难，教师需要利用视觉障碍儿童能理解的方式，采用特别的方法让他们理解和接受。例如，可以让学生用触摸理解形状，用心情理解表情，用感受理解颜色，教师应增加语言描述，加强与视觉障碍儿童的交流与沟通，帮助视觉障碍儿童客观地理解抽象词，创造条件让他们表达准确的语句。

四、课堂教学

目前，我国的学校教育都采用班级授课制的形式进行教学，同一班级中的学生使用相同的教材，接受相同的教学内容和教学要求。这种形式在某种程度上不利于特殊学生随班就读的发展，视觉障碍儿童进入普通班级后，就要求教师改变传统的教学模式，既要满足视觉障碍儿童的学习需求，又不影响普通学生的学习，做到两者兼顾。主要的方法是采用"一体化教案"。

（一）在制订个别化教育计划的基础上，设计一体化教案

一体化教案是指在课堂教学中，视觉障碍儿童和普通学生采用同一内容的教材，由同一位教师授课，并掌握相同的教学进度，但教师要根据普通学生和视觉障碍儿童的不同特点，采用兼顾差异的教学策略，对教学内容做适当的调整和组织，确定符合视觉障碍儿童和普通学生发展需求的教学要求，逐渐实现

教学目标。教师根据这样的要求，认真备课，并将这些照顾差异的教学策略与对教学内容的调整和组织设计为课堂教学的方案，即一体化教案。[①]一体化教案的设计需要随班就读的辅导教师和任课教师认真研究、共同备课。

（二）一体化教案的基本内容和格式

一体化教案是以课时为单位设计的，一体化教案也和普通课时教案一样，包括教学课题、教学目标要求、教学重点难点、教学方法选择、教学过程设计、教具准备和板书设计等基本内容。一体化教案和普通课时教案的不同在于，教师在设计一体化教案时，对教案中的每个项目都要根据视觉障碍儿童和普通学生的不同需要进行认真考虑和设计，并在教案中分别写明。一体化教案模板如表3-4所示。

表3-4 一体化教案模板

学校名称：_____ 科目：_____ 主讲教师：_____

授课班级	班级人数	学生信息					
		姓名	性别	年龄	类型	程度	其他

情况分析	
授课题目	教材名称、出版社、出版时间
面向对象	普通学生　　　　　　　　　　特殊学生
教学目标	
教学重点	
教学难点	
教具与学具	
主要教学方法	
教学过程及内容	
效果分析	

[①] 徐白仑. 随班就读低视教育师资培训教程[M]. 北京：华夏教育出版社，2003：52-53.

续 表

授课班级	班级人数	学生信息					
		姓名	性别	年龄	类型	程度	其他

备注	1."情况分析"包括教材和学生情况分析，在学期初和新的教学单元开始的时候填写即可，不要求在每节课都填写此栏目 2."效果分析"在讲完课后应及时填写

资料来源：徐白仑．随班就读低视教育师资培训教程[M]．华夏出版社，2003：52-53.

一体化教案采用并列式，这种教案可设计成左右两部分，左边部分是针对普通学生的，右边部分是针对视觉障碍儿童的。这种教案常用表格形式呈现（表3-5、表3-6）。

表3-5 一体化教案范例一

授课班级	班级人数	学生信息					
		姓名	性别	年龄	类型	程度	其他
三年级一班	41	李**	女	13	低视	一级	
情况分析							
授课题目	16.爬山虎的脚	教材名称、出版社、出版时间					
面向对象	普通学生			特殊学生			
教学目标	知识目标：了解爬山虎叶子和脚的特点，学习作者按结构顺序观察植物的方法，仿写一个片段 能力目标：培养学生的阅读能力及朗读能力 情感目标：激发学生热爱科学、探索大自然的兴趣			在保护视力的前提下，低视力学生充分运用其残余视力，教学目标同普通学生一样			
教学重点	学习本文的观察顺序			同普通学生一样			
教学难点	指导学生有感情地朗读课文			同普通学生一样			
教具与学具	多媒体			助视器			
主要教学方法	自主、合作探究			同普通学生一样			

续 表

授课班级	班级人数	学生信息					
		姓名	性别	年龄	类型	程度	其他
三年级一班	41	李**	女	13	低视	一级	

教学过程及内容	一、直观导入 1.多媒体演示漂亮的爬山虎，引导学生进行观察（教师：这么漂亮的爬山虎是怎么爬上高墙的呢？） 2.板书写明课题，释题（板书：16.爬山虎的脚） 二、自读生疑，质疑问难 1.组织学生自读：读课题、读课文，边读边做好疑问记号 2.初知课文大意，抓住重点进行质疑问难 三、梳理疑难，自主探究 1.提问： （1）爬山虎叶子有什么特点？ （2）画出对叶子静态、动态描写的句子 （3）爬山虎的脚是什么样的？有什么作用？ 2.自主选择感兴趣的问题，认真研读文本，做好交流准备 四、合作交流，相互补充 1.凡是经教师适当点拨，学生自己能读懂的课文，教师引导深入探究（如对叶子的动态描写、静态描写） 2.对于学生理解不透的问题，让学生合作研究（如爬山虎的脚有怎样的特点，作者是怎样观察的） 3.在自主研读的基础上，有同类疑问的学生合作 五、个性汇报，成果共享 1.说：说出自己的收获 2.读：读出自己的感受 3.画：根据课文内容画出爬山虎的叶子、脚，内化语言 六、作业：仿写一种植物的外形	一、直观导入 1.由助学小伙伴引领视觉障碍儿童到前面观察 2.用助视器帮助视觉障碍儿童读板书 二、自读生疑，质疑问难 1.用助视器读文，做记号 2.指名读文，教师点拨，小伙伴帮助 三、梳理疑难，自主探究 1.与普通学生相同 2.用助视器认真读文，做好交流准备 四、合作交流，相互补充 1.教师个别指导、演示 2.用助视器读文 3.和组内同学合作 五、个性汇报，成果共享 1.与普通学生相同 2.用助视器读文 3.与普通学生相同 六、作业：给家长说一说你喜爱的植物

板书设计	16.爬山虎的脚 位置 爬山虎的脚 { 样子 { 形状：细丝、爪子 颜色：嫩红 怎么爬 触、扒拉、贴 { 没触着墙：枯萎、没有痕迹 触着墙：灰色（牢固）
效果分析	
备注	

资料来源：徐白仑.随班就读低视教育师资培训教程[M].北京：华夏出版社，2003：52-53.

表3-6 一体化教案范例二

授课班级	班级人数	学生信息				
		姓名	性别	年龄	类型	程度	其他
五年级	42	张**	男	13	低视	一级	
授课题目	求一个数的几分之几是多少的一步应用题					

普通学生	特殊学生
教学要求： 1. 学会解答求一个数的几分之几是多少的一步计算的应用题 2. 通过对应用题的分析和解答，发展学生的思维能力 3. 使学生懂得团结友爱、互相帮助、互相鼓励 教学重点：求一个数的几分之几是多少的一步计算的应用题 教学过程： 一、准备练习 1. 看卡片口算 2. 口答列式计算 （1）20的五分之一是多少？ （2）6的四分之三是多少？ （3）三分之二的五分之三是多少？ （4）四分之三的五分之四是多少？ 二、讲授新课 1. 导入 老师：今天我们来学习"一个数的几分之几是多少的一步计算的应用题"（板书课题） 2. 教学例1 （1）出示例1，学生读题，明确题意 老师：把这道题的数量关系用线段图表示应该怎样画呢？根据学生的回答，教师在黑板上画线段图，并在线段图上标明题目的条件和问题 （2）思考、讨论 ①吃了五分之四，是吃了哪个数量的五分之四？ ②应该把哪个数量看作单位"1"？ ③根据什么列算式？ 学生分析题目中的数量关系，独立列算式计算，指名板演 三、反馈练习 1. 基本练习 2. 巩固练习 四、小结 老师：你们今天学会了什么？求一个数的几分之几是多少的应用题应该用什么方法计算？ 五、布置作业	教学要求： 与普通学生相同 在保护视力的前提下，低视力学生充分运用其残余视力 教学重点：与普通学生相同 教学过程： 一、准备练习 1. 看大字卡片口算 2. 听题口答 二、讲授新课 1. 低视力学生运用助视器读课题 2. 教学例1 （1）低视力学生到前面观看线段图 注意：教师画线段图禁止用红、绿、蓝粉笔，线要画得粗、重 （2）由助学伙伴帮助描述低视力学生看不见的图，教师注意观察，提高低视力学生视觉观察、视觉记忆的能力，进行功能性视觉训练 三、反馈练习 1. 低视力学生做眼保健操 2. 与普通学生相同 四、小结 强调各有所长，以增强低视力学生的自信心 五、布置作业 根据情况适当减量

续 表

授课班级	班级人数	学生信息					
		姓名	性别	年龄	类型	程度	其他
五年级	42	张**	男	13	低视	一级	

提示：
1. 提高课时的利用效率，凡新出现的题目应根据低视力学生的视力，准备适当的大字卡片，而不宜临时在黑板上书写；
2. 教师板书时要字迹工整，大小适当，相对集中，或边读边写，或写完由学生朗读；
3. 当运用挂图或投影时，尽可能使挂图、投影色彩鲜明，字迹清晰，对比分明。低视力学生可上前观看，由普通学生加以描述，以帮助低视力学生了解图中细节。教师可根据图中内容，有意识地将功能性视力训练贯穿于识图过程中

资料来源：徐白仑. 随班就读低视教育师资培训教程[M]. 北京：华夏出版社，2003：52-53.

一体化教案还可以采用插入式，即将普通学生的教学设计和视觉障碍儿童的教学设计合于一体，穿插安排，常用文字方式表达。教师使用不同字体的相关部分分别注明。此种形式教案的特点是在同一教学内容或教学环节中，便于比较两类学生的共性与特性。

一体化教案范例三

课题：含有亿级的多位数的读法

低视力学生：***

课时计划：(节选)

一、指导复习

集体教学（面向全班学生）：

1. 万以内的数怎样读？（按各级的读法从高级到低级，一级一级往下读）
2. 一个中间和末尾有零的数怎么读？（一个数中间有一个零或连续几个都是零，都读一个零；数末尾的零都不读出来）
3. 每级数中的计算单位有什么相同点？（都有个、十、百、千）

个别辅导（请低视力学生回答）：

1. 有一个12位数，含有哪几个级？（提问后略停，让低视生思考）
2. 每个级有哪些数位？

……

三、课堂练习

集体教学（面向全班学生）：

下面来练习读数，看谁读得又对又快（出示写有数字 53 421 的卡片，全班齐读）

个别辅导（请低视力学生回答）：

出示写有数字 68 000 的大字卡片，请低视力学生读，并问，这个数是几位数？最高位是什么位？

一体化教案能够使教师在同一班级中的教学达到兼顾普通学生和视觉障碍儿童的教学目标。教师将最终要达成的教学目标根据视觉障碍儿童的学习实际及需要进行分解，分别提出有益于普通学生和视觉障碍儿童的教学要求，这样教师既不耽误普通学生的学习时间，又能保证视觉障碍儿童有机会学习和完成学习任务，实现自身发展，这样的教案设计保证了个别化教育计划在班级授课中的实现。

针对不同学生的特点，安排合适的学习任务。一体化教案强调教师必须运用有效的教学策略。针对视觉障碍儿童的教学目标的实现主要依靠对教学策略和教学内容的适当调整和组织。从前面一体化教案的范例中可以看出教师们在这方面做的努力。在范例一中，教师在运用作业策略时，对视觉障碍儿童的作业做了改变。视觉障碍儿童书写汉字有困难，有的低视力学生的视力状况也不允许他写许多汉字。在这样的情况下，教师将"仿写一种植物的外形"改变为"给家长说一说你喜爱的植物"。教师设计这个作业的意图有两个：一是要求学生对植物进行细致观察，培养学生的观察能力；二是要求学生将自己观察到的内容表达出来，训练学生的表达能力。教师对低视力学生作业策略进行改变后，作业意图并没有改变，让他们说出自己喜欢的植物，依然能促使他们观察，要求低视生说一说，也是训练其表达能力的一种方式。这样的教学策略改变是有效的，表面上看与普通学生的作业要求不同，但作业目的一致，这正是一体化教案所特别强调之处。

综合考虑学生的需求，对教学环节要有全面安排。教学环节是教学过程开展和发展的基本程序，教师应在各个教学环节都兼顾视觉障碍儿童的不同需要。有的教师在一节课大部分时间的教学中都没有考虑视觉障碍儿童，直到最后几分钟才照顾视觉障碍儿童的特殊需要，这是不够的。有的教师在一节课的每个环节都对视觉障碍儿童予以关注，不但使全班的教学进度变慢，而且占用了其他学生的时间。一体化教学提倡的是看似无意，却是有意的照顾。例如，有位语文教师在教学生字的时候，为了让随班就读的低视力学生看清，不但使用了放大的生字卡片，而且有意在离低视力学生较近的地方出示卡片，在让全班学生看清的同时，也让低视力学生看清，这样的兼顾从表面上看是无意的，其实却是有意的，是教师对学生深刻了解以后精心设计的。

教学环节的设计也体现在对教学方法的运用上。在数学课上学习平均分，用直观教学法让学生了解平均分的意思是把一些物品分成若干份，每份的数量都一样。教师采用实物直观的教学方法，准备学生都熟悉的苹果，让学生按照平均分的要求摆放，为了突出对随班就读全盲学生的照顾，将8个大苹果放在盲生的课桌上，同时放了4个盘子，这样的做法虽然可以让盲生通过实际动手摆放了解平均分的意思，但是苹果是圆的，且大而多，摆放时会滚动，在实际操作的时候，反而会给盲生造成麻烦，使他们担心苹果会掉到地上，当学生的注意力都集中在苹果会不会掉下去的时候，直观教学法的效果就没有发挥出来。

一体化教案还强调对教学内容做适当的调整和组织。面对差异显著的学生，要达成相同的教学目标，仅仅改变教学策略是不够的。在一体化教案范例二中，教学过程"三、反馈练习"对视觉障碍儿童的教学内容根据需要进行了适当调整和组织。普通学生在"反馈练习"中完成基础练习和巩固练习。而对低视生只要求完成巩固练习。低视生可以利用普通学生完成另一个教学内容的时间做眼保健操。这位教师的设计很巧妙，将满足低视生的特殊教育需要不着痕迹地融合在课堂教学中，这样的教学内容的调整和组织堪称"适当"。

本章小结

视觉障碍是指由于各种原因导致双眼视力低下，且不能矫正，或视野缩小，以致影响日常生活和社会参与。根据视觉障碍的障碍程度，可以将视觉障碍分成盲和低视力两类，具体分类标准因国家或地区不同而有所不同。视觉障碍儿童的鉴定与评估包括客观检查和主观评估两个方面，即视力检查和视能评估。人类大约80%的信息都是通过视觉获取的，因此视觉在人的发展过程中扮演着重要角色，视觉的缺陷或丧失会影响个体认知、语言、社交等几方面能力的发展。视觉障碍儿童的认知发展既遵循普通学生认知发展的一般规律，又因缺乏有效的视觉活动而表现出与普通学生不一样的认知发展特性。视觉障碍儿童融合教育的有效进行需要普通学校提供安全舒适的无障碍校园环境。融合教育需要在普通学校建设特殊教育资源教室，并配备资源教师，为视觉障碍儿童提供各种支持和帮助。普通教师在教育教学过程中要注意为视觉障碍儿童设计有效的教学策略，灵活设计教学环节，以帮助视觉障碍儿童健康发展。

思考题：

1. 如何全面正确地认识视觉障碍儿童？
2. 视觉障碍儿童的心理发展有哪些特点？
3. 资源教师应当为视觉障碍儿童提供哪些支持和帮助？
4. 普通教师在教育教学过程中如何兼顾普通学生和视觉障碍儿童的教育需求？

专栏·拓展阅读：

盲人高考历年背景介绍

2014年，在教育部、中国残联的高度重视下，我国第一份普通高校招生考试盲文试卷诞生。河南46岁的盲人考生李某某成为我国第一个使用盲文试卷参加普通高考的考生。

2015年，参加普通高考的浙江盲人考生郑某某考出了570分的高分，其中数学成绩接近满分。

2015年，宁夏盲人考生黄某考出了530分的成绩，高出宁夏理工类一本线85分。2019年，黄某又以优异成绩保送武汉理工大学。

2017年，安徽盲人考生王某高考分数575分，超出本省一本线88分。

2018年，上海市盲童学校应届高三毕业生王某在高考中考出623分的优异成绩。

2019年，山东盲人考生邵某考了584分，超过文科普通批最低录取控制分数线81分。

2019年，安徽盲人考生昂某某考出551分，高出当地一本录取线55分，当年被安徽中医药大学中医学专业本硕连读录取。昂某某感觉不够理想，又参加了2020年的高考。

2020年7月7日，全国有山西、安徽、上海、西藏四个省、自治区、市共5名全盲考生使用盲文试卷参加考试。昂某某考出了635分的高分，被中央民族大学录取。

参考文献：

[1] 沈剑辉. 特殊儿童定向行走训练[M]. 南京：南京师范大学出版社，2015.

[2] 黄冬. 特殊儿童功能性视力训练[M]. 南京：南京师范大学出版社，2015.

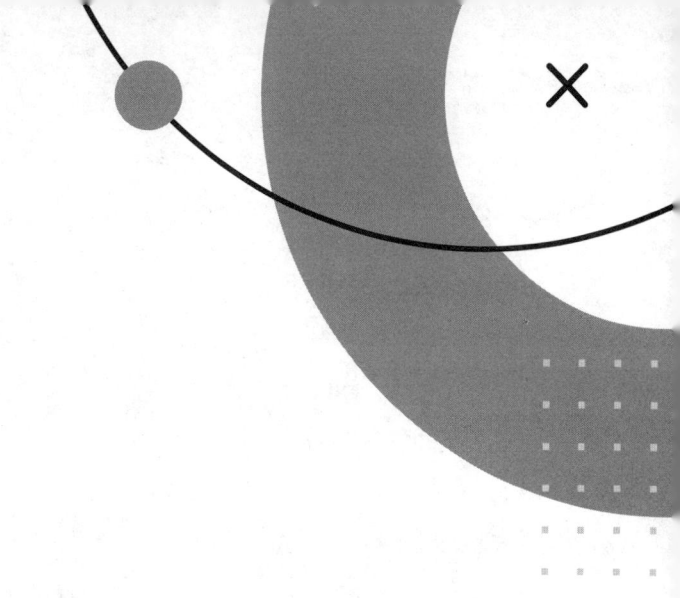

第四章　智力障碍儿童的教育

第四章 智力障碍儿童的教育

案例：

周某是《最强大脑》第一季第三期的选手，他惊人的数学天赋被认为是"生命的奇迹"，最终以满分150分晋级，成为《最强大脑》四季里第一个满分晋级的选手。周某于1991年出生于山西省五台县的一个小乡村，6个月大时因抽搐被送往医院，被相继诊断为佝偻病和智力发育低下。比四处寻医却治疗无果更艰难的是他的上学之路，他曾多次被学校拒收，10岁才通过旁听的方式进入一年级，他的言语理解和表达存在很大困难，但数学计算却游刃有余，小学五年级后他被迫退学，在家中的小卖部里把玩计算器。后来家人发现他表现出惊人的计算能力，能靠心算准确给出十多位开根号运算的结果。在节目中，他对现场给出的带有复杂的数学符号、乘方、开方的复合运算题只用心算就能得出正确结论，震惊四座。

参加完节目后，周某接受了上海交通大学和华东师范大学的专业测评，结果显示他有自己的一套独特的运算方法，心算速度很快，计算能力远超常人。之后他收到了上海交通大学中国超级大脑人才库的聘书，成为上海交通大学中国超级大脑人才库的一名成员。

许多人为周某的运算能力惊叹，也为他不曾接受过良好系统的教育而惋惜。他的事例告诉我们：天才的价值往往是不能靠普通人的标准去评判的，即使是被诊断为智力障碍的人也有价值，应该被接纳、被挖掘、被支持。

问题聚焦：

1. 智力障碍定义演变的背后是教育理念的变化。
2. 智力障碍儿童融合教育质量反映着教育支持系统的完善程度。
3. 采取适合的教育策略，智力障碍儿童的发展有无限可能。

第一节　智力障碍概述

一、智力障碍的定义

由于研究视角的不同，研究者对智力障碍的界定也不尽相同，不同国家和地区有关智力障碍的定义涉及不同的专业理论和内涵建构，也对相应的国家法律和社会政策有着重要的影响。从智力障碍定义一百多年的演变历程来看，其描绘经历了从"白痴"（idiot）、"弱智"（fool）到"智力缺陷/残疾"（mental handicapped /deficiency）、"智力落后"（mental disability）再到"智力障碍"（intellectual disability）的变化，其界定标准也从单一的智商标准发展到增加适应性为标准，再到更加强调社会支持和融合。

（一）美国的定义

根据美国智力与发展性障碍协会（The American Association on Intellectual and Development Disability，AAIDD）2002年发布的定义，"智力障碍是指智力功能有显著的限制，同时适应行为存在概念性技能、社会性技能和实践性适应技能的显著限制，智力障碍发生在18岁以前"。其中，概念性技能包括语言的理解和表达、钱的概念、自我定向等。社会性技能包括处理人际关系、责任心、自尊、遵守规则、服从法律、自我保护等。实践性适应技能包括个人日常生活技能（如吃饭、穿衣、大小便、做家务、使用交通工具等）和职业技能。

2010年，AAIDD组织来自医学、精神病学、法律以及特殊教育等领域的18名知名专家，历经7年多的研究，推出了第11版智力障碍定义分类与支持体系手册，第一次提出了智力障碍（之前为智力落后）的官方定义。新版定义沿用了2002年版的定义描述和五个假设，但进一步强调：对智力障碍者的界定和分类不仅是临床诊断的任务，更需在不同的环境（学校、家庭、法庭、服务机构、政策领域等）中进行谨慎评估；应依据智力功能、适应行为、健康以及参与等个体功能实施多维分类系统。

（二）中国的定义

2006年，中国第二次残疾人抽样调查使用的残疾标准中对智力障碍的定义如下：智力显著低于一般人水平，并伴有适应行为的障碍。由于神经系统结构、功能发育障碍，使个体活动和参与受到限制，需要环境提供全面、广泛、有限和间歇的支持。智力障碍包括在智力发育期间（18岁之前）由于各种有害因素导致的精神发育不全或智力迟滞，以及智力发育成熟以后，由于各种有害因素导致智力损害或智力明显衰退。此次调查以中国比奈智力量表作为智力水平的测评工具，在适应行为的界定上采用了与国际接轨的功能性评估和支持程度标准。与美国的界定不同的是，我国设定的年龄标准不仅包括0～18岁的生长发育期，还囊括了成年后的多样化智能损伤。

总结：

尽管各国对智力障碍的定义有所差别，但在基本理念和诊断标准上已达成共识，即以社会支持理论下的功能性视角来诊断，这指示我们无论是学术研究的界定还是教育和社会生活的态度，都不能将智力障碍仅仅视为生物或基因因素的结果，更应考虑社会因素，智力障碍是生物和社会因素共同影响而导致个体产生功能性的限制，其反映的失能状态更多体现在个人无法在社会环境中表现出符合期待的功能角色与任务。

专栏·拓展阅读：

美国智力与发展性障碍协会及其对智力障碍最新定义的五个假设

美国智力与发展性障碍协会是世界上最早的智力障碍专业学术组织，其最初为1876年成立的美国智能缺陷医护人员协会，先后称为"美国智能不足协会"（American Association on Mental Deficiency, AAMD）、"美国智力落后协会"（American Association on Mental Retardation, AAMR）及"美国智力与发展性障碍协会（The American Association on Intellectual and Development Disability, AAIDD），并多次推出智力障碍的定义，最新一次界定是在2010年。该协会会址位于华盛顿特区，主要任务是对智力障碍者进行研究、测评和教育。该协会的历次更名和对智力障碍定义的迭代反映了学术研究对测定智力障碍的标准的认知变迁，也推动着社会各领域看待智力障碍的视角和理念的变化，其研究成果不仅适用美国，而且被世界各国参考使用。

AAIDD以五条重要的假说对智力障碍做出界定。

（1）个体现有能力的限制必须置于特定的社区环境的背景中加以考虑，这种背景对个体的同龄人以及个体所在的社会文化来说都应该具有典型性。

（2）有效的评估需要考虑文化的、语言的差异以及沟通、感觉、运动和行为因素等方面的不同。

（3）特定适应性技能的限制通常和个体其他方面的长处同时存在。

（4）描述个体所受限制是为了详细地了解个体支持辅助需求的水平。

(5)经过一段时期的适当的个别化支持辅助后,智力障碍者的生活能力通常都会得到一定程度的改善。

(Luckasson et al.,2002)

二、智力障碍儿童的出现率

智力障碍儿童的出现率又叫流行率,是指在特定的时间或范围内,智力障碍儿童的人数在儿童总人口数中所占的比例。该指标通常以流行病学的抽样调查进行估计,对医学筛查、教育决策、社会辅助等具有重要的意义。

根据智力水平的理论分布曲线(正态分布曲线)可知,智力障碍的智商值在负两个标准差以下,在正态分布中占的比率是2.27%,该数值为智力障碍在理论上的出现率,实际分布不一定呈正态趋势,有研究资料显示,智力障碍的实际出现率在0.05%~13%。

根据中国2006年残疾人抽样调查的结果,全国各类残疾人的总数为8 296万人,智力障碍者554万人,占残疾人总数的6.68%。

三、智力障碍的类型

(一)按智商水平划分

当前采用的比较普遍的划分方法是DSM-Ⅲ-R的分法,将智力障碍分为轻度、中度、重度和极重度四级,分别对应四级、三级、二级和一级智力障碍。该分类以智力商数(IQ)作为分级指标,并根据标准正态分布对不同级别的智力障碍做出理论估计。以下是不同智力量表对智商的具体测定及相应分类(表4-1)。

表4-1 智力障碍分类的不同智商水平

智力障碍的类型		标准正态分布中偏离标准差的距离	智商	
			比内-西蒙量表	韦氏量表
一级	极重度	-5.00以下	19-	24-
二级	重度	-5.00~-4.01	35~20	39~25
三级	中度	-4.00~-3.01	51~36	54~40
四级	轻度	-3.00~-2.01	67~52	69~55

（二）按社会适应行为分类

经典的适应行为定义是由斯隆（W.Sloan）和波奇（D.Birch）于 1955 年提出来的，包括成熟、学习能力和社会适应能力三个部分的测定，结果根据智力障碍者的行为表现确定为四个等级，并对应经过教育和训练可能达到的水平（表 4-2）。

表 4-2 智力障碍者的行为表现等级

严重程度	学龄前（0~2岁）成熟和发育领域	学龄期（6~21岁）训练和教育的效果	成年期（21岁~）社会责任感及职业表现
一级（极重度）	总体迟滞，感知运动领域能力极差，需要监护	不能在生活自理能力训练中受益，需要监护	某些运动能力及言语能力得到发展，不能自理，需要完全看护和监督
二级（重度）	运动能力发展很差，言语能力有限，一般不能从生活自理训练中受益，交流能力极差甚至没有语言及言语能力	会说话并能学习交流，通过训练能养成一般的健康习惯，能从系统的健康习惯训练中受益	在充分监护下能做到部分生活自理，能发展一些低限度的自我保护技能
三级（中度）	会说话并能学习交流，社交意识很差，运动能力发展到相当不错的程度，只能从某些生活自理能力训练中受益，需中等程度的监护	通过特殊教育，到青年晚期大致能学会四年级的课程	在技术性不强的岗位上能做到半自理，即使在很轻微的社会压力和经济压力下也需要监护和指导
四级（轻度）	能发展社交技能和交流技能，感知领域的发展有些迟缓，较晚才会与同龄人之间表现出差异	到青年晚期只能学会六年级的课程，不能学会普通中学课程，在中学阶段特别需要特殊教育	在恰当的教育下足以胜任社交和职业情境，在严肃的社会经济情境中需要监护

注：摘自 *Mental Retardation*，第 190 页。

（三）按支持程度分

1992 年，AAIDD 提出应以智力障碍者所需的支持程度对其进行分类和分级，之后屡次修订都保留并更加强调在支持基础上的智力障碍分类分级，且从概念和程序两方面提出了功能性分类系统的建议。该分类系统的提出改变了过去以个体智力和适应性为基础的评定，转为以个体所需的支持辅助和需求程度为基础进行评估。这一转变不只是对智力障碍分类分级方法的改变，更是对看待智力障碍者的视角和教育理念的革命性变更，显示了从残障理念到支持理念的变化。

支持辅助需求是指那些能够使个体在学校、家庭、社区环境以及工作环境中的适应能力得以提升所需的多样化支持辅助，更加强调智力障碍者与环境互动中出现的需求，也更加注重对智力障碍者的终身支持和其生活品质的提升。根据个体所需的支持辅助需求程度，可将智力障碍分为间歇的（intermittent）、有限的（limited）、广泛的（extensive）、全面的（pervasive）四个层次，该系统被称为ILEP分类系统。通过这一系统，支持者应将生物学因素、生活环境因素、教育及职业因素、社会因素等多个维度结合起来去评估智力障碍者的障碍程度和需求。表4-3所示的是该分类系统的具体内容，这一理念和方法已得到国际社会的普遍认同。

表4-3 智力障碍分类的ILEP系统

类别	支持程度
间歇性	所需要的支持服务是零星的、视需要而定的（如失业或生病时）
有限性	所需要的支持服务是经常性的、短时间的（如短期的就业训练或从学校到就业的衔接支持）
广泛性	至少在某种环境中有持续性的、经常性的需要，并且没有时间上的限制（如需要在工作中或居家生活中得到长期的支持服务）
全面性	所需要的支持服务是持久的且需求度高，在各种环境中都需要提供，并且可能成为终身需要

专栏·知识拓展： 中国2006年残疾人抽样调查使用的智力评定标准及分类分级（表4-4）。

表4-4 中国2006年残疾人抽样调查使用的智力说评定标准及分类分级

级别	分级标准			
	发展商(DQ)(0～6岁)	智商(IQ)(7岁以上)	适应性行为(AB)	WHO-DAS Ⅱ分值 18岁以上
一级	≤25	<20	极重度	≥116分
二级	26～39	20～34	重度	106～115分
三级	40～54	35～49	中度	96～105分

续 表

级别	分级标准			
	发展商(DQ)(0～6岁)	智商(IQ)(7岁以上)	适应性行为（AB）	WHO-DAS Ⅱ分值 18岁以上
四级	55～75	50～69	轻度	52～95分

四、智力障碍的成因

导致智力障碍的原因既有生物遗传的因素，又有后天环境因素，通常包括遗传物质异常、非遗传性病理、物理化学损伤、非生物学原因等几大类，不同致病原因所产生智力障碍的概率不同，造成智力障碍的严重程度也不尽相同。需要注意的是，不同的成因与智力障碍程度之间没有必然的对应关系，即不能说哪种原因导致的智力障碍程度更严重或更轻。

（一）遗传物质异常

遗传物质异常导致的智力障碍主要来自染色体异常和先天性代谢异常，其中染色体异常包括染色体数目异常和染色体结构异常。

染色体数目异常导致的智力障碍是指在形成合子时染色体的数目出现增加或减少而导致伴有智力障碍的疾病，包括常染色体综合征和性染色体异常综合征，如第13，18，21对染色体数目增加一条出现染色体三体而导致的Patau综合征、Edward综合征、唐氏（Down）综合征，其中唐氏综合征是常染色体异常导致智力障碍最为典型的疾病。此外，性染色体数目异常导致的先天性睾丸发育不全（XXY综合征）或先天性卵巢发育不全综合征（X单体综合征、Turner综合征）等的患者也会伴有不同程度的智力障碍，有的还可能伴有精神异常。

常见的染色体结构异常为X染色体的结构异常，包括各种缺失、易位和等臂染色体等，其临床表现因涉及的X染色体上的异常区段不同而不同。常见的脆性X染色体综合征临床表现为中度到重度的智力障碍，男女均可发病。

专栏·拓展阅读：
唐氏综合征及其发展

唐氏综合征的医学名称为21-三体综合征，是因21对染色体增多一条成为三体而导致的常染色体数目异常病症，1866年，英国医生John Langdon

Down 对该群体的典型体征进行完整描述，后该综合征以其名字命名为唐氏（Down）综合征。该病症的临床表现如下：①出生时体重和身长偏低，肌张力低下；②头颅小而圆，枕部扁平，脸圆而扁平，鼻扁平，脸裂细且上外倾斜，眼距过宽，内眦赘皮明显；③常有斜视，虹膜时有白斑点，常见晶状体混浊；④嘴小唇厚，舌大外伸，耳小，耳位低，耳郭畸形；⑤颈背部短而宽，有多余的皮肤；⑥软骨发育差，四肢较短，手宽而肥，通贯掌，指短，第5指常内弯，腹肌张力低下而膨胀，常有腹直肌分离或脐疝；⑦约1/2以上的患者有先天性心脏病；⑧伴有智力水平落后或精神发育迟滞。

作为导致智力障碍最典型的常染色体数目异常病症，唐氏综合征受到医学、教育学、心理学等领域的颇多关注，不同时期的研究视角和理念也存在很大差异。过去的生物医疗模式对唐氏综合征的病理缺陷关注较多，对其发展的预设也有很大的能力限制，认为低智商决定了其终身低能或无能，对该群体的称谓也带有很多的歧视和贬低，如曾称其为"先天愚型"等，但随着残障研究的范式转移和智力障碍定义的不断演变，各领域都开始以社会文化模式透视智力障碍者的发展，看待唐氏综合征的视角也日益转为支持模式，该群体的发展也成为各领域接纳融合、共同协作的课题。因此，在看待唐氏综合征，乃至整个智力障碍者群体的时候，我们不能仅关注其病理症状和缺陷不足，还要审视我们的理念是否有偏差，检核我们的环境和社会支持系统是否完备，进而对其生存和发展提供及时、恰当、不带偏见且长久的扶助。

先天性代谢异常又称遗传性酶病，主要指代谢过程中酶缺陷所导致的疾病，包括由于编码酶蛋白的结构基因发生突变而带来酶蛋白的结构异常，或者由于基因的调控系统异常而带来酶蛋白的量的变化而引起的先天性代谢紊乱。遗传方式一般都属常染色体隐性。苯丙酮酸尿症（PKU）是常见的先天性代谢异常，发病原因为苯丙氨酸羟化酶基因缺陷而引起的氨基酸代谢障碍。该类儿童在发育体征上表现为虹膜及皮肤色素很淡，身体可有类似鼠尿的霉臭味；心理行为的发展表现为明显智力障碍、语言和动作发育异常。苯丙酮酸尿症儿童的养育需要限制其饮食中苯丙氨酸的摄入，如治疗及时（出生后60天内），体力和智力发育可达正常，但实际中常常因错过治疗关键期而导致患病儿童出现发展性智力障碍。

（二）非遗传性病理原因

可能引起智力障碍的非遗传性病理原因主要包括产前疾病感染、产后疾病和发育期营养不良。其中，风疹、巨细胞病毒感染、梅毒、弓形体病是最为常见的孕妇感染导致胎儿感知觉系统、神经系统等发育异常而造成智力障碍的疾病；脑炎（包括乙脑、流脑等）、碘缺乏、锌缺乏、癫痫等则是引发婴幼儿智力障碍的常见疾病。此外，由于热量和蛋白质不足而致的慢性营养缺乏症也可能引发婴幼儿智力障碍，但随着经济水平的提高和科学喂养的普及，单纯营养不良导致的智力障碍已较少。

（三）物理化学损伤

化学损伤导致的智力障碍主要指孕妇所处环境受到有毒化学物质侵害而影响胎儿发育或婴幼儿期化学物质中毒所致的能智力障碍，这类化学物质包括超标的辐射（如核辐射）、酒精中毒、重金属中毒（如汞、铅、铜等）、药物中毒、有害气体中毒（如一氧化氮等）。物理损伤主要指产中或产后的各种外伤所致疾病者，如新生儿窒息、产钳夹伤、呼吸系统严重呛堵、脑外伤等。无论是化学损伤还是物理损伤，该类原因导致智力障碍的机理均为脑细胞不全或受损而造成中枢神经系统病变。

（四）非生物学原因

非生物学因素主要指心理及社会文化因素所致的智力障碍，其中心理因素常见为孕妇遭受重大精神刺激且缺乏相应的支持系统导致母体身体及心理疾病，进而影响胎儿发育所造成的新生儿智力障碍；社会文化因素主要表现为文化剥夺，即个体在发展过程中缺少需要的正常文化环境（缺少语言刺激、交往刺激、情感交流、教育或人类的文化环境）而出现智力障碍，如狼孩、猪孩、孤儿院的孩子等；也包括因落后的文化习俗所致近亲结婚生子出现的智力障碍和因社会经济文化地位较差、文化刺激频发导致的文化家族性智力障碍。

五、智力障碍的诊断与评估

智力障碍的诊断与评估是通过一系列正式及非正式的测验手段和日常观察，鉴别出属于智力障碍的儿童，并为他们的安置、康复和教育提供准确的依据，进而为其发展提供支持。诊断与评估主要包括医学诊断与教育评估两大部分，医学诊断主要是诊断与鉴别诊断儿童是否为智力障碍，须由医疗系统有资质的医师进行临床诊断，教育评估则更加注重对智力障碍儿童进行教育及相关干预的针对性，可由具有评估资质的教育及心理工作者进行。

（一）智力障碍的医学诊断

医学上的诊断以鉴别儿童是否为智力障碍为主要目的，通常包括病理检验、体征检查和心理发育评定三部分，诊断的方法包括医学检查、行为学检查和心理学测评。

医学检查主要采用化验、仪器辅诊、体征测量等方式进行，检查面向五官能力、神经系统、内分泌系统、基因、其他身体机能等。行为学检查主要包括家族既往病史调查、儿童生长发育史调查和临床观察，前两项对于了解可能导致智力障碍的家族遗传特异性、成长中的意外因素等具有重要意义，临床观察则是直接对儿童的外表和行为进行评定，检查其是否具有智力障碍儿童的外在特征（如特殊的面容、毛发、皮肤颜色、神情动作、体味等）。

到目前为止，界定智力障碍的IQ标准和适应性行为标准均为心理学指标，因此心理学测评是诊断智力障碍的根本环节。测评IQ和适应性行为的心理量表要求有较高的信度和效度，且具备诊断性的特点。一般而言，量表的选择和使用应符合儿童的年龄和能力呈现方式，在智力评定方面，0～6岁的儿童通常可使用发育量表，6～18岁儿童应使用智力量表。经典的发育量表有丹佛发育量表（DDST）、格塞尔发展量表（GDDS）、贝利婴幼儿发育量表（BSID）等；智力量表的选择可根据被试的言语水平来决定是否使用包含言语的评量工具，需要使用言语的经典智力量表为韦克斯勒儿童智力量表、斯坦福－比奈智力量表，不需要使用言语的经典智力量表则有瑞文推理测验、斯－欧非言语智力测验等。在适应性行为评定方面最著名、应用最广的量表为AAIDD适应行为量表，该量表由美国智力与发展性障碍协会（AAIDD）研发并历经多次修订，其维度和内容建立在其提出的以支持为视角的智力障碍界定的基础上。其他常用的适应性行为评定量表有儿童适应行为量表（ABS-SE）、文兰适应行为量表（VABS）、适应行为评估系统（ABAS）等。

（二）智力障碍的教育评估

智力障碍儿童的教育评估主要包括学业技能评估和学校生活评估，评估方式包括标准化和非标准化两种，区别在于评估是否采用标准化的评估工具进行。

标准化评估工具通常指标准化的检测、量表，其具有符合测量学要求的信度和效度，施测须按规定的指导和程序进行，评分和结果解释也有规定的要求和原则。学业技能评估常用的标准化工具有伍德柯克－约翰逊成就测验和考夫曼儿童成套评估测验，前者是一个全面的标准化学业成就测验，主要测量儿童在阅读、数学、拼写、书面表达、社会故事、科学以及人文科学这些领域的学业成就；后者则通过信息加工过程来评估儿童的能力和成就，包括同时性加工、继时性加工、成就测评三个分量表，其中成就量表用于评估儿童在数学、阅读和拼写等方面的学业成就。学校生活评估常用的标准化工具除前述综合的适应性行为评定量表外，还包括专门针对学校环境的适应性行为量表，如华东师范大学王彦堃编制的"特殊儿童学校适应评估量表",该量表从感觉与运动、生活自理与简单劳动、学业活动与常识积累、人际沟通与活动参与、资源利用与规则适应五个方面进行评估。

非标准化评估是指采用日常观察、调查等方法进行资料收集,进而对儿童的学业或生活适应能力做出判断的评估方式,其测量学指标的符合程度较低,但形式多样、方法灵活,可对儿童具体的学习表现、学业成就、生活适应能力及行为做出更为复合的评定。常用的非标准化评估类型有生态评估、档案评估、功能性评估、课程本位评估等;评估中常用的搜集资料的方法包括观察、访谈、问卷调查、事件记录表、评定量表、检核表、自陈量表、测试卷、教师自编测试卷等。

总之,无论是医学诊断还是教育评估,智力障碍儿童的评定都是一件非常严肃的事情,其操作过程均有着十分严格的程序和规范,不能仅把诊断与评估用于给儿童划分类别,更应关注其所指向的教育、康复及相关服务,要与有关智力障碍界定的最新理念和人文社会因素相结合,为支持和融合导向的安置和教育提供依据。特殊教育学校智力障碍新生入学评估如表4-5所示。

表4-5 特殊教育学校智力障碍新生入学评估表

序号: 　　　　　评估时间: 　　年　　月　　日

评定说明	□符号的填写表示:"√"表示是、肯定、很好或通过测试;"×"表示否、没有、差或没有通过测试;"—"表示没有测试该项;"+"表示需要辅助才能完成			
姓名		性别	出生年月	年 月 日	实足年龄	____岁 ____月
医疗诊断	诊断机构		诊断时间		诊断结果	
	残障类别	□智力障碍(□轻 □中 □重)□自闭症 □唐氏 □脑瘫　　□发育迟缓 □其他:_____			

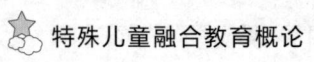

续　表

教育经历	学前	□家教（□自教　□他教） □普通幼儿园（□大班　□中班　□小班　时间：_____—_____年） □康复机构（名称：_____　时间：_____—_____年）
	学龄	□随班就读（学校：_____　年级：_____） □特教学校（学校：_____　年级：_____）
病史	致残原因	□先天致残，原因不明　　　□孕期药物致残　　□孕期环境污染 □难产致残　　　　　　　　□意外受伤致残　　□疾病后遗症
	家族遗传	□家族遗传病 □父□母家族里有□智力障碍或□聋哑的亲人 备注：_____
	既往病史	曾经或现有以下疾病： □癫痫病　□脑膜炎　□精神病　□多动症　□先天性心脏病　其他：_____
个性品质	气质性格	□活泼型　□安静型　□封闭型　□兴奋型　□抑郁型　□乖巧 □暴躁　　□内向　　　　　　　　□任性、固执　□害羞
	行为情绪	□能听从指令做动作　　　　□不听指令、不合作 □经常破坏物品　　　　　　□得不到满足时常发脾气 □多动，注意力不集中　　　□有攻击他人行为 □有自伤行为　　　　　　　备注：_____
	爱好兴趣	喜欢的活动、兴趣表现：_____ 与同伴交往、玩耍表现：_____ 特别害怕或厌恶的事情：_____ 不良的行为习惯或怪癖表现：_____

续 表

个人能力	自理能力	□会洗脸、洗手　□会洗澡　□会刷牙　□独立进餐　□会穿便鞋　□会穿简单衣服 □会脱简单衣服　□能系衣帽　□独立入睡　□独立小便　□独立大便　□能用蹲厕
	运动能力	□行动困难、需要协助　　□行动困难,但能独立行走　　□四肢动作协调 □原地向前跳　　　　　　□叉腰、下蹲、踢腿　　　　　□拍球、接球
	语言能力	□能使用正确表情表达自己的需求,使用地方语言与人进行句子沟通 □说话声小、语言量不多,能说简单的词语,如姓名、年龄、性别等 □发音困难、吐音不准、语言障碍
	学习能力	□执笔正确,会写字　　□认识常见的汉字　　□认识常见交通工具　　□认识常见水果、食物 □能说出常见的颜色　□知道常见物体功能　□认识简单的图形、物体形状　□认识常见的人民币 　　　　　　　　　　□会点数说出物体总数　□会计算 10 以内的实物加减法 　　　　　　　　　　　　　　常识辨别: 　　　　　　　　　□有无　□多少　□粗细　□长短　□胖瘦 　　　　　　　　　□大小　□高矮　□上下　□左右　□快慢
社区环境	居住环境	□农村　　□花园小区　　□商住楼　　□租住房　　□其他
	社区态度	□理解　　□热心帮助　　□歧视　　□不管　　□我不了解

续 表

家庭教育环境	儿童表现	儿童是否独生子女：□是　□否——排行第（　），共有（　）个小孩
		儿童在家行为表现：□顺从　□反抗　□被动　□其他
		儿童在家沟通语言：□东莞话　□粤语　□普通话　□客家话　□其他
		儿童在家活动能力表现： □打电话　□买东西　□做家务　□骑单车　□独自外出玩耍
	家长教育态度	儿童主要抚养或带教人： □爸爸　□妈妈　□爷爷　□奶奶　□外公　□外婆　□保姆　□家庭教师
		父母的教育方式： □民主式　□权威式　□溺爱式　□放任式　□其他
		父母对儿童的期望：□高期待　□低期待　□无所谓　□其他
		家长有带小孩外出游玩、走访亲朋和参加社会其他活动情况： □常常有　□有时会　□很忙，很少这样　□不会，怕人歧视
总　评	评估老师：	

第二节　智力障碍儿童的发展特征

一、智力障碍儿童的生理特征

（一）身体形态特征

从发展进程看，智力障碍儿童的身高、体重、骨骼的发展速度较慢，成熟也较晚，内部差异程度因障碍程度而不同，一些特别的疾病会导致幼儿新生儿期身体指标不达标，进而出现成长中身材矮小、骨骼发育不全等现象。但从整体上看，智力障碍儿童身高、体重的平均水平与同龄普通儿童之间并没有绝对的显著差异。因致病原因不同，智力障碍儿童会出现一定的外貌特征。

（二）身体机能特征

智力障碍儿童的身体素质往往落后于普通儿童，且障碍程度越严重，对身体素质的影响越大。一方面，发育障碍及伴随疾病或损伤导致智力障碍儿童的身体机能整体下降；另一方面，家庭和学校对智力障碍儿童没有足够的重视和支持，或者因其障碍而过度保护，使他们缺乏参与锻炼的动力和机会，进而导致身体素质落后。可见，智力障碍儿童身体机能发展落后不仅是生物因素的结果，还有环境的因素，经过适宜的干预和锻炼，智力障碍儿童也会获得很大的身体机能发展。

（三）神经活动特征

受神经系统器质或功能损伤的影响，智力障碍儿童神经活动的速度、深度、灵活性等都与普通儿童有明显差距，表现为神经连接脆弱且不巩固，新连接形成困难，导致促进学习最基本的机制和基础——"条件作用"的建立落后，尤其在新条件作用和复杂条件作用的形成方面存在较大困难，需要更多时间和更多样的介入。此外，智力障碍儿童对外界刺激接收和反应的敏感性不够，以致无法及时处理信息，进而影响更深层次的综合分析与应用。需要注意的是，虽然智力障碍儿童的神经活动过程有着明显的"惰性"，但并非完全无法实现神经活动的发展，在恰当的干预和支持下，智力障碍儿童的神经可塑性亦能达到可喜的程度。

二、智力障碍儿童的心理特征

（一）感知觉

1.感受性普遍较差

感受性是指感觉系统对刺激物的感觉能力。刚刚能够引起感觉的最小刺激量称为绝对感觉阈限，与之相应的感觉能力称为绝对感受性；刚能够觉察的刺激物的最小差异量称为差别感觉阈限，与之相应的感受能力称为差别感受性。无论是绝对感受性还是差别感受性，均与对应的感觉阈限成反比，因此感觉阈限是衡量个体感受性的重要指标。研究发现，智力障碍儿童的绝对感觉阈限和差别感觉阈限均比普通儿童高，感觉能力薄弱，其绝对感受性和差别感受性与普通儿童均有较大的差异，且这种落后普遍存在于视觉、听觉、皮肤觉等各种感觉中，严重影响其学习效果。

具体而言，智力障碍儿童的视觉感受性差导致其对不同明暗、颜色、形状的分辨能力较弱，对于事物基本特征的认知存在困难，需要使用多种方法反复教授。在听觉方面，智力障碍儿童对声音的辨别能力较差，尤其在语音的辨别方面存在较大困难，难以分清相似语音的差别，进而导致其在言语理解和沟通方面出现障碍。其他感觉方面，智力障碍儿童皮肤觉的弱感受性导致他们对触压、温度、疼痛的不敏感，味觉、嗅觉的感受性也较差，这种普遍性的感觉能力落后造成其生活适应方面的困难。例如，通过手指触摸难以辨认相似的形状，动作笨拙，尤其是精细动作发展落后，导致他们在握笔、拿筷子、捡、抓握等基本技能的学习十分困难；常常不知冷热，做出冬天穿单衣，夏天披棉袄的不适宜行为；痛觉迟钝常常导致他们不能及时察觉外在伤害或内部疼痛，有时会有头破血流也不在意的举动，而且他们对不同气味、味道的分辨能力较弱，难以辨别影响身体安全的信息。此外，智力障碍儿童还存在内部感觉（平衡觉、运动觉、内脏觉）落后的现象，包括对身体或周围事物运动、静止的感知，以及对其内脏器官反应的感受，常常表现为容易摔倒，难以调整姿势，容易眩晕，常常不知饥饱，等等。

2. 知觉速度慢，范围窄，容量较小

智力障碍儿童的知觉速度比普通儿童要慢得多，平均约为普通儿童的50%，因智力障碍程度不同而不同。实验发现，用速示器以10秒时距呈现无意义的音节或符号时，普通儿童可正确感知7个，智力障碍儿童只能感知3～4个。这一特点提示我们在教学时呈现教学材料的时间应延长，教学语言的速度也要相应放缓。研究还表明，智力障碍儿童的知觉发展速度缓慢，且范围狭窄。例如，通过窗户识别外面的景物时，智力障碍儿童能识别的景物要比普通儿童少得多。知觉的狭窄性使智力障碍儿童不易适应新的环境，难以在新环境中观察到周围事物的层次和关系，久久不能理解周围发生的变化，常常在新环境中感到迷茫，不知所措，甚至出现较大幅度的害怕、惊恐等负性情绪。

专栏·拓展阅读：

智力障碍儿童感知特点实验

苏联心理学家K. N. 维列索茨卡娅做过一个实验，把一些画有儿童熟悉的物体的图片（如苹果、桌子、猫、铅笔等）给接受实验的人看，让他们认出图片上的物体。接受实验的人分成三组：成人组、普通儿童组（普通小学一年级学生）和智力障碍儿童组（培智学校一年级学生）。第一次图片呈现时间为22微秒（1微秒=1／1 000秒），普通成人能正确认出72%的物体，普通儿童能正确认出57%。智力障碍儿童不能正确认出任何一个物体。第二次图片呈现时间增加到42微秒，普通成人能正确认出全部物体，普通儿童能认出95%的物体，而智力障碍儿童只能正确认出55%的物体。智力障碍儿童的感知速度几乎比普通儿童慢一半。我们发现有些智力障碍儿童不喜欢看动画片，原因就是动画片活动速度太快，呈现时间太短，智力障碍儿童感知速度跟不上。

3.知觉分化程度明显薄弱，知觉联系少

知觉的分化就是把有关知觉对象从众多的刺激或背景中区分出来的能力，包括对事物相同点、不同点、区分特性、强度等方面的辨析和区分。受大脑皮层的接通机能减弱、条件联系分化能力差的影响，智力障碍儿童知觉分化程度相对于普通儿童明显薄弱，表现为不能区分相似的物体，分辨不出它们之间细微的差别。也不能由此及彼地感知事物，即不能将不同的对象及时联系起来进行感知。例如，常态儿童3~4个月就对颜色有反应，5~7岁能将光谱中全部颜色和名称牢固地联系起来，而7岁以上的智力障碍儿童还辨不全基本颜色，对颜色命名更加困难。知觉联系少还体现在不能调动多种线索为知觉服务上。实验研究显示，在短时间内演示几个点组成的简单图形，或由几根线条组成的图形，普通儿童能将点和线联系起来，并认出其构成什么图形，而智力障碍儿童只能看到零乱的点，很难把它们组合、联系成一个完整的整体。

4.知觉缺乏主动性和积极性

智力障碍儿童的大脑神经系统因障碍而出现"惰性"，导致其知觉加工中的积极性和主动性较差。例如，给智力障碍儿童一个文具盒，并问："这是什么？"普通儿童除了回答是文具盒外，还会描述文具盒的特点，而智力障碍儿童只会回答："具盒"。他们缺乏对客体的主动知觉和语义化表征，缺乏用语言表达的欲望和积极性。知觉缺乏主动性和积极性导致智障儿童缺乏学习的心理需求和期待，学习没有明确的目标。

5.知觉恒常性落后

知觉的恒常性是指当知觉的客观条件在一定范围内改变时，我们的知觉映像在相当程度上仍保持着它的稳定性，包括形状恒常性、大小恒常性、明度恒常性、颜色恒常性等。智力障碍儿童的知觉恒常性差表现为常常把处于不同状态下的同一物体看成不同的东西。例如，将一匹马的玩具分别正放和倒立时，他们会认为这是两个不同的玩具。又如，将一个坛子旋转180°，智力障碍儿童会认为它是路灯。知觉恒常性的落后还会导致智力障碍儿童的记忆保持较差，广泛影响其对知识性内容的学习，尤其是数学方面的表现。在生活中也可能出现对换了新装的熟人认不出来的状况。

6.空间知觉和时间知觉发展较落后

智力障碍儿童经常分不清今天、明天、昨天、前天、大前天、后天等词语的含义，日期的认识也是他们学习中的一个难点。在空间方面，智力障碍儿童经常迷失方向，尤其在新的环境中很难正确辨识方位，难以适应环境。

（二）记忆

1. 识记缓慢，保持差，再现不完整

智力障碍儿童大脑的发育迟滞或障碍不可避免地会给其记忆的发展带来严重的损害，导致整个记忆过程明显落后，主要表现为识记速度慢，记忆容量小，保持差、易遗忘；再现困难，不完整。例如，3～4年级智力障碍儿童一节课识记2～3个生字还很难，而同年级的普通儿童能学7～8个生字，并能准确回忆。再如，许多智力障碍儿童难以复述教师刚刚提出或说出的答案，也不易记住和听懂教师的指令。学过的知识几天后基本上就全忘记了，尤其是学新知识时更是如此。

2. 记忆的编码加工过程存在困难

智力障碍儿童在学习活动中欠缺记忆的主动加工过程，不善于或根本不可能应用适当的学习策略和方法来对学习材料进行组织、编码、加工，他们的学习只是机械式重复，把学习变成一种乏味的单调活动，即采用机械识记法。对输入的信息难以进行有效的整理和编码，只能在大脑里杂乱堆积，学习材料无法在大脑中系统化，不能纳入相应的知识体系的"仓库"里，所以其输入的信息多数只能停留在"短时记忆系统"中，难以进入或形成长时记忆。

3. 记忆目的性欠缺，有意记忆落后，意义识记弱于机械记忆

智力障碍儿童的记忆欠缺目的性，识记的选择功能不完全，记忆发展水平停留在较低阶段，无意识记和有意识记都不强，尤其是有意识记。同时，智力障碍儿童对感知的材料不能很好地理解，找不出事物的内在逻辑关系，分不清主要和次要的内容，把握不住事物的本质特征。所以，他们只能记住事物的表面现象或外部的某些特征，很难或根本不可能运用意义识记。

4. 动作记忆相对好于形象记忆，文字记忆和数理逻辑记忆较弱

对于大多数的智力障碍儿童来说，动作记忆容易激起他们的情绪活动，记忆效果好，形象记忆略差，而对抽象词汇的逻辑记忆最差。一些外形鲜明、特点明确或令其感兴趣的事物更能引起他们的注意，从而也更容易被他们记住。记忆与情绪有一定关系，智力障碍儿童对喜爱的事物记得比较牢；对伤害过他们的人，也会记得比较清楚。

（三）注意

1. 注意的发展水平低，发展缓慢

智力障碍儿童的无意注意有优势，有意注意发展缓慢。他们很难完成从无意注意向有意注意的转变。即使是上了小学的智力障碍儿童仍以无意注意为

主，比较喜欢注意直观形象和动作，而难以注意抽象的语言和数理逻辑。

2. 注意的稳定性较差

智力障碍儿童注意的稳定性较差，常因受到周围环境的吸引而分心，如窗外的风吹草动、鸟叫虫鸣；室内的电扇声、开抽屉声，甚至他人的着装、服化等都会成为他们注意的焦点。教学时需要着重减少影响他们注意保持的因素，并不断建立他们感兴趣的事物，以提高他们在学习中注意的持续性。

3. 注意的广度窄

注意的广度又叫注意的范围，普通人在一瞬间的视觉注意广度为 7±2 组块，智力障碍儿童则因障碍程度不同而有不同程度的落后。他们在学习中有更明显的注意范围窄化，如学习写字时，看一笔写一笔；看图形时，也只能看一个说一个。

4. 注意的分配能力弱

注意的分配是个体有效调控注意资源，将注意力同时投射到不同任务中的能力。这一能力对快速有效地完成学习任务和解决问题具有重要的意义。智力障碍儿童在注意的分配方面存在较大困难，表现为很难同时做两件及以上的事情。如，一边听讲怎么用线穿珠子，一边自己尝试穿珠子，这对于他们而言存在相当大的困难，他们需要先听讲完，再试着做。又如，一手端碗，一手拿勺盛菜的任务中，他们往往是先放下碗盛菜，盛好菜再端起碗来。

5. 注意的转移能力差

注意的转移是指个体根据任务变化的要求及时有效地将注意从一个活动过渡到另一个活动中的能力。这对个体及时关注所处环境和要求的变化，调整自己的应对方式具有重要意义。智障儿童很难实现及时有效且主动的注意转移，他们往往会停留在一件事情中而关注不到其他事情的要求，有时会听到他们自言自语，其实他们是在说刚才或更久前发生的事情而没有及时完成注意的转移。在学习中，他们也难以跟上教学任务和活动情境的变换，常常在新的学习任务中仍然被刚刚经历过的课间活动或上一节课的内容及教具所吸引。

（四）言语

1. 言语发生晚，口头表达能力差

智障儿童开始说话的时间与他们智力受损的性质和程度有关，也与家庭的早期教育程度有关。根据相关研究材料可知，智障儿童在 2～3 岁时才会说单个的词，5～6 岁才会使用简单的句子，比较严重的孩子要到十几岁才开始说话。有的智力障碍儿童在口语表达中也常常不够准确，意义性和逻辑性较弱，说话缺少条理和连贯性，容易颠三倒四，让人无法理解。与表达性言语理解相比，智力障碍儿童的接受性言语理解能力相对较好，即他们的口语表达弱于言语理解。

2. 发音不准，吐字不清

研究发现，智力障碍儿童在口头言语方面普遍存在发声障碍、嗓音障碍、构音障碍和流畅性障碍，表现为不能发音或无意义发音；音调和响度异常，声音机械；普遍存在替代、遗漏、歪曲、增音等构音错误；表达节奏不清晰，异常停顿或重复。

3. 词汇贫乏，语法简单

智力障碍儿童的用词单调，表达中以名词、动词等直观词为主；对词义的理解往往不深刻、不全面，甚至不正确，他们表面上学会的词，经常不能很好地使用。研究表明，轻度智力障碍儿童经过8～9年的教育能够认识2 500个常用字，接近普通小学五年级学生的水平，语文总体能达到普通小学4年级学生的及格水平。在语言应用中，智障儿童的句子结构不完整，句式简单，对复合句和复杂语法理解困难，16岁左右仍以使用简单句为主，且缺乏变换。

（五）思维

1. 思维直观具体，概括水平低

思维障碍是智力障碍儿童的典型特征，主要表现为思维缺乏深刻性和概括能力较差，这与他们的思维摆脱不了具体事物或具体的认识有密切的关系，即智力障碍儿童的思维总是受事物具体形象或表象的支配和束缚，不能正确理解隐蔽在事物形象背后的本质的特征。在学习中，智力障碍儿童对概念的理解往往局限在自己经验范围之内的个别具体事物和具体情景上，若失去这些具体事物和具体情景，他们就难以理解其意义。他们常常把具体事物的形象当作概念来使用，使他们所掌握的概念失去了概念的意义。例如，让他们说出自己的家庭住址，他们可能会把自己家周围的具体情况当作"住址"来描述。

此外，智力障碍儿童思维的概括水平低，不善于找出事物间的内在联系和规律，难以概括事物的本质特征，在归类任务中难以进行抽象概括，往往停留在直观具体形象的低级阶段。例如，他们认为应该把花和蝴蝶放在一起，因为蝴蝶经常落在花朵上，而蛇、牛、麻雀三种东西应放在一起，因为它们都有尾巴。

2. 思维缺乏目的性和灵活性

智力障碍儿童的思维缺乏目的性，他们做事常常会半途而废或偏离任务轨道。例如，他们在课堂上积极举手回答问题，可站起来又不知道问题是什么或者所答非所问。他们做事常常缺乏连贯性，容易被其他事情或刺激所吸引，不善于预见行为的后果，事先也不会周密思考完成任务的计划、方法或策略，给人印象是只知道做，不会想。

智力障碍儿童的思维缺乏灵活性，他们已经形成的心理定式不易改变，习惯了的行为方式难以修正，思维方式刻板僵化。他们在思考问题和解决问题时，倾向于固守特定的情境，当时间、地点、条件发生变化时，便难以及时调整思维，常常在新的情况下仍然按旧的模式去行动，结果经常做出许多不适宜的事情。思维的僵化、不灵活影响了智力障碍儿童的学习迁移，导致他们不善于把已经掌握的知识和获得的经验适当地应用到新的情境中去，容易出现要么将学到的东西不顾一切地生搬硬套，要么在某一特定的情境中学到的知识到了另一情境中又不能理解。例如，当他们学会了"5角钱买一支铅笔，买4支需要付2元钱"后，问他们"如果每支铅笔涨了1角钱，买4支需要付多少钱"时，他们仍会回答"需付2元钱"。

3.思维缺乏独立性和批判性

智力障碍儿童的思维缺乏独立性和批判性，他们很难独立思考，容易接受暗示，往往人云亦云，表现出没有主见，不会有效检查自己的行为是否符合行动的目的的特点，表现为固执己见。例如，在回答问题时，常常经不起教师的反问，只要一反问，马上就改口。

总之，智力障碍儿童的思维障碍导致其不善于透过现象看本质，也不善于把事物的本质属性从具体事物中抽取出来用于同类事物，这进一步影响了其对概念、知识法则的理解和运用，尤其是在数学任学习务中，抽象思维能力弱导致其进行简单的任务也需要教师反复教授。

三、智力障碍儿童的社会化发展

（一）情感

1.情绪不稳定，体验不深刻

智力障碍儿童常常容易冲动，易受外界情境支配，带有婴儿情绪特征，情绪外露，比较简单和极端。

2.情感体验的强度与引起情感的外部作用强度不一致

重大事件或强烈刺激不一定会引发他们强烈的情绪表现。例如，失去亲人时表现得麻木不仁，微不足道的小事却能让他们放声大哭。普通人认为不可笑的事，反而会令他们大笑。

3.情绪控制能力差

他们的情绪往往被低级需要的满足和激情所支配，难以按照社会道德、行为规范来调节或控制自己的情绪表现。例如，智力障碍儿童在一起玩，偶尔开了玩笑或推拉了一下，马上会造成大冲突，感到气愤的两个人可能会打斗起来，为此纠缠不清。

4.高级情感发展缓慢

普通儿童进入小学以后，开始有了责任感、诚实感、成就感、集体意识等高级情感，但智力障碍儿童很难有此类体验。需要注意的是，智力障碍儿童并非无法形成高级情感，而是高级情感的形成较慢，需要更多更深刻的影响才能实现。

（二）意志

1.缺少主动性和坚持性

智力障碍儿童对他人的依赖性强，不善于主动支配和管理自己的行为，遇到困难也难以主动克服并完成任务。例如，在做作业过程中有一点困难就会停下来，需要教师不断鼓励和督促才能完成。智力障碍儿童意志缺乏主动性的另一个表现是难以按照长远的目标去行动，只对近期的直接目标感兴趣。例如，教师上课告诉他们谁做得好就能得到小红花或玩具，就会引起他们的兴趣，如告诉他们表现好的人期末可以获得三好儿童的奖项，则作用不明显。

2.难以抑制的冲动性

意志对行动的调节体现在发动和抑制上。智力障碍儿童不但发动有困难，而且存在抑制方面的障碍，表现为行为具有冲动性，如争抢、发脾气、大喊大叫等，但经过专业干预，他们也能够在控制行为和情绪的冲动上做出相当大的改变。

3.易受暗示和固执

智力障碍儿童缺乏意志的独立性，常常表现为不加思索就行动，易受别人暗示。另外，他们也比较固执，意愿没有得到满足时，常常出现偏执的情绪和行为。一般来看，他们的固执往往与较低的需要相联系，如固执地拒绝交出玩具。

（三）个性

1.需要发展特点

（1）需要发展不协调。与普通儿童相比，智力障碍儿童的优势需要以本能的、较低级的、原始的生物需要为主，如生理需要、物质需要；高层次的需要发展缓慢且比较贫乏，如对文化、艺术、精神等方面的需求比较弱一些。在需要满足的时距上，他们常常不能兼顾客观条件而要立即得到满足，如立刻吃东西、马上玩玩具等。

（2）存在需要"亢进"的现象。智障儿童对基本需要的满足缺乏自我评估，容易出现满足后不能节制的亢进现象。例如，有的儿童对食物的需要不考虑机体的饱腹感，常常吃饱了还要吃。

（3）需要以自我为中心。智障儿童常常不能考虑周围人的状态而调整需要的满足程度，也难以有效分享。例如，他喜欢的玩具就要让他一个人玩，他自己饿了，会认为别人也饿了。这些看上去很自私的行为，其实是因为他们分不清自己和别人需要的不同。

2. 兴趣发展特点

智力障碍儿童的兴趣较为单调，范围狭窄。他们的兴趣往往局限于某种事物或活动上，对其他活动比较冷淡。在兴趣类型上，智力障碍儿童的物质兴趣占主导地位，且对形象生动的材料（如投影、图画等）兴趣较高，而对抽象文字材料的兴趣较弱。此外，他们对活动本身和直接结果感兴趣，比较愿意参与手工劳动且希望获得相应的实物，而对知识和技能的学习兴趣较弱。智力障碍儿童的直接兴趣具有优势，间接兴趣发展缓慢，表现为易于注意某些生动的、具体的活动，但很少考虑活动的间接效果或影响。他们兴趣的稳定性也较差，容易受新奇事物的影响，甚至见异思迁。

3. 动机发展特点

智力障碍儿童的行为动机缺乏自觉性、主动性、积极性和目的性，表现为对周围事物不感兴趣、不好奇，不愿意主动去感知事物。他们缺乏个人自主决定的动机，行动往往需要外在因素的直接推动才能进行，也很难根据行为活动内容的变化而提出新的补充动机等。智力障碍儿童的行为活动易受即时刺激的支配而产生近期动机，难以用较远的动机来指导行为。

第三节　智力障碍儿童的融合教育

智力障碍儿童的融合教育是指最大限度地让智力障碍儿童与普通儿童一起接受教育，保障智力障碍儿童在受限制少的环境中接受有效的教育。融合教育能够为智力障碍儿童与普通儿童建立相应的同伴关系，有利于智力障碍儿童与普通儿童互相理解、互相帮助，实现特殊教育和普通教育的有机结合，使智力障碍儿童和普通儿童共同提高。

由于智力障碍儿童的身心发展特点表现出与同龄普通儿童明显的差异，因此在实行融合教育时，必须从多方面建立相应的支持体系，以保障融合教育的质量。

一、个别化支持内容

（一）认知功能训练

智力障碍儿童在学业能力方面的落后不仅是他们智能低下导致的，还有学习经验不足、学习内容和资源不合适等外在支持不足的问题。融合教育应关注智力障碍儿童的认知功能，在科学评估的基础上开展个别化的认知功能训练，可涉及感知觉经验拓展、注意品质、工作记忆与策略、思维深度与灵活性、言语理解与表达、加工速度与认知效率等内容，从信息加工的基本过程挖掘他们的认知潜能，帮助他们提高对学业知识的识记与理解。认知功能训练需要资源教师、普通教师协同制订个别化教育计划，在训练内容、材料、目标、方法的设计上既符合智力障碍儿童的个别化发展特点，又要契合其同龄儿童的课程要求。个别化的认知训练内容应在集体课堂中给予巩固、泛化与检核的机会，而集体课程的教学计划和进展中发现的问题也应反馈于资源教室模式的个别化训练。

（二）适应行为训练

适应行为关系到智力障碍儿童与环境互动时的行为适宜性和社会成熟度，该方面的落后不仅是诊断智力障碍的一个标准，更是外在支持对智力障碍儿童发展支持程度的反映。在对智力障碍儿童进行个别化的适应行为训练时，应建立"支持"的基本理念，以提供操作机会、教授正确做法、改变环境资源、给予提示参照为教学准则，围绕儿童适应行为发展的年龄目标设计以下几方面的内容。①概念性技能：接受性和表达性的语言理解、阅读和书写、金钱概念、自我引导和行为管理等。②社会性技能：人际关系、责任、自我尊重、信任、真诚、遵守规则、服从法律、避开危险等。③实践性技能：个人生活自理、健康与安全、居家和学校生活适应技能、使用日常工具（如交通工具、通信工具等）的技能等。

（三）社交融入活动

实施智力障碍儿童融合教育的最终目的是帮助智力障碍儿童有效融入同龄群体、提高社会参与与生活品质，这一目标的实现一方面要对智力障碍儿童进行个别化的能力提升，另一方面要为其创设参与融合的机会和条件，并对普通儿童进行指导，带领他们对智力障碍儿童予以诚恳的接纳和支持。因此，个别化的社交融入活动并非只是智力障碍儿童单独在资源教室进行的活动，还应该拓展教育的场域和时机，在课间活动、兴趣小组、运动会、文艺汇演、就餐与郊游、学校开放日、校本课程等多种契机和形式中设计智力障碍儿童小组融入、班级融入、班际沟通、能力展示、同伴交往等社交融入活动，还可以利用班委会、少先队/团委、儿童会、家委会等组织对这些活动的开展进行支持。

二、融合教育策略与方法

（一）基本目标

智力障碍儿童融合教育的根本目标是帮助他们最大限度地融入社会、适应社会生活，成为享有普遍权利和义务的有尊严的人。具体而言，智力障碍儿童融合教育应着眼于以下目标的实现。

（1）发展智力障碍者的身心机能，包括身心发展能力的补偿与代偿。

（2）自我服务，即学会处理衣、食、住、行等基本生活与自我照料技能。

（3）理解社会道德、法律、文化习俗与规则禁忌等，享有公民权利，遵守公民义务。

（4）学得一技之长，成为具有一定的劳动技能或具备一些谋生能力的个体，能够以其独特的方式呈现个体生产性。

（5）获得基本的读、写、算知识，发展一般心智能力。例如，认读2 300个常用字，能阅读简单的报纸、书信，会写简单的记叙文和应用文，能用正确的口语与人交往；能使用简单的计算器，能进行简单的整数、分数、小数的加减运算和简单的四则运算。

（二）教育策略

1. 潜能开发与功能补偿

由于受先天素质和后天环境的不利影响，智力障碍儿童在生长发育过程中会出现感知觉、言语、动作等多方面的发展障碍。为实现其身心康复，融合教育应注重对智力障碍儿童机能进行补偿训练。贯彻该原则要求教师把康复与教学充分联系起来，随时关注儿童的身心康复需求，制订适合儿童特点的补偿和矫正方案，并在融合课堂和资源教室中进行独特的课程设置。

2. 个别化支持与环境调适

个别化支持和环境调适是指教师在教学中要从智力障碍儿童身心发展的实际水平和特殊需要出发，采用合适的教学方法，设计不同的课程内容，使智力障碍儿童在原有基础上取得进步。贯彻该原则要求教师为智力障碍儿童制订个别化教育计划，针对智力障碍儿童的具体特点来有的放矢地组织课堂教学，同时结合资源教室对智力障碍儿童进行课后的单独辅导与个别支持。

3. 提供直观感受与参与体验

教师在教学过程中要尽量调动儿童的各种感官和已有经验，通过具体的事物、形象的语言或多媒体等，丰富智力障碍儿童的感性认识和直接经验，从而使智力障碍儿童更好地掌握较抽象的知识和技能。贯彻这一原则要求教师时刻谨记智力障碍儿童思维发展以具体形象思维为主要形式的特点，尤其是在抽象概念和逻辑性知识的传授中要准备和设计充分而合理的直观教具、学具、活动等，使智力障碍儿童感受到形象清晰、鲜明生动、有趣深刻，帮助他们将教学情境尽量与现实生活相结合，给他们创造在生活实际中运用知识的机会。

4. 充分练习与循序渐进

智力障碍儿童的识记速度慢、遗忘快，因此在教学中应充分理解他们的记忆特点，细心指导，让他们反复练习，从而使其对知识、技能的掌握达到熟练和运用自如的程度。尤其在融合课堂中，普校教师在备课时就应设计不同程度的练习环节和要求，通过分层教学设计给予智力障碍儿童反复练习的机会。同时要注意以下细节：练习要及时且有充分的反馈；练习要由易到难，遵循小步子大循环的原则；每次练习量要适中；给儿童创造练习和运用知识的机会。

5. 任务分析

针对智力障碍儿童记忆广度小、保持时间短的特点，教师可以将其学习任务分解成一个一个小的任务链，进而逐个教授每个任务链，最终让他们将所有习得的任务链条连接起来，形成对整个任务的掌握。该策略在程序性技能的习得中具有更好的效果，广泛应用于教授智力障碍儿童掌握生活技能、学校适应技能等方面。例如，教授智力障碍儿童放学时独立整理书包时，可以将整理书包这一任务分解成"将需要的课本摞在一起—将需要的作业本摞在一起—将所有的笔放进铅笔盒—将橡皮等其他文具放进铅笔盒—将铅笔盒扣好—拿起书包，拉开拉链—将课本放进书包—将作业本放进书包—将文具盒放进书包—将其他需要的物品放进书包—拉上拉链"。任务链分解的具体步骤可根据儿童的能力状况进行个别化设计。

(三) 教育教学方法

1. 了解智力障碍儿童学习的起点

对融合教育儿童进行课堂教学，先要了解融合教育儿童的学习起点。所谓"学习起点"，就是指融合教育儿童在课前与学习本课教学内容具有的知识、技能、心理、生理等方面的基础或条件。首先，要系统全面地了解他们的基本情况；其次，在日常教学中，随时注意观察并记录他们各方面的变化，经常进行比较、分析，准确地掌握他们的发展水平，做到每堂课前都要了解融合教育儿童的"学习起点"，然后再结合教材的内容要求，制订本课的教学要求与目标。

2. 为智力障碍儿童提供学习准备

课前准备是指在课程实施之前，教师指导和帮助接受融合教育的智力障碍儿童进行有关课程学习的准备，包括学习材料、学习状态、常规等。具体可分为以下三个层面进行。首先，激发智力障碍儿童参与学习的兴趣和动机。既要设法激发他们的兴趣，又要给他们创造成功的机会，让他们时常有学习成功的体验和喜悦。具体执行中可采取多种形式，并调动家长进行配合。其次，做好预习。教师应给予智力障碍儿童更多的关注和指点，并培养同伴指导和家长辅导的能力，带领智力障碍儿童巩固旧知识，弥补漏洞，为学习新知识做好准备，特别是做好认知的准备。再次，准备学习工具。除了一般的学习用品外，还要考虑到融合教育儿童的特殊需要，如专用的学具、学习材料、学习清单、沟通辅具、代币系统、强化物、功能性的替代活动等。

3. 合理制订教学目标

融合课堂的教学目标制订应遵循分层原则，为智力障碍儿童制订符合其发展水平和需求的有针对性的目标，同时设计普通儿童的一般学习目标和作为同伴对智力障碍儿童进行指导的活动目标。在课堂教学目标制订过程中，应注意具体、准确，具有可操作性，便于测查，特别是在确定知识的范围、数量、程度上，一定要具体、准确，不能有模糊的表述。此外，课堂教学目标要有激励性，目标不可定得过高或过低，要让智力障碍儿童感受到这个目标经过努力可以达到，符合他们的具体情况与学习水平，他们会由此产生学习兴趣与主动性。

4. 根据智力障碍儿童的情况调整教材内容

从理论上讲，智力障碍儿童参与融合教育应使用其融合班级的通用教材，但实际上，受融合儿童的发展水平不同，在执行中不能生搬硬套，要根据他们的实际情况对教材内容进行适当的调整，而调整的过程应与课堂教学的整体设计综合考虑。当智力障碍儿童的实际水平与班级的一般水平相近时，就使用相同的教材；当智力障碍儿童的发展水平与普通儿童存在明显的差异时，要遵循"让他们受益"的原则，为他们制订独特的学习内容。调整的原则如下：不打乱教材的逻辑关系，不影响教材的科学性，在教材的深度、难度、数量、顺序、进度等方面进行调整，删除不适宜智力障碍儿童学习的内容，增加符合他们的特点与需要的内容。

具体而言，针对智力障碍儿童的教材应设计铺垫性内容，减缓难度梯度，帮助他们去克服困难，掌握重点的内容。例如，学"求比一个数多几的数的应用题"时，教师可以在讲解例题前安排2个预备题，让智力障碍儿童完成预备题后，再随全班一起学习例题。这样就可以降低难度，让他们比较顺利地完成学习任务。

5.提供支架开展教学

在融合课堂的教学中，教师应根据智力障碍儿童的"最近发展区"设计单独的教学目标，并为他们提供适宜的学习材料、同伴协作、多样化练习等"支架"，帮助智力障碍儿童分解复杂的任务，每一步都为其提供适当的、小步调的线索或提示，帮助智力障碍儿童通过这些支架一步一步地攀升，逐渐提高其对学习内容的理解程度和解决问题的能力。支架的具体形式应符合智力障碍儿童的发展特点和学习需求，支架的提供者可以是任课教师，也可以是协同教学的资源教师、陪读家长或同伴，其中同伴在支架教学中的作用和意义十分重要。

三、融合教育中的班级管理

（一）课堂教学管理

课堂管理是融合教育中最大的一项挑战，其困难主要体现在学习进度的不对等和学习指令的难执行两方面。怎样在课堂上做到既面向普通儿童，又照顾智力障碍儿童，同时保证班级的教学进度和质量是每位普通班级教师都应该认真研究的问题。

1.恰当分配教学时间和精力

目前比较成功的做法是以班级教学为主，个别辅导为辅，在班级教学过程中有机地穿插个别辅导。这种教学模式要求教师在教学过程中的每一个环节都要有计划、有目的地兼顾两类教学对象。需要注意的是，教师应不断探索和研究既照顾智力障碍儿童又不影响集体教学进度和质量的技巧，不能存在对智力障碍儿童"顾不过来"的做法，还要避免出现为了突出对智力障碍儿童的重视，对其明显地多投入时间和精力的"吃偏饭"做法。

2.合理安排智力障碍儿童的座位

合理安排融合教育儿童的课堂座位是保证课堂教学顺利进行的措施之一。教师安排智力障碍儿童的座位时一定要考虑到他们的心理特点与需求，把他们安排在有利于其进行自我调节，又能兼顾他们学习的座位上。一般是把他们安排在教室里光线充足、比较靠前、行动方便、旁边有助学伙伴、有利于与教师交往的座位上。具体执行中还应细致分析具体儿童的独特之处，如儿童喜欢与他人交往，且没有太多对他人的干扰行为，则可以安排其坐在便于与其他同学合作和与教师互动的地方；如果儿童更喜欢自己独处或有回避他人的倾向，进而影响到其融合学习的效果,则可适当顺应其心理需求,把他安排在相对安静、互动要求比较少的位置,但不是隔离的位置。

3. 多样化的行为管理策略

智力障碍儿童的注意力不容易集中,学习动机又较弱,常常容易因为不感兴趣或跟不上节奏而放弃学习,做出一些干扰课堂秩序的行为。融合教师应注意对其行为的前因后果进行观察记录与分析,并制订合理的应对策略,帮助其遵从集体秩序和课堂规范。例如,教会智力障碍儿童使用提示牌表达自己的状态(太难了/累了/没意思/要奖励……);允许智力障碍儿童在不能承受学习任务的时候使用符合其愿望的功能性替代活动(可以不做数学题而看图画书);在不能控制自己的行为时,可以允许其做一些不干扰别人的小动作(可以捏自己的衣角或文具,但不能捏别人);等等。

(二)班级管理

在普通学校接受融合教育的智力障碍儿童常常会因自己的学习成绩差、学习速度慢、能力表现不如别人而出现学习兴趣低、动机不充分、厌学、回避同伴交往等现象。一些普通儿童也可能会嫌弃和抵触智力障碍儿童的融合,甚至可能会欺凌智力障碍儿童。这是智力障碍儿童融合教育给教师的班级管理带来的又一大挑战。为避免上述问题的发生,教师应以"理解、尊重、关心、帮助"的理念来建设班级氛围和同伴环境,为智力障碍儿童创造一个友善、温暖、平等、相互关爱的环境,让他们感到自己是集体中的一员,也让普通儿童感到融合儿童虽然有不同的特点,但也是班级中的重要组成部分,不能隔离化。具体操作策略如下。

(1)加强对普通儿童的教育,让"仁爱、平等、参与、接纳"的人道主义思想深入每个儿童的心中。

(2)教师以身作则,平等对待班级中的每一名儿童,为其他同学做出榜样和示范。

(3)为智力障碍儿童提供"安全地图",使其在不被欺凌的空间和人际范围内参与融合,避免欺凌者与其接触。

(4)树立"应为"的准则和权威,为所有人提供应该怎样做和不应怎样做的明确指示及奖惩机制。

(5)做好所有家长的工作,引导普通儿童的家长成为融合教育的支持者和协同者。

(6)增加智力障碍儿童参与非学业性融合的机会和途径,如休闲娱乐、课外活动、生活体验等,培养智力障碍儿童对班集体的独特贡献方式,为其提供生产能力,使其成为班级贡献者。

总之，智力障碍儿童的融合教育之路是必然的，这一过程虽充满挑战、压力重重，但只要有尊重悦纳的理念、用心得法的探究，以及协同支持的系统，我们定能在创建和谐温馨、充满爱意的融合教育氛围，切实保障智力障碍儿童享有平等有效的教育的路程上不断提高融合教育质量。

本章小结

本章首先介绍了智力障碍的定义演变，说明智力障碍的基本特征及出现率、成因；其次，阐述了智力障碍儿童感知觉、注意、记忆、思维、言语、情感等方面的表现，探讨了智力障碍儿童的心理特征；最后，从融合教育角度，探讨了智力障碍儿童教育的目标、教学原则、教学要求以及班级管理的实践要领。

根据最新的研究，智力障碍的界定应摒除过去的落后理念，而在智商、适应行为的基础上，日益强调支持视角下的智力障碍者的功能发挥。在智力障碍的干预和融合教育中，不仅要关注补偿和康复，更要关注支持系统的完善和无障碍环境的构建。对于智力障碍者的教育目标，亦不能以其智商等级进行缺陷视角的规定，过去"轻度智障——可教育；中度智障——可训练；重度极重度智障——需养护"的安置方案和教育理念已不能代表人人平等，共享融合的教育目标和追求，而"尊重差异、全纳共享"成为新的目标和要求。因此，在智力障碍儿童的融合教育中，我们应不断转变理念，投身实践，调整教育教学设计，培养智力障碍者的独立性、生产性，为提升融合教育质量倾心倾力。

思考题：

1. 智力障碍概念的演变带给我们哪些启示？
2. 智力障碍的成因有哪些？
3. 智力障碍的诊断内容有哪些？
4. 智力障儿童的感知觉特点有哪些？
5. 智力障儿童的记忆特点有哪些？
6. 智力障儿童的思维特点有哪些？
7. 智力障碍儿童的融合教育应遵循的原则有哪些？如何根据这些教学原则合理安排教学活动？

参考文献：

[1] 肖非，刘全礼.智力落后教育的理论与实践[M].北京：华夏出版社，1992.

[2] 教育部师范教育司.智力落后儿童教育学[M].北京：人民教育出版社，1999.

[3] 刘全礼,邢同渊,马积德.智力落后教育学心理学[M].西宁:青海人民出版社，1995.

[4] 刘春玲.智力障碍儿童的发展与教育[M].北京：北京大学出版社，2011.

[5] 华国栋.残疾儿童随班就读师资培训用书[M].北京：华夏出版社,2006.

[6] 刘全礼.随班就读教育学——资源教师的理念与实践[M].天津：天津教育出版社，2007.

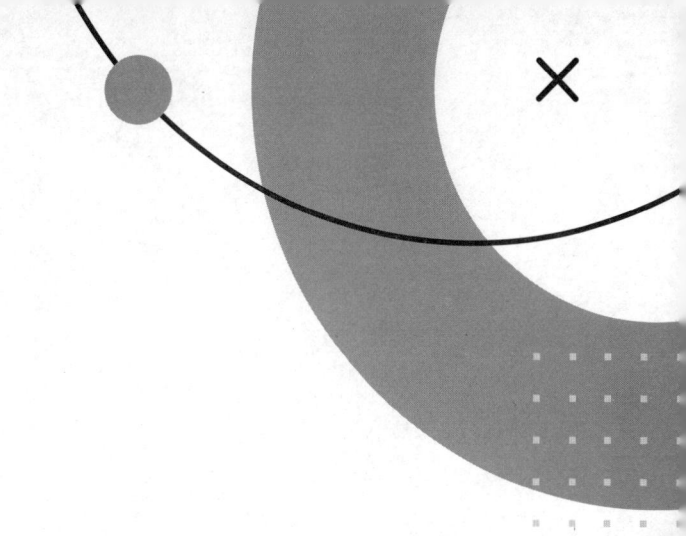

第五章　自闭症谱系障碍儿童的教育

第五章　自闭症谱系障碍儿童的教育

案例：

天宝·格兰丁（Temple Grandin）1947年出生于波士顿，3岁时被诊断为自闭症，一直在普通学校中接受教育。1970年获富兰克林·皮尔斯学院心理学学士学位，1975年获亚利桑那州立大学畜牧学硕士学位，工作多年后于1989年获伊利诺伊大学畜牧学博士学位，后于科罗拉多州立大学任教。她是世界上少有的牲畜处理设备设计、建造专家之一，也是对世界有巨大影响力的自闭症启蒙活动者。著有《浮出水面：贴上自闭症标签》《用图像思考》《我们为什么不说话——以自闭者的奥秘解码动物行为之谜》《社交潜规则——以孤独症视角解析社交活动》等著作。2010年，她被评选为时代周刊年度100位"全球最具影响力人物"英雄榜第5位，以她的人生故事改编的电影《自闭历程》（Temple Grandin）荣获美国电视艾美奖、电视电影金球奖、演员工会奖等多项大奖。

天宝·格兰丁的成功离不开她的家庭以及成长道路上良师益友的理解与支持。她的保姆理解天宝的行为，花大量时间带她与她的妹妹一起玩互动游戏，学习轮流等候和鼓励眼神接触等，为她学习准备技能的获得提供了充分有效的支持；高中的科学老师则借助她着迷于牛保定栏的行为因势利导地带领她去研究牛的行为和牲畜设备；大学教授卡罗尔博士没有把她当作特殊问题孩子看待，而是通过图像的思维模式给她布置擅长的作业，让她去挖掘自己的潜力，并赢得他人的尊重和掌声。

尽管不是每个自闭症儿童都像天宝·格兰丁一般，但正如她所说："我不是在一夜之间就达到现在的水平。我之所以成为今天的我，是因为我的经历，这些经历给我提供了机会。我一点一滴地学习，虽然相当困难，也犯过很多错误，但我没有放弃，一直在坚持。"她对自闭症谱系障碍儿童的融合教育之路且行且支持。

问题聚焦：

1. 专业视角下自闭症谱系障碍的心理行为认知。
2. 怎样确定一个人是否为自闭症谱系障碍？
3. 融合教育中自闭症谱系障碍儿童的支持与发展。

第一节　自闭症谱系障碍概述

"自闭症"源于精神疾病临床研究中用以指称"从社会生活领域退缩进自我世界"的"autism"一词，其意义源自希腊语"auto"，意为"自我"。1943年，美国约翰·霍普金斯大学儿童精神病医生利奥·坎纳（Leo Kanner）发表了题为《自闭性的情绪困扰》（*Autistic Disturbances of Affective Contact*）的观察报告，第一次明确提出"婴幼儿自闭症"的概念，并从精神病学的角度报告了 11 例"早发性婴儿自闭症"（early infantile autism）所具有的异常特征。几乎同时（1944 年），奥地利神经科医生汉斯·阿斯伯格（Hans Asperger）同样使用"Autism"一词描述了 4 名在夏令营中独自玩耍而不与其他孩子互动的儿童，并发表了关于"自闭症精神病"典型症状及干预的论文。两者的研究成为自闭症研究的开创性工作，并推动了有关自闭症谱系障碍病症命名、临床特征与诊断，以及相关治疗的研究。

在我国，"自闭症"的诊断术语最早出现于 20 世纪 50 年代美国《精神病学》教科书的中译本中，最早确诊的自闭症病例则出现于 20 世纪 80 年代。1982 年，"中国儿童精神医学之父"陶国泰教授在《中国神经精神疾病杂志》上发表了题为《婴儿孤独症的诊断和归属问题》的论文，其中报告的 4 名被确诊为自闭症的儿童是我国最早发现并确诊的自闭症患儿。2006 年，我国正式将自闭症划入精神残疾的类别。

2007 年底，联合国大会通过决议，从 2008 年起，将每年的 4 月 2 日定为"世界自闭症日"（World Autism Awareness Day），以提高人们对自闭症患者及相关研究的关注。2013 年，美国的《精神障碍诊断与统计手册（第五版）》用"自闭症谱系障碍"（autism spectrum disorder，ASD）替代了过去"自闭症"的表达，成为目前对该群体的专业性规范化称谓。

一、自闭症谱系障碍的概念及类型

尽管目前社会对自闭症谱系障碍的关注有了很大的提高，但专业的理解仍然不够，甚至还对其存有诸多误解。因此，我们需要从专业视角透视对自闭症谱系障碍的界定，根据规范去消解诸如"自闭症是性格内向、少言寡语；自闭症伴有某些超常的才能；家庭养育不正确会导致自闭症"等非理性认知，客观正视自闭症谱系障碍及其群体发展。

(一)概念

自闭症谱系障碍又称孤独症谱系障碍，是一种神经发育障碍，其核心障碍为社会互动和社交沟通中的缺陷以及受限的兴趣、重复和刻板的行为模式。这是一种终身的发展性障碍，并非单纯的生理疾病。由于不同个体的差异非常大，对自闭症谱系障碍的界定多以核心障碍和典型特征描述为主。

根据美国《所有残疾儿童教育法》的界定，自闭症是一种通常出现于3岁前的发展性障碍，它会影响语言和非语言沟通、社会互动，进而影响儿童的表现。自闭症通常表现为重复活动和刻板运动，排斥环境或日常例行活动的变化，并对感官体验有异常反应。该界定描述了自闭症谱系障碍的四个主要特征：①多在3岁前发生；②有明显的沟通障碍；③伴有固着性、刻板性行为；④极其缺乏主动性社会交流与互动。此外，大部分自闭症患者都伴有严重的认知缺陷和情绪行为问题，只有少部分患者智力正常甚至超常。

(二)类型

通过对自闭症儿童的长期观察，洛娜·温(Lorna Wing)认为，缺乏社会互动是自闭症儿童的主要特征，并根据缺乏社会互动的自闭症程度将自闭症儿童分为隔离型、被动型、主动与特异型三大类。

1.隔离型

该类型的儿童好像生活在一个与环境隔离的自我封闭的世界。不喜欢与人接触，缺乏人际交往能力；口语表达能力差，有的自闭症儿童一生都没有口语能力；非口语表达能力差，如不能用眼神与人接触，也不能理解别人的传情；没有共享性注意力，不能与别人分享快乐，较为冷漠和麻木；对物理刺激有明显的反应，如(热、电、光、冷)，但对人的出现感到漠然；通常只有刻板行为，缺乏模仿能力，没有进行象征性游戏的能力；具有明显的情绪障碍，喜怒哀乐变化无常，有时会大声尖叫或失去情绪控制。这类患儿往往伴有智力障碍或其他共病，严重程度高，学习能力弱，属于低功能患儿。

2.被动型

与隔离型的自闭症儿童相比，被动型的自闭症程度要轻一些。他们能与人接触，有时会表达自己的要求，但不主动，缺乏人际交往能力；有一定的口语表达能力可以，但表达的意思多是重复的、简单的；有体态语言等非口语的表达能力，但是在理解力方面有所欠缺，无法理解别人的传情；有一定的共享性注意力，也能与别人分享快乐，但表现得被动和退缩；有一定的刻板行为和模仿能力，但想象力和进行象征性游戏的能力差；有一定的情绪障碍，显得冷漠、被动和迟钝。

因被动型的自闭儿童并不拒绝他人的介入，所以干预性教育和训练的效果比隔离型的自闭症儿童要好。

3.主动与特异型

主动与特异型是程度最低的一类自闭症，常常被称为高功能自闭症。他们能与人接触，有时会主动亲近他人，但多半是单向的。例如，他会向别人提出问题，但并不在意别人的回答，还表现出明显的自我中心倾向；有一定的口语表达能力，但是在发音和声调上都可能有异常；没有非常明显的刻板行为，但偏向重复性强的排列性游戏，有时执迷于一种活动；有体态语言等非口语表达能力，但运用得较差，社会沟通能力差；没有明显的情绪障碍，但给人的感觉还是缺乏热情，比较冷漠。因为这类儿童在语言和社会互动等方面与正常儿童没有明显的区别，所以任何人都不容易发现这类儿童的自闭症症状，只有到了学龄期阶段，家长及教师才能发现其异常的行为。

二、自闭症谱系障碍的患病率

随着相关研究的不断深入和诊断标准的变化，自闭症谱系障碍（ASD）的出现率也在不断变化，根据美国疾病控制和预防中心（CDC）公布的数据，1966—1998年ASD的患病率为1/2500～1/2000；2000—2004年为1/166；2014—2016年为1/68，而2018年的报道则显示这一数据已上升至1/59。新的发病率与2011年韩国一项ASD发病率的研究结果一致，该研究显示，在韩国一个学区里约有2.64%的孩子患有自闭症。美国加州大学精神病学副教授金英信（Young-Shin Kim）认为，自闭症患病率约在2%～3%之间，但目前国际上普遍认同的数据是1%。

在ASD发生的性别差异方面，美国最新研究显示，男孩与女孩的患病率比例为3∶1，基于医疗记录的结果差异更大，约为5∶1。金英信（2011）认为，患有自闭症的女孩有时被忽略了。

由于尚缺乏大样本多中心的随机抽样调查，中国对自闭症谱系障碍的发生率没有统一的结论。2017年，戴琼、徐海青等人（2017）通过检索筛查将既往文献按不同标准分类合并，并采用Meta分析法描述了中国自闭症谱系障碍儿童的患病率大约为0.03%～1.41%，这一数据远低于国际上的患病率，且基于文献的分析并不能完全代表真实患病率，我国亟待建立标准统一、施测规范的ASD流行病学调查。

可以肯定的是，过去数十年，ASD 的发病率在不断提高，其原因与诊断标准的变化、患病率衡量方法以及社会对这一病症普遍提高的意识有关。由于诊断标准、样本量以及社会文化差异，各国的 ASD 患病率存在较大差异，我们既要对 ASD 的发生与诊断予以重视，又无须臆测发病率的趋向，或对不断攀升的数据产生恐慌。

三、自闭症谱系障碍的成因

在自闭症提出的早期，列奥·坎纳（Leo Kanner）等人采用心因论解释自闭症的成因，认为父母对孩子的冷漠和缺乏关心是导致儿童形成自闭症的主要原因。尽管到目前为止自闭症的成因仍然没有定论，但随着医学的发展和研究手段的改进，研究者已达成了脑生物学病因论的共识，即自闭症谱系障碍的病因主要是遗传因素、免疫生化因素等，与父母的教养方式以及心理障碍没有必然联系。

（一）医学研究

1. 中枢神经系统与脑功能的异常

采用正电子发射断层扫描、计算机轴向断层扫描和磁共振成像等技术实施的遗体研究和神经成像研究表明，自闭症谱系障碍与许多脑区有关，杏仁核、海马体、内侧颞叶、颞平面结构等区域的机能障碍很可能会导致自闭症儿童的自我封闭，而特定类型的神经元（如镜像神经元）功能的紊乱与自闭症谱系障碍患者难以理解他人情绪有关。脑科学研究还发现，自闭症谱系障碍表现出的感觉失调和行为怪异与其前庭中枢障碍有关。前庭中枢的主要功能是调节和控制，而自闭症谱系障碍患者存在明显的感觉输入过度兴奋或抑制，对某种感觉特别敏感，对某种感觉又特别排斥；小脑及边缘系统的异常会导致自闭症谱系障碍患者存在动作协调、记忆、情绪等问题；网状组织结构的异常会导致自闭症谱系障碍患者的唤起注意和激活意识活动障碍。

2. 神经传导生化因素

研究发现，5-羟色胺、多巴胺、肾上腺素等主要的神经递质与自闭症谱系障碍的情绪失调与行为问题有关。5-羟色胺大部分集中在大脑，其主要功能是控制睡眠、体温、情绪、食欲及激素的分解，自闭症儿童血液中有 5-羟色胺偏高的现象。多巴胺在中枢神经内，含有多巴胺的神经元是与躯体运动机能密切相关的神经元。脑内多巴胺代谢失调会引起震颤性麻痹神经分裂症，这是由脑内多巴胺过剩引起的，通过减少多巴胺可能改善自闭症儿童的认知和行为状况。肾上腺素在交感神经系统中发挥着重要的平衡调节功能，有些自闭症谱系障碍患者的交感神经对压力状态有过度的反应。

3.遗传学原因

经过多年的科学研究，现已确定自闭症谱系障碍的出现与遗传因素有着重要关系。如果一个家庭中有一名自闭症患者，该家庭中的另一成员患有自闭症的概率比他人高50～200倍。如果同卵双胞胎中的一位患有自闭症，另一位也是自闭症的概率要比异卵双胞胎高很多倍。即使自闭症个体的家人没有被诊断为自闭症，但他们更可能存在具有自闭症典型特征的一些表现，如缺乏亲密朋友、兴趣狭窄、喜欢恪守成规，等等。

除直接的遗传病因外，临床研究也发现了自闭症谱系障碍来自父母一方或双方传递下来的零散的基因突变。尽管目前还未准确确定出所有与自闭症谱系障碍有关的基因，但研究者一致认为不存在单一的"自闭症基因"，自闭症谱系障碍是多种基因共同作用的结果，自闭症谱系障碍患者的致病基因也不尽相同。

此外，可能导致智力障碍、癫痫等其他病症的因素也可能导致自闭症谱系障碍的出现，如病毒感染、围生期的高危因素、代谢异常等。

(二)心理学的研究

尽管自闭症谱系障碍患者有着很大的个体差异，但研究者仍然试图建构起能够解释其核心障碍的统一理论。到目前为止，最重要的理论有执行功能障碍、中央统合功能不足和心理理论缺陷假说三种。尽管这三种理论各自并不能完全解释自闭症谱系障碍的三大核心障碍，但三大理论的整合和实践研究能够为我们了解自闭症谱系障碍的核心障碍和心理行为特征提供支撑。

1.执行功能障碍理论

执行功能是指个体为实现某一特定目标所使用的灵活而优化的多种认知和神经机制的协同操作，包括计划、工作记忆、心理灵活性和抑制控制等方面。研究表明，自闭症儿童在计划、工作记忆、心理灵活性和抑制控制等方面均存在显著缺陷，由于自闭症儿童不能很好地计划下一步的行为，不能较快地进行"抑制—转换"，同时工作记忆存在缺陷，因此他们会出现重复和刻板行为。

2.中央统合功能不足理论

中央统合是指在正常的认知系统中，存在一种对尽可能广泛的刺激形成统合，对尽可能广泛的背景进行概括的固有倾向。通过建立格式塔、语境等多种途径，中央统合可以在内隐且自动化的加工过程中，使信息的快速解释成为可能。自闭症谱系障碍患者在认知加工方面表现出集中于微小细节而忽略一般景象的趋势，反映了其主管信息资源整合的中央系统的失能，即中央统合不足 /

弱中央统合能力。近年来，知觉加工研究和几乎所有关于语境使用的研究都支持自闭症中央统合不足的理论。中央统合功能异常可以部分地解释自闭症患者的兴趣狭窄和特殊才华的可能。例如，一位自闭症绘画天才在绘画中虽然能表现出完美的整体比例和局部细节，但他是从局部细节开始画，也没有固定的绘画顺序。相反，非自闭症患者总是在加工细节之前从图形的整体开始绘画，倾向以相对固定的顺序描绘线条。

3. 心理理论缺陷假说

"心理理论"并非一般科学意义上的理论，它描述的是一系列心理状态之间以及这些心理状态与世界之间的因果关系，是指个体凭借一定的知识系统对他人的心理状态（如意图、愿望、情绪、信念等）进行理解、认知和推测，并据此对他人的行为做出因果性预测和解释的能力，是个体社会认知和人际交往的基础。

1985 年，拜伦·科恩（Baron Cohen）提出自闭症本质性认知障碍心理理论缺陷假说，并用心理理论习得上的特殊损害解释自闭症者在人际交往、想象及语用方面表现出的一系列特殊障碍。他们认为，自闭症者的社会性障碍是因为他们无法根据潜在的心理状态来解释复杂的社会行为而造成的；交流障碍是由于其难以认识到他人的心理状态与自己的不同，从而缺乏交流动机造成的；想象障碍（象征性游戏困难）是由于他们无法表征与现实不一致的心理状态并理解他人的信念造成的。

第二节 自闭症谱系障碍的诊断与评估

由于病因的不确定性，目前对自闭症谱系障碍的诊断无法进行定向的医学诊察（如血检、尿检等），只能依照行为方面的观察。根据自闭症谱系障碍的核心症状及其在生长发育、生活、学业等方面的具体表现，研究者鉴定出一系列自闭症谱系障碍的行为特征，检核被评估者是否达到诊断与鉴别诊断的标准。

一、临床诊断标准

（一）DSM-V

2013 年，美国精神病学会发布《精神障碍诊断与统计手册：第五版》(*Diagnostic and Statistical Manual of Mental Disorders, DSM-V*)，其中确立了"自闭症谱系障碍"（autism spectrum disorder，ASD）的定义，不再另设阿斯伯格综合征、非特异

性广泛性发育障碍等分类。据其规定，自闭症谱系障碍的诊断必须符合A，B，C，D四项标准，其中确诊者需满足社会交流障碍中的全部三项，以及限制性兴趣/重复行为中的至少两项。

A：持续在跨情境中出现社会性沟通和社会性互动困难，非一般发展迟缓造成，会出现下列三种症状。

（1）缺乏社会情绪互动（deficits in social-emotional reciprocity），异常的社会接触，一来一往的对话有困难，缺少分享兴趣、情绪与情感，反映出自发的社会互动困难。

（2）缺乏使用非口语沟通行为进行社会互动的能力，整合口语和非口语的沟通有困难，出现异常的眼神接触、身体语言的运用，对非口语沟通的使用与理解困难，缺乏脸部表情和手势。

（3）缺乏发展并维持适当的人际关系的能力，或未达发展水平（除了照顾者），调整行为去适应不同的社会情境比较困难，缺乏想象性游戏和交友的兴趣。

B：有限而反复的行为模式、兴趣，至少有下列两项行为。

（1）刻板的语言、动作行为或物品使用方式（例如，反复做简单的动作、反复仿说、反复使用物品或说特定词组）。

（2）过度坚持例行程序，口语或非口语形式的仪式化，或坚持不改变（例如，动作仪式、坚持相同的路线或食物、反复问问题，或对改变感到极度痛苦）。

（3）异常沉迷自己的喜好（例如，强烈喜爱或关注非寻常事物、有固执的兴趣）。

（4）对环境觉知的感官过度敏感或顿感（例如，对痛、热、冷无动于衷，对特定声音、质感、味道或物品的接触感到反感，迷恋声光或旋转的物品）

C：早期出现症状（不一定完全出现，直到社会性的要求超过负荷）。

D：症状影响到每日的生活功能。

此外，DSM-V还规定了自闭症谱系障碍发生的年龄及其在常态社会中所需要的支持程度，即症状在年幼时就有体现，或者随着年龄增长，在社会要求高于个人能力时体现出症状；在两个障碍领域中有"程度"的划分（1～3等：1为需要支持，3为需要大量支持）。除诊断之外，DSM-V还提出，每一位被诊断者都应该有关于基因情况（如脆性X染色体综合征、Rett综合征）、语言水平、其他智力残疾、医疗情况（如癫痫、焦虑症、忧郁症、肠胃问题等）的描述。

(二) ICD-11

2018年6月18日，世界卫生组织（WHO）发布了第11版《国际疾病分类》（*International Classification of Disease*，ICD-11），其中同样将自闭症、阿斯伯格和PDD-NOS统称为自闭症谱系障碍，并界定了ASD的核心症状为社交障碍和狭隘刻板的行为，而没有将之前的语言障碍归入第三个核心障碍，同时强调诊断时要考虑患者特别的感官需求。不过，与DSM-V不同的是，ICD-11提供了ASD患者伴有智力障碍和没有智力障碍的详细区分方法，并且强调成年患者和女性患者可能对本身自闭症症状的隐藏。另外，ICD-11还将退步作为ASD的诊断标准。

在诊断标准的临床应用方面，DSM-V规定根据孩子与ASD诊断标准条数之间的吻合程度判定其是否为ASD，ICD-11则更加注重将标准与专业医生的临床经验相结合。总之，ICD-11的标准更加宽泛，且考虑了不同国家文化间的差异，并推荐给了全球各国使用。综合现有文献来看，ICD-11的发布对使用DSM-V进行诊断不会产生太大的影响。

在临床诊断实践中，并不是每位精神科医生都具备诊断自闭症谱系障碍的能力，ICD-11和DSM-V也需要有更具操作性的诊断指南与程序，故自闭症诊断采访（Autism Diagnostic Interview）和自闭症诊断观察计划（Autism Diagnostic Observation Schedule）被普遍运用，据此发展出来的量表也成为自闭症谱系障碍诊断的重要工具，如婴幼儿自闭症检查量表、儿童自闭症评定量表（Childhood Autism Rating Scale，CARS）、自闭症诊断访谈量表（Autism Diagnostic Interview-Revised）、自闭症诊断观察量表等。

二、心理与教育评估

相较于诊断和鉴别诊断，更重要的是当确诊孩子在成长方面与他人不同时，教育工作者应及时进行与孩子发展有关的具体评估，以便尽早开始教育干预及相关服务的支持。因此，心理学与教育学领域更加关注自闭症谱系障碍儿童相较普通儿童发展的差异及相应的需求与支持。除使用普通儿童发展状况评估的相关工具外，目前针对自闭症谱系障碍儿童发展性评估的常用工具有心理教育评定量表（Psycho-Educational Profile，PEP）、语言行为里程碑评估及安置程序（VB-MAPP）等。

第三节　自闭症谱系障碍儿童的心理行为特征

尽管自闭症谱系障碍患者每个个体之间存在很大的差异，但是影响到其身心发展的核心障碍和共同问题不仅是诊断和评估自闭症谱系障碍的标志，还是理解自闭症谱系障碍心理行为特征的主要切入点。根据临床诊断及日常观察可知，自闭症谱系障碍者具有如下特征。

一、一般认知特点

（一）感知觉

行为观察表明，自闭症谱系障碍者普遍存在听觉超敏、视觉优势的特点，一般的声音往往会给他们造成听感上的不适，而这种不适会导致他们焦虑、躁狂，无法有效集中注意力和学习。为避免听觉超敏带来的不适，他们常常用手捂着自己的耳朵，表现出惊觉和躲避的神态。相较于对声音的躲避，自闭症谱系障碍者会表现出视觉优势，他们更喜欢使用视觉认识世界和参与学习，加之视觉刺激具体、直观的特点，当为其提供有效的视觉支持时，自闭症谱系障碍者的学习效率能有效提升。

在其他感知觉方面，自闭症谱系障碍者常常需要更多的动觉刺激来维持本体感，受脑神经异常的影响，他们的前庭觉也存在不同程度的异常，导致平衡感异常和视听信息不能有效吸收。因此，我们常会看到他们在不停地摇晃身体或手、转圈、无意义地玩弄物体等。有些自闭症谱系障碍者存在肤觉敏感的现象，他们抵触和躲避他人的抚摸，甚至只能穿一种质地的衣服；有些自闭症谱系障碍者则肤觉迟钝，甚至对痛觉刺激无法反应，常常通过自伤或异常行为进行自我刺激。有些自闭症谱系障碍者特别注意物体和环境中的气味或味道，异常地嗅、舔或吞吃物品等。还有的自闭症谱系障碍者会集两种情况于一身，对环境中的特定刺激存在过度反应，在另一些情境中则反应迟钝：对火警等嘈杂的声音置若罔闻，却对遥远的口哨声过度反应；不能看某种光线或颜色（如，荧光灯、黄色），却无法在学习中对新异的刺激做到有效关注。

（二）注意

一般儿童自婴儿期起就能够与成人进行目光对视及眼神交流，并显示出共同注意这一社会能力。自闭症谱系障碍患者则很难与他人进行眼神接触，即使有目光对视，时间也极短，无法形成正常人际交流中彼此相互关注的意向和行为。有研究发现，自闭症儿童有追视和注视行为，但持续时间大都在 2 秒之内。眼神交流与主动注意的缺乏导致自闭症谱系障碍者缺乏共同注意，难以形成使用感官与他人进行交流与分享的社交能力。例如，自闭症谱系障碍儿童在看到可爱的玩具时，很难用手指向那些玩具，也不会和他周围的人分享这种兴趣；拍照时较少注意或完全不注意镜头等。

（三）记忆

自闭症谱系障碍者的记忆水平因个体差异而表现出较大差异，智力正常者可以有效记忆和学习，少部分智力超常的个体会表现出超群的机械记忆力，他们在记忆过程中采用独特的空间位置排列、概念释义、联觉进行识记，并因此在背诵、计算等任务中有十分卓越的表现。例如，金·皮克被称为"超级博学强记怪才"，他能背诵超过 1.2 万本书，看书的速度也非常人能比，读整整两页书只需 10 秒钟，而且左右眼能够分别阅读不同的内容；他看过的电话号码绝不会忘记，全美几万个地区的邮政编码和电话区号都能熟记于脑。又如，丹尼尔·塔米特，他是英国自闭症人士，能够背出 π 值小数点后 22 514 个数字，被称为"脑人"。绝大部分自闭症谱系障碍者都伴有不同程度的智力障碍，其普遍性的认知缺损也导致了不同程度的记忆品质落后。

（四）思维

多数自闭症谱系障碍者认知能力较低，只理解字面意思，集中关注信息的细节而难以进行信息的编码、分类和概括，在正常的学业与生活方面均存在很大的障碍。少数高功能自闭症者可以进行正常的思考和问题解决，但其加工方式与普通人有极大的区别，他们对某些概念的理解有自己的解释而非常规理解，如在他们看来，"购物"是指"某个特定街道上的特定商场"，而不是"去任何一个商场四处逛逛，并有可能买点什么"这样的意思。研究者也往往难以对其思维特点做出定论，其单项认识能力的突出也使研究者感到困惑。不过，少许能够记述自己思维及认知过程的自闭症人士案例也向我们展示了他们独特的思维模式。例如，畜牧科学博士天宝·格兰丁（Temple Grandin）曾著书《我心看世界》描述自己的成长经历，其使用图像思维（thinking in pictures）进行认知加工的模式也造就了她在畜牧设施设计中的卓越成就。又如，英国"脑人"丹尼尔·塔米特在其自传《星期三是蓝色的》中以流畅的语言表达了其超常的记忆能力及思维特点。这些案例启示我们应改变视角，从符合自闭症谱系障碍者特点的角度看待他们的思维模式，并力图走进他们的世界。

二、社会交流障碍

自闭症谱系障碍的核心特点之一即具有社会交流障碍，表现为严重的社会互动障碍和社会性应答异常。他们常常对人不感兴趣，却对物体有着异常的关注和执着。在社会互动中，他们缺乏主动反应，即使有互动，也存在社会规则理解困难、社会交流形态不当的现象。普通人在社交过程中的自然反应对他们而言是巨大的困难和挑战。

（一）社会性应答异常

自闭症谱系障碍者在社会互动方面表现为社会性应答缺陷，他们对人几乎不感兴趣，也不与他人进行主动交往与分享行为，常常退避和抵触他人的接触与互动，包括与自己熟悉的人，这导致他们难以与父母形成正常的依恋关系，在同伴关系与友谊的建立方面也存在困难。高功能自闭症者有时能够接受社交性的亲近，也不会抵触他人的主动交往，但是他们在社会交往过程中行为方式奇特、单一，常常反复以他们自己关注的事情作为交流内容，让他人难以接受，即使是具备超常的记忆或推算能力的少数高功能自闭症者，在整体的社会性问题解决和智力功能发挥方面也存在很大的障碍。例如，金·皮克拥有"一目十行、过目不忘"的能力，但仍然难以将其转化为去杂货店买东西的适应性数学技能。

（二）情绪问题

自闭症谱系障碍的个体具有看似正常的面部表情（如微笑或大笑），但其表情缺乏恰当的社会意义，如在社会情境中不会微笑。自闭症个体的情绪情感淡漠影响到其行为表现，他们往往对新奇事物也茫然冷漠，缺乏应有的兴趣，甚至一些群情激愤的集体情感也不能引起他们应有的共鸣。有的自闭症儿童还会表现出极不适宜的、异常的、激烈的情绪反应，如在兴奋的气氛下哭泣，在悲伤的气氛下欢笑。有研究显示：低功能自闭症儿童难以识别和辨认面部表情，尤其是人脸的表情；高功能自闭症儿童则能够识别和理解基本的面部表情，但在复杂情绪理解方面存在困难。他们对与情境有关的情绪理解以及与个体愿望和信念有关的情绪理解方面都存在较大的困难。在日常生日中，自闭症谱系障碍患者的情绪管理能力也很差，他们不能根据需要调节和控制自己的情绪，进而影响到了自身社会适应与正常社会关系的建立。

（三）社会表征与心理解读

心理理论的缺陷使自闭症谱系障碍者难以理解自己与他人的想法、愿望和信念，也难以理解社会交往过程中的规范、禁忌与习俗。因此，他们在人际交往过程中常常不能准确理解和推测他人的想法和行为，进而难以捕捉合理行为的人际提示和社会线索。自闭症个体常常无法根据他人潜在的心理状态来解释和推测复杂的社会行为，也难以认识到他人的心理状态与自己的不同，从而缺乏交流动机。此外，心理理论的缺陷还导致自闭症个体无法表征与现实不一致的心理状态并理解他人的信念，进而产生想象障碍。大多自闭症谱系障碍者都存在严重的想象困难，他们从幼儿期起就缺乏对玩具正常功能的认知与使用。与智力障碍儿童相比，自闭症儿童在游戏活动中明显缺乏合作性游戏行为，对游戏本身的兴趣远远低于其他儿童。心理解读障碍导致他们即使在成年期，也难以按照常态意义理解他人的心理和行为，社会性线索理解困难更使他们有时因无法理解什么是适当的社会行为而出现"个人视角"的思维和行为方式。即使是语言和智力都正常的高功能自闭症者，其社会互动缺陷也常常被他人认为是故意无视社会规则和礼仪，进而更加剧了同伴对他们的孤立和他们自身的社交困难。

三、语言与非语言沟通障碍

多数自闭症儿童都缺乏言语或非言语的沟通意向和行为，并伴有明显的语言发展落后，大约有一半的自闭症儿童不具备实用性语言。正常儿童大约在1岁开始说话，经过早期的训练的自闭症儿童可能在六岁前开始讲话，若到10岁都没有开始讲话，他就很难有可能进行口语表达，甚至可能终生保持缄默。有语言的自闭症个体也常常伴有语调、语速、音量、语用等方面的问题，有的个体说话像唱歌，有的个体常发出怪声怪调。自闭症个体的语言常常是"机械式的"，并存在如鹦鹉学舌一般的"回声式语言"。在语言功用方面，他们多使用作为主、谓、宾等成分的实词，而较少使用连词、形容词和介词，同时存在代词颠倒的问题，往往无法分清"你"和"我"的意义，也常常用"他"来指代"我"。在语言沟通的过程中，自闭症个体对他人的呼唤缺乏应答性反应，往往不能倾听他人的讲话，难以将语言这一工具用于社会互动。

高功能自闭症者几乎没有临床上显著的语言发展迟滞表现，也能够使用与其年龄相符合的词汇和语法进行表达，但他们还是常常出现异常的语言及其相关的行为，在语言的社会性上存在问题。例如，语音单调，说话声音过大，速度过快或过慢，不擅长在对话中轮流讲话，自言自语，等等。在语言理解方面，他们倾向从字面上理解他人的话，不理解沟通过程中的隐喻和委婉的表达，以至于在交往过程中常常处于尴尬境遇。下面是一名叫斯蒂芬·肖尔（Stephen Shore）的自闭症谱系障碍患者的记录。

我的一个朋友说他"想要一个比萨"，我不明白他是什么意思。直到上了大学我才明白，他的意思是"他想要吃一个比萨"。

有一次我跟父母在一家餐厅用餐。他们对我说"你知道吗？那边有一个女孩一直在看着你，她的眼睛都放在你那儿了。""她把眼睛放在我这儿"是什么意思，我不要她的眼睛。你需要两只眼睛才能立体地看东西，她也需要她的两只眼睛。不管怎么说，这太可怕了，这太令人作呕了，我不要她的眼睛。

四、重复刻板的行为模式

自闭症谱系障碍者都会出现重复性、仪式化的行为模式，如旋转、拍手、走直角、摇晃等。他们大都对细节有超乎寻常的敏感度，往往极端痴迷或沉醉于某些事物，在生活中要求极其严格的细节布置和规范。例如，喜欢某一形状的物体；反复看某一事物，反复听同一种声音或同一首歌曲；注视、抚摩同一样东西；认定某一种颜色或样式的衣服；等等。他们的兴趣爱好和学习范围也非常狭窄，并且对自己的喜好坚持不变，极难接受变化或过渡。例如，长期只喜欢某种玩具，只愿意做某一样学习活动，等等。周围环境的细微变化（如物品摆放的位置发生变化）或日常生活安排的微小变动（如下雨了不去公园）都会令自闭症谱系障碍者烦躁不安，甚至引发其哭闹、自伤、破坏、攻击等情绪行为问题。

第四节　自闭症谱系障碍儿童的融合教育

1962年，第一个由自闭症儿童家长和自闭症研究人员组成的联谊会在英国成立，旨在为自闭症者的医疗、教育、就业和终身发展获得社会权利和支持而努力。在今天，各国对融合教育的理念已没有争议，但使自闭症谱系障碍儿童享有平等的教育机会，实现有效的融合教育仍然困难重重。近年来，我国不断完善保障融合教育的国家法规和政策，自闭症谱系障碍儿童的融合教育质量也愈加受到社会的关注，在"零拒绝"的法治精神下，自闭症谱系障碍儿童的融合教育理念和方法都在不断更新和完善。本节基于自闭症谱系障碍儿童融合教育的微观实况和具体情境，探讨普通学校在提升自闭症谱系障碍儿童融合教育质量方面的做法。

一、个别化支持内容

自闭症谱系障碍儿童融合教育教学内容的设置应在"双课程"（常规课程和个别化课程）的前提下，依据儿童的年龄、发展特点和需求、实现条件等因素进行具体内容的研究与设计。根据"儿童受益"的原则，自闭症谱系障碍儿童的个别化支持内容应包括以下几大领域。

（一）基本学业技能

1. 学业准备技能

自闭症谱系障碍儿童的学习效率往往会受一些自身干扰行为的影响，如出座位、不遵从指令、打扰他人等，因此在融合教育中要特别注意其学业准备技能的训练，学业准备技能即能够促进儿童有效参与学习的基本能力，具体方法如下。①常规：是指自闭症谱系障碍儿童能够适应融合学校和班级的环境、学习任务、作息时间、行为守则等要求，并在遵从常规的过程中实现对融合教育环境的充分参与。②听反馈：是指当老师或同学说话时，自闭症谱系障碍儿童能够对他人的表达有所注意、理解、回应，该技能对儿童听见、听懂、执行指令、复杂交流具有重要作用。③集体技能：在集体环境中，自闭症谱系障碍儿童要具备模仿同伴的有效行为、遵循集体指令、独立自助、减少对辅助的依赖、自我指导等技能，这在融合班级中是极其重要的。④注意品质：它是一切有效学习需要具备的最基本的技能，涉及注意的广度、稳定性、分配和转移等品质，对于自闭症谱系障碍儿童在融合教育中集中注意力在课堂教学上及社交互动有重要意义。

2. 基本认知技能

自闭症谱系障碍儿童在基本认知过程的建构和统合应用方面存在不足，这使他们对普遍的言语理解和回应具有困难，但这并非意味着他们不具备学习的能力，只是代表其学习的过程、思维模式与众不同，因此融合教育应在理解他们特有思维模式的基础上，给予特性支持，引导他们掌握基本的认知技能。具体来说，他们应掌握以下认知技能。①言语和语言：认识言语和语言的功能、掌握言语发生过程技巧和语言的符号属性与认知对应、理解言语交流的过程和必要环节、掌握语言运用的规则和交流技巧等。②从概念到推理：理解具体概念与抽象概念的关联、掌握比较规则与区分类别、创造新类别和从已知推出未知、建立思维的多元化和灵活性等。③阅读理解：分解问题并寻找答案、具体生活体验与阅读材料的整合、抽象文字的理解与应用等。

（二）社会交流能力

社会交流障碍是自闭症谱系障碍儿童的核心障碍之一，应借助资源教室模式对其开展社会交流与社会适应方面的个别干预和强化训练。

1. 社会意识与社会认知

社会思维系统发展的不完善使自闭症谱系障碍儿童在学校和社会环境中常常在分辨语言的微妙差别和非语言信息整合方面出现困难，这些都是社会认知的重要内容。融合教育中应在资源教师的帮助下开展社会意识与社会认知方面的专项训练，包括社会思维与社交因果关联、社交兴趣与常识、社交中的线索捕捉与注意转换、社会角色与自我知觉、社会比较与行为预测、社会探索动机与自信、灵活思维及心智等。

2. 社交规范与社交技巧

社会场合中的概念判断是社交规范理解和社交技巧发展的基础，如理解"什么是粗鲁的行为""什么是良好的班级秩序""什么时间该完成哪些任务"等，具体包括不良行为识别、建立礼貌规范、理解违规但可以被接受的行为、违法边界与不能破坏的规范等。"PEERS"（The Program for the Education and Enrichment of Relational Skills）课程是这方面教学的良好参照，该课程针对自闭症谱系障碍儿童在学校的社交适应设计了系列干预内容和方法，适用对象涵盖幼儿、小学生、初中生、高中生等，对于帮助自闭症谱系障碍儿童建立合适的社交关联、理解社交规范、掌握社交技巧、建立友谊具有良好的效果。

3. 想法解读与情感理解

想法解读是指理解别人行为背后的原因（如想法、愿望、感受等），进而能够预测他人进一步的感受和行为，并对他人的行为做出合适的反应的能力。自闭症谱系障碍儿童存在想象力方面的困难，在处理复杂人际关系和抽象的社交信息时常常难以理解他人的内心想法、情感和行为，难以理解社交规范以及自己与他人互动的场景性与合理性。对此，可设置"想法解读"课程对自闭症谱系障碍儿童进行个别化的干预。该课程包括三大模块，每个模块的评估和学习内容均由低至高分级具体内容如下。①情绪理解：涉及"从照片辨认面部表情""从卡通绘图辨认面部表情""理解与情境有关的情绪""理解与愿望有关的情绪""理解与信念有关的情绪"五部分。②想法解读：涉及"不同的人从不同角度看到事物的不同面貌""眼见构成所知""眼见所知影响行为""别人错误的想法影响行为"五部分。③假想游戏：涉及"物品替代""赋予物体虚假性质""想象对象/情景"三部分。

(三)个别化功能康复

自闭症谱系障碍儿童的一些伴随障碍常常会影响他们的学习参与和学习效率,每个孩子的个别差异又较大,因此可根据接受融合教育自闭症谱系障碍儿童的个体发展状况设置相关的个别化功能康复课程,帮助他们有效改变影响学习的情绪、感知觉、伴随疾病等方面的不利因素。

1.情绪行为管理

自闭症谱系障碍儿童在情绪解读和表达方面存在困难,也常常因社交和学业压力产生焦虑和抑郁,但他们又不善利用有效的策略来排遣和疏解情绪,反而可能会在周遭的不解中产生情绪行为或问题行为。对此,首先应通过功能分析了解自闭症谱系障碍儿童情绪行为的功能,并改善引起他们情绪行为的外在环境因素(包括物理空间、作息时间、任务要求、教授者、同伴等),以减少其情绪行为;其次,可借助情绪宣泄资源(如发泄球、拥抱机、沙盘游戏等)为他们提供进行合理情绪宣泄的机会和方式,使他们找到合适的压力缓解通道;最后,可设置情绪干预的相关课程(如音乐治疗、美术治疗、情绪解读、心理治疗等),教授自闭症谱系障碍儿童情绪认知、表达、互动、调控等技能技巧,帮助他们建立自我情绪行为管理的内在动力和方法。

2.感知觉统合治疗

感觉信息是学习和行为的重要基础,大多自闭症谱系障碍儿童伴有感觉异常和感觉统合失调的状况,这使他们难以成功地处理环境的要求和挑战,进而产生适应行为。因此,融合教育中可根据自闭症谱系障碍儿童的感觉统合发展水平为其提供专业的感觉统合治疗,帮助他们寻找环境中有意义的感觉经验并整合有效信息做出学习行为。需要特别注意的是,当下有很多对感觉统合治疗的盲从和误解,在实践中也有很多不科学甚至歪曲的理解和操作,而艾尔斯感觉统合治疗才是具有实证依据的自闭症谱系障碍干预课程。安娜·吉恩·艾尔斯(Anna Jean Ayres)的感觉统合理论指出,感觉统合治疗是针对个体感觉统合失调及其对生活、学习的影响而进行有计划的特定训练,是可以提高个体感觉统合能力的一套方法。治疗需要由专业的感觉统合测评师和治疗师主持,干预中以"目标达成量表"为监测依据,且具有严格的治疗计划和资源要求,而不是简单地让自闭症谱系障碍儿童在感觉统合教室玩耍或随意训练。

3.共病处理

根据临床报告可知,自闭症谱系障碍儿童普遍存在不同程度的共病,其中癫痫、睡眠障碍、胃肠道功能紊乱、抽动症等是常见的共病。对此,融合学校应予以个别化的了解和协同疗育。具体而言,普通教师和资源教师应协同校医、儿童家长、儿童主治医生等人员对自闭症谱系障碍儿童的共病情况进行全面的调查，掌握有关病症科学的病理机制、行为表现、常规疗育、急症处理等系列专业知识及相关技能，同时制订共病应对的常规支持方案和应急处理预案，在康复人员、康复条件、协同教师、相关资源、处理机制等方面做出详细可行的准备，如癫痫的日常护理和急性发作处理方法、对胃肠道功能紊乱的饮食治疗策略、寄宿制学校的睡眠辅助方案等。

二、融合教育策略与方法

自闭症谱系障碍的个体差异较大，但从其核心障碍出发，自闭症谱系障碍儿童的教育仍然需要遵循一些共通的原则。大多数研究者认为，自闭症谱系障碍个体最需要获得沟通技能方面的教学，阿斯伯格综合征个体则最需要获得社会技能方面的教学。从整体上看，自闭症谱系障碍儿童的教育需要在遵循差异教育、协同教育等原则的基础上，设计有针对性的教育策略与方法。

（一）融合教育策略

1. 应用行为分析

应用行为分析（applied behavior analysis，ABA）是以行为主义心理学为基础的关于行为分析与管理的一套原理与方法，是目前针对自闭症谱系障碍的干预中被证明最为有效的方法，对于增强自闭症谱系障碍儿童的认知与基本技能、减少其异常情绪行为问题、促进其社会交流等方面具有良好的效果。该方法借助行为科学发展中得以验证的基本原理对焦点行为进行因果分析，并以特定的干预技术或模式改变这些目标行为。根据实践操作需要，ABA在基本原理的基础上发展出一系列的教学模式来适用不同程度的自闭症谱系障碍儿童在不同领域的学习，主要包括以下几方面。①回合试验教学（discrete trial teaching，DTT）：通过有效的强化和辅助技术开展连续单元的密集训练，适用于工具性技能习得。②关键反应训练（pivotal response treatment，PRT）：强调在自然情境下教授自闭症谱系障碍儿童"动机、多样化的提示、主动发起、自我管理以及移情"等关键技能，提升他们的语言、沟通、社交和行为兴趣。③语言行为方法（verbal behavior，VB）：将语言视为一种可以习得的行为，通过教授与语言相关的一系列操作行为，帮助自闭症谱系障碍儿童建立功能性语言及交流行为的方法。④图片交换沟通系统（PECS）：通过可视性媒介（图、文字、沟通册等）在结构化的环境、程序中设计相关情景，运用一连串的奖励方式帮助自闭症谱系障碍儿童建立有意义、实用的沟通。

2. 积极行为支持

积极行为支持（positive behavior support，PBS）又称正向行为支持，是一组建立在功能性行为评估基础上的行为干预方法，旨在采用系统改变的方法调整环境，有效改变不良行为，建立正向替代行为，帮助有障碍和严重问题行为的个体提高自身能力，改善生活质量。它既是一种理念，又是一种策略，强调通过正向的行为技术而非负向的惩罚方法来对个体的行为进行干预。该策略将自闭症谱系障碍儿童技能习得和行为管理的焦点从儿童自身方面扩大到与其相关的人、物、空间等环境因素上，重视自闭症谱系障碍儿童行为改变的环境变量与外在支持，看到了他们学习和发展的潜在能力与可能性，通过系统支持和替代行为的教授帮助自闭症谱系障碍儿童建立正向行为。例如，对自闭症谱系障碍儿童课堂干扰行为的积极行为支持介入应通过功能性行为评估确定干扰行为的功能，如果其功能是逃避任务，则教师可调整其学习任务的难度、工作量、学习资源等，减少学生学习的压力，同时教授其在遇到困难任务时通过举手提问、在桌角放置"困难卡"等合理行为替代扰乱行为。

3. 结构化教学

结构化教学是基于自闭症谱系障碍儿童不易改变的"文化"特质设计符合其"文化"的结构化学习环境和教育模式，旨在帮助他们了解和适应环境，使他们提高学习动机，掌握技能，进而融入社会。该策略源于20世纪70年代，美国北卡罗来纳州立大学精神病学系埃里克·肖普拉（Eric Schopler）教授创立的自闭症及相关沟通障碍儿童治疗与教育模式（Treatment and Education of Autistic and Related Communication Handicapped Children，TEACCH）。该模式包括早期诊断与评估、结构化教学、社会技巧训练、职业训练、家庭和社区支持以及父母咨询等一系列有关终生养育、教育和福祉等综合性支援服务。其中，结构化教学要求根据自闭症谱系障碍儿童的具体情况对环境和状况所拥有的刺激和信息进行结构化处理，以避免自闭症谱系障碍儿童在意义和概念的理解上发生混乱，为其有效建立有关作息、规则、指令等理解与遵从的习惯和秩序，克服情绪问题，进而为认知及其他基本技能的学习提供支持，包括视觉结构化、教具和教材结构化、作息时间结构化、工作制度化、物理环境结构化等。

4. 沟通辅具与智能互动技术使用

自闭症谱系障碍儿童在社会交流方面存在很大困难，表现为言语和非言语的沟通障碍，以及交流动机和沟通理解的不足。传统的教育及康复思路是教授和要求自闭症谱系障碍儿童使用常态方式进行交流与沟通，但受社会交流核心障碍的影响，自闭症谱系障碍儿童常常不愿意参与常态交流，这并不意味着他们不会交流或者不想交流，而是言语交流会使其产生压力和困扰，尤其在伴有情绪状况时，他们就更愿意使用非言语的方式进行沟通，以缓解压力，避免负性情绪的产生。因此，自闭症谱系障碍儿童的资源教室必须考虑到他们的沟通特点和需求，配置相应的智能互动环境和沟通辅具。研究表明，人际交互学习能够为自闭症谱系障碍儿童提供符合个体需求的多层次社会互动场景，提高其社会互动参与度、兴趣以及能力。在沟通辅具方面，扩大化替代性辅助沟通系统（augmentative and alternative communication，AAC）已成为自闭症谱系障碍人士实现有效沟通和融合交流的普遍资源。

专栏·拓展阅读：

Tobii Dynavox 公司及其 AAC

Tobii 是全球眼球追踪技术的领导者，总部位于瑞典，其事业部之一——Tobii Dynavox 站在辅助技术和特殊教育的前沿，能够提供最先进、最高效的辅助沟通设备和电脑操作方式。该公司的理念是"Power to be you"（给你力量），旨在通过技术实现高效的沟通，发挥潜能，实现更加丰富而独立的生活。该公司出品的 AAC 包括以下几种。

（1）Indi：专业的全中文 AAC 辅助沟通智能语音沟通设备。

（2）海螺：入门版的中文 AAC 辅助沟通智能语音沟通设备。

（3）Boardmaker：拥有超过 14 000 个图片沟通符号的特殊教育工具编辑软件。

（4）Communicator 5：解决沟通障碍的中文 AAC 辅助沟通软件。

（5）Snap Scene：基于场景的即时沟通和语言学习软件。

（二）融合教学方法

1. 视觉提示

在教育自闭症谱系障碍儿童时，充分利用他们视觉优势的特点，在呈现简单言语信号的同时增加视觉提示媒介（图片、文字、拼音、符号、图示等），以帮助他们充分知晓和理解任务要求和操作内容，以支持视角引导他们在学习中克服信息整合困难，实现有效学习。该方法可以与结构化教学策略相结合，应用于作息时间设置、课程表安排、课堂教学、布置任务等环节中。视觉提示媒介的选择要以每个自闭症谱系障碍儿童的能力、需求和兴趣为依据，由普通教师、资源教师和家长充分沟通后确定，可以选择成型的素材，也可以自制。

低龄段儿童的视觉提示可由资源教师进行一对一的提示接纳训练，完成对提示媒介意义和作用的理解，以及对视觉提示和其他通道信号的连接与整合；对高龄段自闭症谱系障碍儿童进行视觉提示可调动其参与积极性，在提示媒介选择、制作、意义阐释等方面给予他们充分的自主权。

2. 多感官教学

该方法旨在通过创设刺激、丰富的学习环境，采用多通道的刺激有效调动儿童视、听、触、味、嗅、运动、平衡等多种感觉参与学习，使学生的感觉经验得到多重输入和整合强化，进而提升他们在感觉、体能、语言、认知、社交等方面的能力。该方法可有效利用自闭症谱系障碍儿童依赖直观经验的认知特点，借助多通道的有形刺激调动儿童参与学习的积极性，在信号强化的作用下，帮助他们更好地理解抽象概念和语言指令。多感官教学的实施可以依托多感官教室进行，也可以在资源教室中设置多感官体验学习区域，但该方法并非仅能在限定环境中使用，还可以根据其基本原理在普通教室中使用。

3. 情境教学法

情境教学法的设计可以分为生活场景、实物演示、图像创设、音乐渲染、角色表演、语言描述等类型，不同情境的设计可以弥补自闭症谱系障碍儿童抽象表征能力较弱的特点，利用实物、道具、音乐、图画、表演、环创、智能设备等帮助他们形成与学习内容有关的态度和行为体验，激发其兴趣与动机，增强其注意维持，提高其主动参与的程度和学习效果。需要注意的是，情境创设是为了加强自闭症谱系障碍儿童对学习内容的掌握，因此融合教育教学中，教师应根据儿童的真实经历和学习目标创设相关情境，同时学校、家庭、社区要有效协同，为自闭症谱系障碍儿童掌握学习知识和实际应用提供支持。

4. 游戏教学法

游戏是儿童最喜闻乐见的活动，将学习内容与生动有趣的游戏结合起来能够充分吸引自闭症谱系障碍儿童的注意力并能增强其学习动机。在游戏设计中，教师应综合考虑游戏形式、游戏与学习内容的关联、游戏信号与规则、游戏行为与学习评价等要素，并充分调动自闭症谱系障碍儿童设计和参与游戏的主动性。不同类型的游戏可以引导自闭症谱系障碍儿童在活动中发展想象和社会表征技能，促进他们心理理论的建构，提升其社会沟通能力。

5. 同伴指导

同伴指导策略是让普通儿童在学习、游戏、社交等活动中为自闭症谱系障碍儿童提供带领、示范、提示等辅助和赞美、强化等反馈，以帮助其完成相应任务的方法。该方法在融合教育实践中有利于自闭症谱系障碍儿童学习能力、情感体验和社交能力的发展，且能够使普通儿童和自闭症谱系障碍儿童均有受益。同伴指导的类型主要包括班级范围内同伴辅导（class wide peer tutoring，CWPT）、班级范围内学生指导小组（class wide student tutoring teams，CSTT）、跨年龄同伴辅导（cross age peer tutoring，CAPT）三种，实施中应根据自闭症谱系障碍儿童的个别化特点和发展需求选择自愿、可靠、负责、乐于分享和助人的同伴，确定个别化的指导目标和行为（可以是学习方面的，也可以是社交或其他方面的），并对同伴进行培训、监督和激励。需要注意的是，同伴指导的实施是平等、友善、互动、双向的，教师不能将同伴视为自闭症谱系障碍儿童的监督者和纠正者，而要引导他们之间的双向沟通和影响，在同伴为自闭症谱系障碍儿童提供支持的同时，要注重自闭症谱系障碍儿童对同伴发展的影响及他们友谊的建立。

三、融合教育中的班级管理

（一）班级管理理念

纵观残障研究的历程，人们看待"残障"的视角和理念在不断发生着变化，从歧视和隔离的"缺陷"视角到修复和康健的"残疾"视角，再到立足社会支持的"障碍"视角和尊重不同的"差异"视角，特殊教育的理念不再是"针对残障、拒绝异常"，而是不断走向"关注人、接纳人、支持人"，融合教育即是对这一理念的实践。因此，融合教育的有效开展必须以育人理念的更新和提升为前提，而不是形式上的安置变化和被动的响应。普通学校不得不追求成绩和升学率的境遇常常使育人理念的更新徒有声音而无法落地，但在法律法规的要求和融合教育的规制下，我们还是能够从思想细微处为融合教育做出理念上的调整。首先，不将自闭症谱系障碍儿童视为负累，而是将其看作一名普通儿童；其次，为自闭症谱系障碍儿童提供的支持不是对教育资源和教育精力的耗费，而是与其相互影响、一同建构的新方向；再次，对自闭症谱系障碍儿童开展融合教育不会阻滞常态教育的进程，更不会干扰普通儿童的学习和发展；最后，融合教育与常态教育是共生关系，可以兼容和平衡。

基于对人类行为、意识与动作反应的细致研究和对特殊需求者的悦纳与支持，"无障碍设计"致力优化一切为人所用的物与环境的设计，清除那些让使用者感到困惑、困难的"障碍"，为使用者提供最大限度的方便。无障碍设计不仅包括建筑、道桥、公共场所等无障碍建筑与设施，还包括交通工具无障碍、信息和交流无障碍以及人们对无障碍的思想认识和意识等。与其他障碍儿童的需求不同，自闭症谱系障碍儿童与普通学校有效融合在无障碍设计方面的需求更多体现在普通学校师生对他们的科学认知、理性态度和接纳支持方面。针对自闭症谱系障碍儿童的无障碍设计不仅包括建构符合其特质的无障碍物理环境，更涵盖悦纳和尊重自闭症谱系障碍群体，而且包括平等参与、有效学习和社会融合的人文环境的无障碍设计。具体执行原则如下。

（1）建构符合自闭症谱系障碍儿童认识和社交特点的结构化环境及相关资源。

（2）允许自闭症谱系障碍儿童使用其独特的沟通模式和媒介，如特殊的句式、语调，使用手机、笔谈、AAC等。

（3）尊重和接纳自闭症谱系障碍文化，并以积极、客观的立场对其他儿童和家长进行释义。

（4）为自闭症谱系障碍儿童提供经过专业评估和设计的支持性课程和评价机制。

（5）建立常态化的、平权视域下的校园融合活动，避免可怜与施舍。

（6）不因自闭症谱系障碍儿童可能的情绪问题将其贴上"精神病、能力落后、变态、攻击或暴力"等歧视性标签。

（7）不因自闭症谱系障碍儿童的障碍特征而限制其参与普通学校的任何学习和活动。

（8）不因自闭症谱系障碍儿童可能存在的认知困难而阻止其参与普通班级的普通课程与活动。

（9）不因担心可能出现意外而为自闭症谱系障碍儿童设置隔离的环境和机会，如在教室的座位、课堂提问、反馈与指导等。

（10）不因自闭症谱系障碍儿童的特殊表现而做出限制和退却的安置。

（二）班级管理策略

班级管理是自闭症谱系障碍儿童融合教育的环境支持。恰当的班级管理策略一方面有助于自闭症谱系障碍儿童适应集体环境和学习要求，减少不适情况的发生；另一方面有助于调动所有儿童、任课教师、家长进行多方支持，提高自闭症谱系障碍儿童的融合教育质量。

1. 个别化的支持策略

融合教育的班级管理策略应针对自闭症谱系障碍儿童的学习和活动给予支持，为其提供个别化的支持与协助。首先，应建构适合自闭症谱系障碍儿童特征的班级环境，包括适宜的座位、结构化的作息时间表和课表、简洁明晰的班规提示等；其次，应设置符合自闭症谱系障碍儿童个别特征和需求的学业支持策略，如准备课程材料、学习辅具等，使自闭症谱系障碍儿童有机会以适用于自身的方式有效参与融合课堂的学习。

2. 对差异的团体认知与接纳

班级氛围是自闭症谱系障碍儿童融合教育的重要支持。正所谓"播种什么，就会收获什么；建构什么，就会实现什么"，因此班主任应带动所有任课教师开展有关"差异认知"的主题活动，引导所有儿童和教师从多个视角看待差异和不同，建构"理解、容纳、一视同仁"的班级氛围，为自闭症谱系障碍儿童提供平等、安全、接纳、和谐的学习环境。

3. 家长培训与指引

目前，影响自闭症谱系障碍儿童进入融合教育的主要原因来自普通儿童的家长。很多家长不支持融合教育的主要原因在于对自闭症谱系障碍儿童存在非理性认知，偏差的主观推测导致他们对自闭症谱系障碍儿童存在误解和抵触，进而影响了普通儿童的想法和行为。因此，教师应积极组织普通儿童家长参加有关自闭症谱系障碍和融合教育的主题培训，必要的时候请自闭症谱系障碍儿童家长或儿童本人进行实况分享，减少有关自闭症谱系障碍的信息不对称，增加社会认知与接纳。

4. 突发情境的预案及处理

因核心特征的影响，自闭症谱系障碍儿童不可避免地会出现一些非常态的行为，尤其是在沟通不畅、具有压力或不被理解的情况下。除个别化的针对性干预外，教师在班级管理方面也应通过家长访谈、资源教师评估等信息提前制订突发情况的预案及处理策略，包括针对自闭症谱系障碍儿童的介入（如短暂隔离、情绪疏导）和针对其他儿童的辅导（如不围观、不过度反应），以免因处理不当给自闭症谱系障碍儿童带来更多伤害。

本章小结

自闭症谱系障碍是一组早发性的以社会交流障碍和限制性的兴趣与刻板行为为核心特征的发展性障碍症候群，通常在言语和非言语的交流以及社会互动方面具有典型障碍，并伴有不同程度的感知觉异常、智力障碍、情绪障碍或其他身体疾病，广泛地影响着自闭症谱系障碍儿童的生活和学习。目前仍然没有治疗自闭症谱系障碍的有效手段，相关科学研究仍在不断探索之中，但该群体的生活、康复、教育和发展问题已刻不容缓。因此，调整看待自闭症谱系障碍的视角，理解与接纳该群体的特征，尊重神经发育的多样性，协同开展评估基础上的分级康复和融合教育是专业人员和社会公众的共同课题和应尽之责。

思考题：

1. 什么是自闭症谱系障碍？自闭症谱系障碍的核心症状有哪些？
2. 简述自闭症谱系障碍的诊断研究历程。
3. 结合实例谈谈自闭症儿童的认知发展特点。
4. 自闭症谱系障碍儿童在社会沟通方面呈现出哪些共性？
5. 自闭症谱系障碍的早期干预模式和方法有哪些？
6. 融合教育环境中对自闭症谱系障碍儿童的教育应注意哪些问题？
7. 请为一名就读于普通小学的 8 岁高功能自闭症谱系障碍儿童制订一份融合教育方案。

参考文献：

[1] 洛娜·温. 孤独症谱系障碍：家长及专业人员指南 [M]. 孙敦科，译. 北京：北京大学医学出版，2008.

[2] 方俊明. 特殊教育学 [M]. 北京：人民教育出版社，2005.

[3] 郭延庆. 应用行为分析与儿童行为管理 [M]. 北京：华夏出版社，2012.

[4] 刘学兰. 自闭症儿童的教育与干预 [M]. 广州：暨南大学出版社，2012.

[5] 罗恩·利夫，约翰·麦克伊钦. 孤独症儿童行为管理策略及行为治疗课程 [M]. 蔡飞，译. 北京：华夏出版社，2008.

[6] 托尼·阿特伍德. 阿斯伯格综合征完全指南 [M]. 燕原，冯斌，译. 北京：华夏出版社，2012.

[7] 刘艳虹，胡鸣利，胡晓毅. 自闭症研究 70 年：基于国内外研究现状与前沿的可视化分析 [M]. 北京：中国轻工业出版社，2017.

[8] 雷秀雅. 自闭症儿童教育心理学的理论与技术 [M]. 北京：清华大学出版社，2012.

[9] 萨莉·J. 罗杰斯. 孤独症儿童早期干预丹佛模式（ESDM） [M]. 北京：华夏出版社，2015.

[10] 王梅，等. 孤独症儿童课程与教学设计：兼论特殊教育的课程 [M]. 北京：北京大学出版社，2014.

[11] 天宝·格兰丁. 我心看世界 [M]. 燕原，译. 北京：华夏出版社，2012.

[12] 李历彩. 学校背景下自闭症谱系障碍儿童的综合干预研究 [D]. 上海：华东师范大学，2010.

[13] 郑群山，胡晓毅，刘全全. 以同伴介入式游戏干预孤独症幼儿社交沟通的个案研究[J].2017（4）：33-40.

[14] 徐良，梅建青，袁丽娟. 特教学校在普校创建资源教室的实践与思考[J]. 绥化学院学报，2014，34（1）：50-52.

[15] 吴曼曼，胡晓毅，刘艳虹. 国外孤独症儿童教学环境创设的研究现状及启示[J]. 现代特殊教育（高等教育研究），2017（6）：56-63.

[16] 关文军. 融合教育学校残疾学生课堂参与的特点及教师提供的支持研究[J]. 中国特殊教育，2017（12）：3-10.

[17] 卫宜洛，曾遥. 班级管理理念对自闭症学生融合教育的影响——基于质的研究[J]. 中外交流，2017（30）：124-125.

第六章　学习困难儿童的教育

第六章 学习困难儿童的教育

案例：

  8岁的男孩伊桑是印度电影《地球上的星星》的小主角，他对这个世界充满了好奇和欣喜，用一切他能够想到的方式和这个陌生的世界进行着交流。他喜欢静静地画画、喜欢观察和模仿动物、喜欢自己漫无目的地遐想、有很多匪夷所思的鬼点子，却往往不被现实生活接纳，读书看不懂、回答问题有困难、试卷不及格，被老师训斥、被同伴嘲笑，是成年人眼中的问题儿童，在又一次闯下大祸后，忍无可忍的父母将他送往了寄宿学校。

  在新的学校，管理非常严格，学习成绩更成为困住他的绳索，加上想念父母、想念家，现实剥夺了他所有的乐趣，留下无尽的烦恼，他几乎走到了崩溃的边缘。他不再是那个对世界充满好奇的男孩，一切对他都是了无生趣。这时一位名叫尼克的美术老师走进了他的生活，与其他固守成规的老师不同，尼克主张让学生保留自己的个性和思想，自由地发展。曾经也有学习困难的尼克老师非常理解伊桑的学习现状，他知道造成伊桑学习问题的根本原因是阅读障碍，并积极促进伊桑和其父母之间的理解，改变了父母对孩子的成见。在和尼克相处的日子里，伊桑慢慢重现了往日的欢乐，和尼克老师共同面对阅读障碍，并在绘画中找了回自我。

问题聚焦：

1. 你身边是否有学习困难的学生？老师是怎样对待他们的？
2. 伊桑怎样走出了困境？作为老师，我们该怎样帮助像伊桑这样的学生？
3. 学习困难是不是智力有问题？

第一节　学习困难概述

一、学习困难的概念

学习困难是学校中普遍存在的现象，特别是在基础教育阶段，学习困难已经成为困扰学生学习和教师教学的难题，也越来越引起教育学界的重视。在常见的教学案例中，我们可以窥见学习困难学生这样或那样的状态，其中最主要的表现是某一科或几科的成绩很差。学习困难（learning difficulty），又称学习障碍（learning disability），也有人用学业不良、学习失能、学业成就低下、发展性学习障碍等术语来描述这一现象。关于学习困难的界定，中外学者已有不少理论，我们可以从这些理论中归纳出相关的特性。本书中所指的学习困难与学习障碍是具有相同特质的儿童。

综合国内外学者的相关理论，虽然不尽相同，但是可以从中归纳出一些共性的特点。对于学习困难的界定，应当包含以下几种特性。

（1）总体智商（IQ）基本在正常范围内。

（2）在听、说、读、写、计算、思考等学习能力的某一方面或几方面表现为显著困难。

（3）需要排除智力障碍、视觉障碍、听觉障碍、情绪障碍等因素，或由于受经济、文化水平等因素的影响，也要排除因未接受正规教育而产生的学习方面的障碍。

因此，本书从教育和干预的角度出发，认为学习困难是指在正常的教育环境当中，学生学业成就明显低于同龄普通学生水平，与学生自身的智力水平所应达到的水平有显著的差异。这种差异不是由各种感官障碍、智力障碍、情绪障碍、社会家庭因素等因素而导致的。包含三个判断标准：首先，学生的智力处于正常范围之内；其次，学业成就明显低于同龄普通学生；最后，这种明显落后并非由其他残疾所导致。

学习困难的原因是非常复杂的。为了探明学习困难的成因，各个领域的学者也都从各自的角度展开研究，提出了相关的成因分析。综合各方面研究，本书认为学习困难的成因涉及的领域非常广泛，主要有认知心理因素（学习困难学生的注意存在非常显著的问题，有明显的注意缺陷，这会直接影响他们信息加工的效果与质量)、人格因素(他们自我评价低,自尊心、自信心及自我调控水平低,而这些被认为是预测学生学业成绩的最好依据)、人际关系因素(学习困难学生在人际关系上不良率很高,往往是孤独的、不合群的)、环境因素(包括家庭环境、学校环境、社会环境等)。

二、学习困难学生的表现

(一)婴幼儿时期表现

出生时具有高危因素的儿童容易发生学习障碍,他们往往较早就表现出好动、好哭闹,对外刺激敏感和容易过激反应等特点。家长会感到养育困难,儿童可能不愿被母亲拥抱,喜欢独玩。有的可能走路较早但步态和动作总让家长不放心。好动和易兴奋会使许多母亲感到哺育棘手,因而容易招致母亲的情感忽略。亲子关系不良可能会导致母子语言和情感沟通减少,进而影响儿童的语言发展和情绪分化。

进入幼儿期,有些幼儿说话偏迟、有攻击倾向、动作缺乏目的性、对刺激过激反应、伙伴交往不良、语言理解和表达缺欠等。这使儿童出现群体适应困难,认知发展不平衡,并对某些狭窄领域的东西感兴趣,对他人的活动缺乏关注。

到了学龄前期,有些幼儿出现更明显的认知偏异,如视觉认知不良、协调运动困难、精细动作笨拙、沟通和书写困难等。

(二)入学后表现

主要在一般认知和特殊学习技能方面表现困难:
(1)语言理解困难,如无法听懂老师课堂的指令;
(2)语言表达障碍,如无法进行口头造句和作文;
(3)阅读障碍,如无法阅读语文课文或无法读懂;
(4)视空间障碍,如无法快速、准确拿物或经常撞到物体;
(5)书写困难,如写字用力不当、写到方格外面;
(6)情绪和行为问题,如攻击行为、情绪冲动。

除上述表现之外,学习困难学生还可能伴随注意集中困难、课堂上多动或打瞌睡(觉醒不足)、自我意识不良、继发性情绪问题、品行障碍或青少年违法等问题。

一般而言,有学习困难的人的智商都是正常的,甚至有时候其智商会超越常人,但一些普通人认为是很简单的事情,他们付出巨大努力仍难以做到。当人们普遍认为简单的事情在他们那里变成难题,就会对他们造成深远的负面影响。首先，这些儿童的自信会大大降低，挫败感会使他们变得孤独或离群，产生烦恼和沮丧感进而进一步演变成严重的行为问题，影响人生道路的发展。其次，父母的态度会加深对儿童的伤害。如果孩子学习成绩很差，父母会产生很深的焦虑感。每一位家长都希望自己的孩子成绩优秀、功成名就，当残酷的现实使父母望子成龙、望女成凤的期望破灭的时候，一部分对孩子的期待会发生明显的变化，出现失望、埋怨、无助等情绪，甚至选择放弃，这些评价态度传递给孩子的信息都是负面的，对孩子的自我意识出现产生重大影响。很多孩子从父母、老师那里得到信息会让其感觉自己一无是处，进而慢慢地从活泼可爱变得孤独、沮丧，对未来丧失信心。

三、学习困难的分类

学习困难学生群体是一个异质性群体，内部存在着很大差异。每个学习困难学生都有自己的问题与特征，其分类也有着不同的标准。自20世纪80年代以来，东方和西方研究者采用不同的研究方法对学习困难或学习障碍进行了划分。

（一）塞缪尔·亚历山大·柯克（Samuel Alexander Kirk）和查尔方特·麦肯尼（Chalfant Mckinney）（1984）分类

美国著名特殊教育专家塞缪尔·亚历山大·柯克是全球首位提出学习障碍这个概念的学者，在他的研究中一直沿用学习障碍这个专业术语。他提出学习障碍有两种类型：发展性学习障碍和学习性学习障碍。两个类型又可分成若干亚类型。

查尔方特·麦肯尼又对柯克的理论进行了补充，认为发展性学习障碍是指一个儿童应该具有的、达到学业目标的基本学习能力产生障碍，这些学业目标是指注意、记忆、知觉、思维和口语等技能，包括注意力缺陷、记忆力缺陷、思维能力异常、知觉能力缺陷、语言能力异常、数学推理能力异常。

学习性学习障碍是指那些通过学校学习获得的能力出现障碍，这些能力主要包括阅读、算术、书写、拼音和写作。

（二）塞缪尔·亚历山大·柯克（Samuel Alexander Kirk）和J.J.加拉格尔（J.J.Gallagher）（1997）分类

后来塞缪尔·亚历山大·柯克和J.J.加拉格尔又对这一分类方法进行了完善，从因果关系上将学习障碍分为三种。

第一种是神经心理学习障碍，又叫发展性学习障碍，是指在儿童生长发育过程中，经常显露出心理和语言发展的某些方面偏离正常的发展状况，从而导致学习障碍的产生。

第二种是学业性学习障碍，又叫成就性学习障碍，是指儿童在学习学科知识或技能（如计算、拼写、阅读灯方面的能力）时出现了明显的滞后或障碍。

第三种是社会学习障碍，是指学生由于品行问题、个性问题，不适应或不成熟的行为方式引起的学习困难，如攻击性行为、恐惧、焦虑、社交障碍、学习动机水平较低、自我效能感差等。

（三）以神经心理学为基础的分类

波尼斯·王（Bernice Y.L. Wong, 1996）认为应该以神经心理学为基础，以学业标准和认知能力来划分学习困难的类型。他把学习困难分为两大类，即非学业性学习困难和学业性学习困难，其中非学业性学习困难又可以分为"视觉—运动"问题（包括精细动作问题和大动作问题）、语音加工问题、知觉问题、语言问题、记忆问题（包括视觉记忆问题、听觉记忆问题），学业性学习困难又可以分为阅读问题、算术问题（数学问题）、拼写问题、写作问题（包括机械化问题和综合问题）。

（四）以病理学为基础的分类

这一分类方法多从儿童学习困难的病理原因方面对学习困难进行分类。从引起儿童学习困难的病因或神经生理因素可以把学习困难儿童划分为"感觉—运动"功能障碍学习困难、脑功能轻度障碍学习困难、注意力缺失或多动症等不同类型。"感觉—运动"功能障碍学习困难主要指视觉障碍或听觉障碍导致的学习困难，是由于感知觉功能性缺失或者不足造成的信息加工通道不畅而带来的学习困难；脑功能轻度障碍学习困难是指大脑功能局部或者全部较弱以及统合失调造成的学习困难；注意力缺失或多动症类型中又包括若干亚类型，如单纯的注意力缺乏症、多动型（冲动型、复合型）、混合型（混合以上两种）。

（五）以学科标准为基础的分类

按照这一标准，可以把学习困难分为数学学习困难、阅读学习困难、写作学习困难、外语学习困难等。需要注意的是，学习困难一般是在某个科目上特别落后，并不是所有科目都落后，一旦出现所有科目都落后的情况，就可能是智力的问题。

（六）我国部分学者的分类

中央教育科学研究所的陈云英等人（1995）将学习困难归纳为三个主要类型：一是对语言的接受和表达方面的学习障碍，二是阅读与书写方面的学习障碍，三是数学方面的学习障碍。可以看出，这是以学科标准为基础的分类方法，比较适用于学科教学时对疑似学习困难学生的鉴别和评估。

我国学者徐芬把学习困难分为三类：发展性学习困难、学业性学习困难、"情绪—行为"性学习困难。发展性学习困难是指学生在成长过程中，某些心理与语言功能的发展出现与正常发展过程相偏差的现象，又包括原始性缺陷和衍生性缺陷两种；学业性学习困难主要是从学校课程学习角度来看待学习困难，是指学生在各学科存在学习或各种学习技能上的困难（包括听、说、读、写、算术等方面）；"情绪—行为"性学习困难是指学生的行为或情绪问题所导致的学习困难，包括品行问题、不适应行为问题、个性问题等。

我国学者赵微把学习困难分为四种主要类型：神经功能障碍性学习困难、认知加工过程障碍学习困难、学业性学习困难、社会性发展不良学习困难。综合而言，这种分类方法比较全面地概括了不同类型的学习困难，有助于改进教学方法，帮助学生克服学习困难，提高学习效果，因此本书中也采用这种分类方法来进行研究。

第二节 学习困难儿童的特征

一、基本特征

（一）认知发展的群体差异

一般认为，学习困难儿童的智力属于正常范围。在我国，一般将智商低于70的儿童纳入辅读学校。有的研究（胡兴宏，1993）表明学习困难儿童的言语、数理和思维能力与优、中等生差异最大，而观察和操作能力与优、中等生差异最小。

（二）认知发展各方面的特征

在感知觉方面，视觉或听觉的处理信息能力失常是学习困难儿童的一个重要特征。例如，听觉语言有表达性障碍，当听到乌鸦叫时，脑海中难以形成乌鸦叫声的心理意象，因而也无法模仿出乌鸦叫声。在记忆方面，记忆广度有限、短时记忆库的绝对容量小以及不善于运用编码方式记忆，导致记忆效果差。在语言和思维方面，语言失调、语言发展滞后，如相似字混淆、拼写缺陷等。在数学理解方面不能理解题意或者不能列式解答，缺乏逻辑思考能力，不能正确地进行运算操作。

（三）认知发展潜在的可能性

学习困难儿童虽在认知发展各方面存在不同程度的障碍，但他们的确有发展的潜能。有研究发现，他们中能力在中等或中等以上的儿童占有相当的比例：50%以上的儿童的言语、数理和思维能力处于中等水平，78%的儿童观察能力处于中等水平，65%的儿童的记忆、空间、操作能力处于中等水平，25%的儿童具有较高的智能水平（胡兴宏，1993）。

（四）学习动机不足

学习困难儿童的动机障碍主要表现为自信心的缺乏。由于多次学习失败，不知不觉形成了一种思维定式，认为自己是笨的，再怎么努力都没用，从而导致学习的动机不足。

（五）性格的不健全以及不良的行为习惯

学习困难儿童情绪低落，意志力差，独立性弱，自我控制力弱。大部分孩子内向、不合群，对待学习消极懒散，自暴自弃。在行为习惯上，偏执倔强，不接受别人劝导，欺负小伙伴，人际关系差。

二、神经功能障碍性学习困难儿童的特征

这一类学习困难是由于神经系统结构或功能障碍所导致的学习困难，其本质是神经系统结构或功能的异常，儿童的学习困难是由神经系统结构或功能障碍引起的，而不是智力落后、情绪或行为障碍、教学不当、文化差异、种族差异、心理因素等因素导致的结果。

（一）神经系统结构异常

研究者利用神经解剖学成像方法，对正常和学习困难儿童的神经系统结构进行比较，发现学习困难者中枢及外周神经系统的结构异常，主要包括先天性皮质异位、巨细胞异常、白质异常、胼胝体形态异常、左右大脑皮层相应脑区及小脑半球对称性异常等。

（二）神经系统功能异常

研究表明，学习困难是一定的大脑区域功能失调所致，主要表现在左侧脑皮质的颞顶交界处（角回）、颞枕交界处、额下回和脑岛等处。这些区域分别在学生的阅读、计算或书写等方面起到重要的控制作用，功能失调将带来一定程度的学习困难表现。

（三）大脑激活的时间进程异常

神经功能障碍性学习困难儿童还表现出皮层激活时间进程的异常，这其实也证实了学习困难儿童在认知加工过程或认知加工速度上是有缺陷的。

三、认知加工过程障碍学习困难儿童的特征

认知加工过程障碍学习困难的儿童主要问题出在学习的信息加工方面，可

能表现在认知加工的各个方面，包括注意、知觉、记忆、思维等。

（一）注意

注意是心理活动对一定对象的指向和集中，是伴随着感知觉、记忆、思维、想象等心理过程的一种共同的发展特征。它是人的感觉（视觉、听觉、味觉等）和知觉（意识、思维等）同时对一定对象的选择指向和集中（对其他因素的排除）。

注意缺陷被认为是学习困难的一种认知上的类型，也是学习困难儿童较为普遍的一个特征。很多研究都表明，学习困难儿童大都有注意方面的问题，有注意缺陷的儿童，其学业失败率要远高于没有注意问题的同龄儿童。这些儿童通常更多地表现出注意的选择性差、持久性差和冲动性三个方面的基本特征。他们不能像普通儿童一样专心，不能把注意力指向规定好的目标，好动、不安静、容易分心、情绪不稳定、注意时间短等，继而加深学习困难的表现。

（二）知觉

知觉是一系列组织并解释外界客体和事件的产生的感觉信息的加工过程，或者说知觉是客观事物直接作用于感官而在头脑中产生的对事物整体的认识。同样，知觉也是人类从事学习活动中重要的影响因素。在教学中，有很多现象都可能是由儿童知觉加工能力的发展存在障碍所引起的。

1. 视知觉加工

视知觉加工在知觉加工中占有重要地位，我们接受的大多数信息都是靠视觉刺激传递的，在学习活动中，阅读、写作、计算等都需要通过视知觉来进行加工。有些学生分不清"b"和"d"，"p"和"q"，"6"和"9"，或者把一些相似的字给看错，如"鸟"和"乌"，"己"和"已"，"戍"和"戌"，或者把偏旁部首写颠倒，把英语单词拼写反，如"in"和"ni"，这些都是学习困难儿童视知觉空间位置障碍的表现，原因是他们无法对知觉到的视觉信息进行空间位置加工，从而造成了混淆空间关系的现象，而不是他们的视力发育不良。有的学习困难儿童视觉信息分析困难，难以理解数学符号的含义，往往会出现计算中数位颠倒、对位不准、运算符号混淆等现象，这些都是数学符号概念形成困难的表现，也是由视知觉的障碍导致的。

2. 听知觉加工

有些儿童在听力发育上没有缺陷，即听力正常，但是在听觉加工上存在一定的缺陷，不能对听到的内容进行解释或再加工，主要表现在听觉记忆能力差和听觉辨别能力差两个方面上。

听觉记忆能力是指把听到的信息进行储存与回忆加工的能力。有的儿童会在得到两个或两个以上指令的时候，忘记其中的一件事或几件事，需要多次提醒才能把几个指令全部完成。在学习过程中，则表现为对长度过长的句子（包含 5 个词以上）不能复述，或有遗忘地复述；读过的数学题，读到后面会忘记前面所给出的信息；完成教师布置的作业有遗漏；等等。

听觉辨别能力是指对不同声音之间差异的辨别能力及辨别一组或一对字词间差异的能力。有的儿童不能区分相似的音或词，如分不清"4"和"10"，"li"和"ni"。

3."知觉—运动"统合能力

"知觉—运动"统合能力指的是学生把来自各个感官的信息进行综合处理的能力，涉及知觉与运动中的肌肉的协调。例如，写字过程中的手眼协调能力，就需要把视知觉与手指的运动机能统合起来进行。有的儿童在体育运动中表现出基本动作协调困难、节奏感较差，看到了前方的障碍物却还是撞了上去，写字太用力或太轻，笔顺错误等特点。这些都会影响到儿童的各种学习活动的顺利完成，并导致学习困难。

（三）记忆

记忆是人脑对外界输入的信息进行编码、储存和提取的过程，是相对比较高级的认知过程。这一过程对儿童的学习来说是一个整合的过程，而且随着学习任务逐步复杂深入，记忆方面的个体差异也会越来越明显，学习困难的儿童在记忆上的问题就会逐渐显现出来。

对于学习困难儿童记忆加工这方面的研究，主要是从信息加工的角度出发，因此以记忆的三个成分——感觉记忆、短时记忆、长时记忆来说明，学习困难儿童在这三个记忆成分上存在障碍。记忆的信息加工成分与阶段示意图如图 6-1 所示。

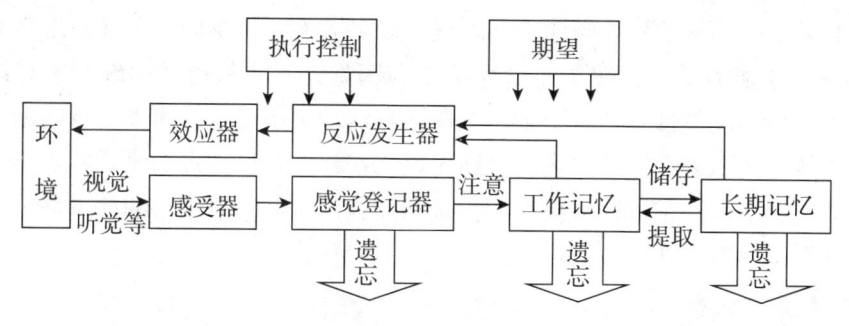

图 6-1 记忆的信息加工成分与阶段示意图

1. 感觉记忆中的信息提取

学习困难儿童在对感觉信息的编码、提取上存在问题，如提取速度较慢，这就会影响到他们的阅读速度。

2. 短时记忆

学习困难儿童短时记忆成分上存在的障碍包括在听或看之后短时间内对信息的回忆有困难，忘记刚学过的公式或正在写的句子；不会使用复述策略使信息进入长时记忆中，复述的频率及复述的策略水平较普通儿童差。

3. 工作记忆

工作记忆是一种容量有限的加工资源。工作记忆包括三个部分：中央执行系统、视空间模板和语音回路，它为复杂的任务，如言语理解、学习和推理等，提供临时的存储空间，并且加工所必需的信息。研究者普遍认为，阅读困难儿童的工作记忆落后，存在广泛的工作记忆损害。这种损害不仅表现在句子记忆、声音符号等语音回路上，也表现在图片记忆、视觉学习等空间模板和中央执行系统上。

4. 长时记忆

信息在短时记忆之后需要经过进一步的精细加工才能进入长时记忆中，而学习困难学生较少利用精细的复述策略使短时记忆中的信息转化为有意义的信息，从而导致很多信息难以进入长时记忆中，在回忆或提取信息时所选择的策略同样效率较低。

（四）思维

思维最初是人脑借助语言对客观事物的概括和间接的反应过程。思维以感知为基础又超越感知的界限。它探索与发现事物的内部本质联系和规律性，是认识过程的高级阶段，以感知觉、注意、记忆为基础。

学习困难儿童的思维问题主要表现在以下方面：思维的冲动性，思维的刻板性及抽象能力受损，按次序排列信息有困难，不能从错误和成功中总结经验，思维的不连贯性。学习困难儿童在学习活动中不是花时间去分析问题，总是急于解决问题；在思考问题时思路比较狭窄，常常以固定的模式解决不同问题，缺乏灵活性；很难区分信息的主次和问题的难易，思维目的性不强，容易受到外界干扰而中断任务。

（五）元认知

元认知是个体对自己认知过程的自我意识和自我监控，是对认知的认知。学习过程不仅是对所学材料进行辨别、加工和处理，也要对该过程进行积极有效的监控和调节，这一过程就是元认知过程。

学习困难儿童在元认知方面有明显的缺陷。元认知能力缺乏的儿童往往无法总结自己的学习过程、学习策略等。学习困难儿童在元认知方面的问题主要表现在以下方面：不能很好地预期或计划自己的学习；不能自觉使用有效的学习策略；缺乏对学习的有效监控，学习效率低。

四、学业性学习困难儿童的特征

学业性学习困难主要包括两大类型，分别是语言学习困难和数学学习困难。语言学习困难包括阅读障碍（还可以细分为字词解码障碍和阅读理解障碍）、写作困难、第二语言学习困难等；数学学习困难则包括计算困难、问题解决困难和空间组织困难等。

（一）阅读障碍儿童的特征

阅读障碍是指儿童智力正常，并且享有与普通儿童均等的教育机会，但是阅读成绩显著落后于年龄或年级应达到的水平的现象。

1. 字词解码

字词解码主要是指对字词的音、形、义的解读和转换。阅读障碍儿童对字词的字形、字音和字义之间不能进行自如转化，有时记不住字，有时朗读课文不流利。仔细研究其学习活动，会发现他们的语音意识和编码过程存在明显的缺陷和困难。

2. 阅读理解

有些阅读障碍的儿童具有正常的词汇解码水平，但在文章的理解水平上显著落后，他们能够将一篇文章流利地读出来，但读完之后脑子里一片空白，不明白文章所讲的意思，只能记住一些碎片信息。他们大多有不良的阅读习惯和表现，如朗读时，摇头晃脑，情绪不安或读着读着不知读到何处，或用手指着字读，或捧书太近或太远，或头部歪斜、书本歪斜；朗读声音过高或过低、音色单调、声调过高或过低，不能清晰地发音；朗读错误，朗读时添加字词、遗漏字词、结结巴巴、某些字词用其他字词代替等。

（二）数学学习困难儿童的特征

数学学习困难是指智力正常的学生由于数学学习能力的缺陷而导致数学学习成绩明显落后于同龄或同年级学生水平的现象。

1. 数学计算

有数学学习困难的儿童能较好地认识数字，但他们对数字的理解、数与物的对应、数字的计算等方面存在不同的问题，主要有数学基本概念不清晰、计算错误、运算法则混淆、没有掌握数学法则等情况。

2. 问题解决

还有一些数学学习困难的儿童对自己的学习方法、策略的元认知有错误的认识,对一些问题的理解比较固执,问题表征策略使用不当。还有的是因阅读理解能力差导致难以理解数学题的文字描述,导致对解决数学问题出现障碍。

3. 空间组织

数学的学习对空间组织的要求不仅体现在数学基本计算的数位对齐等方面,还在空间关系、立体解析及抽象逻辑关系等方面,空间组织困难会影响学生的数学学习。

五、社会性发展不良学习困难儿童的特征

社会性发展不良学习困难是指儿童除了学业成绩差、认知能力落后之外,还表现为社会认知缺陷、社会交往技能差、社会行为偏离等。因为社会性发展是一个范围很广泛的概念,我们从社会认知、社会交往、社会情绪和社会行为这几个方面来探讨一下学习困难儿童的特征。

(一)社会认知

社会认知指的是个人对他人的心理状态、行为动机和意向做出推测与判断的过程。学习困难儿童往往在社会认知的诸多方面存在着缺陷或消极心理。

1. 自我概念

因学习成绩不良,学习困难儿童在学校的综合表现明显差于普通儿童。父母和教师对儿童的评价往往依据他们的成绩而定,当成绩不如人意的时候,来自各方的评价多是消极否定的,这就影响了他们自我概念的发展。儿童的自我概念是从外界对自己的评价以及自己对外界事物的可控性上逐渐发展起来的,当外界的负面评价增多时,会导致学习困难儿童在形成自我概念的过程中出现一种偏执的倾向,对信息做出不准确的解释,自信心不足,自暴自弃,自我贬低,自我意识受损,更加焦虑、不合群,主观幸福感降低。

2. 自我归因

自我归因是指人们对他人或自己的所作所为进行分析,指出其性质或推断其原因的过程,主要分内部归因和外部归因。内部归因是指将事件的结果指向自己,外部归因指将事件发生的原因指向外部。无论是外部归因还是内部归因,都分为两种:积极和消极。积极的归因与正向的情感体验、较高的期望、行为的加强相联系;消极的归因则让人们情绪低落、期望值降低和行为减弱。

在学习困难儿童对学业失败的归因分析中，最初多归因于偶然的因素或外界干扰。但随着学业失败现象的不断出现，同时家长和教师等成人对他们的消极评价，他们就会将这些消极的归因固着在自己的能力和学业的难度上，感觉自己无论多么努力都不会有满意的结果，这种观念在各种情境下都会出现，且不可控。这种不良的归因会导致儿童的学习困难的表现更加严重。

3. 社会信息加工

社会信息加工过程包括五个阶段，即编码阶段、解释阶段、搜寻反应阶段、反应评估阶段、执行反应阶段。由于对外界信息加工的困难、理解和分析的困难，学习困难儿童在每一个阶段都有可能出现较低的水平，而导致社会信息认知上的偏差。

主要表现在他们对他人的表情、言语不敏感，对周围事物的变化相对漠然，很少能从事物发展的不同角度看问题，信息加工整合的能力欠佳。这些现象也往往使他们在日常生活中进行人际交往时处于劣势。

（二）社会交往

一般来讲，儿童的社会交往主要指在与他人交往中形成的亲子关系、师生关系和同伴关系。

1. 亲子关系

亲子关系是人出生后形成的最基本的一种人际关系，主要由不同的教养方式体现出来。父母对孩子的教养方式不同，亲子关系的建立也就不同。家长总是希望孩子"成龙成凤"，但面对学习困难孩子，他们慢慢地改变了态度和期望，对孩子的学习期望降低；有的父母教育孩子的态度不一致，导致夫妻关系不和谐，家庭成员缺乏交流，家庭气氛紧张。这些都会影响学习困难儿童的健康发展。

2. 师生关系

师生关系对儿童的学业水平也有着非常重要的影响。有一些教师因为学习困难儿童的学业成绩偏低，就冷落他，还在言语上讽刺挖苦，对儿童的心理造成了极大的伤害，也使学生更加不愿意亲近教师。

总而言之，对学习困难儿童来说，与他们息息相关的几种社会关系都容易处于不良的状态，不良的社会关系会加重他们在学习上的困扰，也常使他们出现情绪上的波动。

3. 同伴关系

同伴关系是指年龄相同或相近的儿童之间一种共同活动并相互协作的关系，是儿童成长过程中一种重要的人际关系。同龄儿童在一起学习、玩耍，同伴的支持会激励、鼓舞儿童前进。学习困难儿童在同伴中往往地位比较低下，同伴关系不良，很少被同伴接纳，更容易被同伴拒绝，继而造成他们攻击性行为偏多，喜欢违纪等。

（三）社会情绪

学习困难儿童经常在学习的过程中出现焦虑、抑郁等不良情绪，导致其在与别人进行交流的时候更加消极，久而久之难免会出现各种不良情绪问题。

1. 焦虑

焦虑是指一种缺乏明显客观原因的内心不安或无根据的恐惧，是人们遇到某些事情，如挑战、困难或危险时，出现的一种正常的情绪反应。焦虑通常情况下与精神打击以及即将来临的、可能造成的威胁或危险相联系，主观表现出感到紧张、不愉快，甚至痛苦以至于难以自制，严重时会伴有植物性神经系统功能的变化或失调。学习困难儿童的焦虑主要体现在考试焦虑、回答问题焦虑、社交性焦虑等方面。当他们面临未知的考试结果、未知的学业状态以及未知的同伴态度时，紧张和焦虑弥漫在内心，更加影响他们对外界的认识，焦虑几乎成为学习困难儿童持久的心理状态。

2. 抑郁

抑郁是以情感低落，容易哭泣、悲伤、失望，活动能力减退以及思维、认知功能迟缓等为主要特征的一类情感障碍。学习困难儿童相比较普通儿童更容易产生抑郁，一方面是由于不断的学业上的失败感让他们产生无助和绝望感；另一方面是他们更容易被贴上各种标签，导致被同伴拒绝等。不良的外部环境使学习困难儿童敏感、多虑，无效的努力和持久的失败也让他们看不到希望，从而容易形成抑郁的状态。

3. 孤独感

孤独感是一种封闭心理的反映，是感到自身和外界隔绝或受到外界排斥所产生出来的孤伶苦闷的情感。具有长期或严重的孤独感可引发某些情绪障碍，降低人的心理健康水平。孤独感还会增加与他人和社会的隔膜与疏离，而隔膜与疏离又会强化人的孤独感，久之势必导致疏离的个人体格失常。学习困难儿童自信心和自尊水平较低，缺乏足够的勇气和动力去追求成功，于是更加容易自卑和退缩，孤独感增强。

（四）社会行为

1. 攻击性行为

攻击性行为是指有意伤害他人、损坏或抢夺他人物品的行为，主要包括直接身体攻击、言语攻击、间接攻击。研究表明，攻击性的出现往往是由挫败引起的，学业失败、人际关系的不良、外界评价的低下等都让学习困难儿童感到挫败，面对不断显现的挫败，攻击行为成为他们发泄内心痛苦的渠道。这也是他们表达不满或反抗的方式。很多研究结果表明，学习困难儿童比非学习困难儿童更容易产生攻击性行为。

2. 退缩性行为

这是一种与攻击性行为相反的行为问题，表现为无生气、安静、没有太多的行为、对课堂干扰很少、不被教师和同学所注意。从某种程度上说这是另一种攻击性行为，是指向内部的言语性攻击，是学习困难儿童对自我的负面认知及标签化行为。当受到挫折之后，外向的攻击他人和内化的自我伤害都成为学习困难儿童发泄挫败情绪的方式。

3. 注意力缺陷

学习困难儿童的注意问题更多，他们通常注意力不集中，更容易分心，更加多动，冲动性更强，活动过度，考试成绩不稳定。这与他们的大脑神经抑制功能失调有一定的关系，随着年龄的增长，大脑神经系统发育成熟之后，注意力不稳定的现象会有所改善。但基础知识的不足对他们今后的学业发展影响较大。因此，低龄儿童的注意力不足需要引起教师和家长的理解和关注。

六、学习困难儿童的优势分析

诚然，学习困难儿童存在以上诸多的问题，但他们依然有很多优势。当成人能用欣赏的眼光看待儿童的时候，儿童能感受到来自成人的支持力量，从而产生积极的自我肯定，对未来抱有希望。积极发现学习困难儿童的优势应该成为教师和家长首先要做的事。

（一）积极活跃，行动力强

学习困难儿童尽管学习成绩如不尽人意，但在参加集体活动或参加课外活动上大部分是非常积极踊跃的，他们的行动力超强，总希望能在活动中得到同伴和教师的认可，所以他们在活动中往往精力充沛，表现突出。但凡集体活动，他们都是积极的响应者，一些解决问题的方法也常由他们想出来。

（二）善良、隐忍，乐于助人

学习困难的孩子思想相对比较单纯，不善于拐弯抹角，有什么想法就会直接表达。他们对待同伴非常友善，希望自己能为别人提供帮助，以显示出自己的能力，也希望得到他人的肯定，所以常表现出善良和乐于助人的品质。在班级活动中，在很多需要出力和比较脏乱的整理工作中，往往能看到学习困难儿童的身影。"尺有所短，寸有所长"，每一个学习困难的孩子都会用自己独特的方式与这个世界建立联系。

（三）认真、执着，不言放弃

面对不够优异的学习成绩，很多教师和家长都会认为学习困难儿童的学习态度有问题，实际上我们调查发现，学习困难儿童在学习上花费的时间和精力比普通儿童多得多，可惜学习效果不尽如人意。当我们看到这些儿童追赶大家时，就不能忽视他们在学习方面的认真和执着，但是由于他们的知觉加工和学习策略方面的问题，导致成绩不够理想。充分认识和理解学习困难儿童的不言放弃，对正确看待他们的学习成绩以及寻找适合他们的学习方法会对他们的学习有所帮助，也会让教师和家长重新认识学习困难这一现象。

（四）其他方面的优势或强项

"天生我材必有用"，当我们面对不同特点的学生，一定要在心里时刻提醒自己"所有的儿童都将成为有用之才"。

学习困难儿童所体现出来的劣势，常常是我们用常规的方法考核得出的结果，这些方法符合大多数人的表达方式，这些知识点也是现代社会选拔人才的规定内容，但并不一定适合所有儿童，这让我们在考核方法和教学内容上有新的思考。

首先，考核方法比较单一。长期以来，我们都选用笔试为主的考核方式，很多重大考试都是采用试卷进行考核。在实践中我们常常发现，很多学习困难的儿童并不是像采用传统考核方式评价出来的那么差，换一种考核方法，这些儿童的能力就会展现出来。例如，让阅读障碍的儿童采用口试的方法，考数学时给他读出题目，他们的表现同样很优秀。

其次，人的能力体系包括多个领域，当一名儿童在数学方面存在困难的时候，并不影响他在语文或文字方面的学习；当一名儿童阅读困难出现之后，数学的学习或技能的学习也将会成为他认识世界的主要领域。

所以，发现学习困难儿童的优势和擅长领域就成为教师和家长需要关注的重要问题。

第三节　学习困难儿童的鉴别与评估

一、学习困难儿童鉴别与评估的标准

目前对于学习困难还没有一个完全统一的定义，因此对于学习困难儿童的鉴别和评估也有不同的标准。美国《残障儿童普及教育法案》采用三重标准来

对学习困难儿童进行鉴别和评估：一是学习潜能和实际学业成就之间的差距，二是排除由外在因素所引起的学习困难，三是参考特殊教育的标准。

我国台湾地区对学习困难儿童的鉴别与评估标准也有三条：一是智力正常；二是个人内在能力有显著差异；三是注意、记忆、听觉理解、口语表达、阅读、书写、算术、推理、动作协调等某一个或某几个方面有明显的困难，且经评估后确定为一般教育所提供的教育和辅导没有明显效果的学习困难儿童。

我国大陆目前还没有统一的、广泛认可的鉴别学习困难儿童的标准，根据学习困难儿童的定义来看，鉴别学习困难儿童主要依靠成就差异模式作为标准来进行，即将学业成就与学习潜能之间的显著差距作为主要判断标准。

二、学习困难儿童鉴别与评估的原则

（一）客观性原则

客观性原则指的是，要根据客观情况对学习困难儿童做出鉴别，要采取科学的方法收集客观事实，在此基础上做出判断，而不能仅仅依靠教师或家长的主观观察和描述就下定论。我们需要使用标准化的测量工具对儿童的各个方面进行测验，因为一般标准化测验在编制过程中对各个方面的误差进行了严格的把控，而且经过了反复试测和修改，各项指标都比较符合测量学要求，具有较高的信度和效度，使用起来比较可靠。然后再结合儿童的长期表现、任务分析、访谈、参与活动等对儿童进行全方位的评估，了解其在各方面的稳定表现情况，再做出初步的判断。在此过程中，要尽可能摒弃主观推测，保证鉴别工作的客观性。

（二）全面性原则

全面性原则指的是，在对疑似学习困难学生做出判断时，要尽可能全面地搜集事实和信息。除了搜集能直接表现学习困难的数据和信息之外，也要搜集有可能导致学习困难的相关因素的信息，这样做出的判断则会比较可信。在面对学习困难儿童时，首先要搜集儿童的个人基本情况信息，如父母学历、职业、素养、教养方式；儿童出生史、伤病史、身心发展状况、认知能力、行为特征、个性特征、社交状况；学校环境、班级环境、学习状况；等等。

（三）排他性原则

排他性原则指的是，鉴别学习困难儿童时要注意区分其学习问题是否由于其他问题所导致，如智力障碍、感官残疾、行为问题、情绪问题、个人感情、营养不良、缺乏学习机会等外在原因，还是由于个体内在的，并推测是由中枢神经系统障碍所引起的，并通过日常生活表现出来。因为外在因素不是导致学习困难的直接原因,因此我们在鉴别学习困难儿童时一定要注意区分,排除外在因素。

(四)教育性原则

教育性原则指的是,对学习困难儿童的鉴别,其出发点是为了进行教育干预。对学习困难儿童的鉴别,不是为了给学习困难的儿童贴上标签,而是为了在研究清楚学习困难的原因的基础上,为其提供教育干预措施。因此,在鉴别过程中,不仅要关注测验的结果,更要关注测验的过程,从过程中发现学习困难儿童的问题和优势,扬长避短,确定干预措施,来帮助学习困难儿童,这才是最重要的。

(五)动态性原则

动态性原则指的是对学习困难儿童的观察、测评和鉴定是一个动态的、持续的过程,要根据新的情况随时调整鉴别结果,而不能单靠一次结果就下定论。在这一过程中,鉴别要与干预相结合,根据鉴别的结果确定干预措施,再根据干预的结果,进一步改进鉴别方法,以期获得更准确的结论,从而完善教育计划。

(六)差异性原则

差异性原则一方面指的是学习困难儿童本身的智力能力和学业成就之间存在的巨大差异,这也是进行学习困难鉴别的基本条件之一;另一方面指的是学习困难儿童群体内部个别差异也非常大,在鉴别的过程中要根据学习困难儿童自身的特征做出判断,不强调共性特征,而要关注个体的内在差异性。

三、学习困难儿童鉴别与评估的内容

(一)智力测验

智力正常是学习困难儿童的一项基本特征,因此要鉴别学习困难儿童,首先要进行必要的智力测验,以鉴别儿童是否处于正常的智力水平。常用的智力测验有:瑞文标准推理测验、韦克斯勒智力测验、中国比奈智力测验、托尼非语文智力测验等。这里介绍一下最为常用的韦克斯勒儿童智力量表。

它是由美国心理学家大卫·韦克斯勒(David Wechsier)编制的,是适用于 6~16 岁儿童的智力测验工具,简称 WISC,是当今国际心理学界公认的已被广泛运用的个别智力测验量表。量表共有 12 项分测验,分为语言量表、操作量表两大部分。语言量表由常识、类同、算术、词汇、理解、背数 6 个分测验组成;操作量表由填图、排列、积木、拼图、译码、迷津 6 个分测验组成。其中,背数和迷津是补充测验。每项分测验均单独记分,并可在记分纸封面 WISC-R 个人能力分布（剖面图）上标绘出来。这张图有利于形象直观地显示学生在测验中哪些方面较强，哪些方面较弱。语言量表、操作量表和全量表均可分别求得智商分数。这样更有利于正确地评定智力，这在其他量表中不大可能做到。我国心理学家林传鼎、张厚粲等对韦克斯勒儿童智力量表进行了翻译和修订，于 1981 年正式确定了中文版内容。量表包括言语和操作两大部分，每部分又按题目类型分成多种分测验。在施测中，言语部分和操作部分的各个分测验在顺序上是交替进行的。从测验结果看，除能测出被试在全部量表上的智商外，还可分别测出言语智商和操作智商，一些分测验也可以用来测验学生的精神和情绪是否正常。

（二）标准学业成绩测试

这一测验可以准确客观地反映出儿童学习的情况。西方国家常用的是加利福尼亚学业成就测验、斯坦福成就测验、伍德科克－詹森学业成就测验等。我国也有学者编制了相应的测试，如华东师范大学心理系学修订了一套《学生学习成就测试》等，但还是有很多地方没有统一的标准学业成就测试，主要依靠连续一段时间内的期中、期末考试成绩作为参考标准，把低于平均值 2 个标准差作为学业成就困难的判断指标。

（三）心理测试

因为很多学习困难儿童都有不同程度的神经生理缺陷和认知能力缺陷，所以为儿童进行认知能力和神经心理过程评估也是非常有必要的。其中比较有代表性的就是伍德科克－詹森认知能力测验（简称 WJ-III COG）和发展性神经心理测验（简称 NEPSY）。

WJ-III COG 测量了七个广泛能力，包括标准测验（测验 1 到测验 10）和扩展测验（测验 11 到测验 20），每个分测验都测量了一个霍恩－卡特尔能力。

NEPSY 测验对象年龄范围在 5～12 岁，包括五大领域，分别是注意/执行能力、语音能力、感觉动作能力、视觉空间认知能力、记忆能力，共分为 14 个测验。

（四）非标准化阅读能力测试

有阅读障碍的儿童在学习困难儿童中占很大比例，对于阅读障碍的测试也可以安排非标准化阅读能力测试。测试方法是由教师安排从易到难的一系列阅读材料，观察儿童在阅读过程中出现的错误，是否有缺字、多字、吞音等现象，教师还要不断向儿童提出问题，以考查儿童是否理解阅读材料的内容。非标准化测验有一定的伸缩性，可以根据儿童的具体情况改变材料，对测试者也有较高的要求。

（五）真实性评估

真实性评估指的是，在有意义的学习任务中评价儿童对所学内容的掌握程度。首先要对儿童的学习活动进行系统的观察，然后根据儿童的能力给予特定的任务，评估其在真实情境下的表现。这种评估方法旨在为学生创设一个展示自我的平台，从而考核儿童在特定知识或者技能的学习过程中的完成情况。如果儿童没有达到一定的知识或者技能的掌握要求，那么允许他们不断改善和提高自己直到一个达到适当的标准。这种评估比客观性测试更能反映出儿童的进步程度。

四、学习困难儿童鉴别与评估的过程

（一）搜集基本信息

（1）儿童的早期经历，如母亲怀孕史、婴儿出生史、伤病史、身心发展状况、营养状况、语言状况、认知状况、社会性发展状况、教育史、特殊训练史等。

（2）家庭状况，如父母学历、经济水平、职业、家庭人口数量、居住条件、父母教养方式、亲子关系、家长行为、家长期望、家庭学习氛围等。

（3）学校情况，如学生上课情况、作业情况、考试情况、对学校和教师的态度、课外表现、有无偏科，教师对学生的关心程度、喜爱程度、评价情况、期望值，学生的同伴关系、是否在班级中受欢迎，等等。

（二）进行系统标准化测验评估

（1）智力测验。

（2）学业成就测验。

（3）心理测验。

（4）其他相关测验。

（三）做出诊断决策

以上这些工作都是为做出正确的诊断决策提供参考依据的。通过对这些资料和数据的收集、分析、论证、判断，从而对儿童学习困难的表现、特征、类型、原因等做出合理的说明。

（四）提供教育干预方案

最后一步也是最重要的一步，就是根据数据和诊断决策为学生提出教育干预措施，为制订教育计划提供依据。在提供教育计划建议的时候，要注意找出学生的优势和潜能，扬长避短，真正做到行之有效。

第四节 学习困难儿童的教育干预

一、神经功能障碍性学习困难儿童的教育干预

针对这一类型的学习困难儿童,主要的任务是采取相应的措施,改善儿童的脑功能,提高其学习和认知能力。

(一)感觉统合训练

感觉统合训练是最为常见的神经功能训练方法。这一理论认为,人体的运动、感觉与认知功能的发展是与脑成熟进程并行的。来自人体内外的刺激,经过感官接受,先由脑干承担主要统合任务,继而逐步由大脑皮质统合,发展学习能力。只有经过感觉统合,神经系统的不同部分才能协调整体运作,使个体与环境相适应,完成正常的学习活动。感觉统合训练各种感觉输入,鼓励学生对该感觉做出适应性反应,以改善大脑对该感觉的加工和组织能力,因而有利于增进神经系统的成熟,改善大脑功能,从而达到改善身体协调能力、提高学习能力等目的。因此,针对神经功能障碍性学习困难儿童,感觉统合训练是一种有效的方法。感觉统合训练包括听觉训练、视觉训练、触觉刺激训练、本体感觉刺激训练、前庭刺激训练等。

(二)作业疗法

作业疗法指的是根据儿童的功能障碍,有目的、有针对性地从日常生活活动、认知活动中选择一些作业,对儿童进行相应的功能训练,以恢复其认知能力、学习能力、语言能力等。作业疗法包括:手指灵活性和协调性训练、记忆训练、心理训练、思维训练等。

(三)3·3·3训练法

所谓3·3·3训练法,是以提高儿童的学习能力和综合素质为目标,有效开发大脑潜能,训练手、眼、耳、口、脑等各种学习器官功能,使儿童达到思行统一、德智体全面发展的一种训练方法。其智能学具由三种颜色(红、黄、绿)、三种形状(方、圆、角)、三种材料(铁、塑、胶)组成。3·3·3训练以3·3·3智能学具为桥梁,以3·3·3智能题型(实物题型、图阵题型、符号题型)为载体,对学生进行如下训练:身心基础训练、学习能力训练(包括环节训练、心理功能训练、解决实际问题能力训练)、社会适应性训练。

二、认知加工过程障碍学习困难学生的教育干预

针对这一类型的学习困难儿童,主要应该从认知干预的角度出发,结合儿童具体的缺陷表现来实施有效的教育干预,对其存在障碍的方面进行认知能力训练,以达到提高儿童具体认知能力的目的,进而提高其学习能力。

(一)针对注意问题的教育干预

(1)合理安排教育环境。

(2)适当增加或减少刺激。

(3)注意力训练。

(4)可以用药物辅助治疗。

(二)针对知觉问题的教育干预

知觉训练主要是从教师或心理治疗师对儿童知觉缺陷的训练入手,提高其知觉认知能力,训练的方式主要是通过让儿童在有目的的游戏过程中来达到训练的目的。

(1)视觉训练。可以从视觉分辨、视觉协调、方向性及"图形—背景"的区分等训练内容来展开,目的是提高儿童的视知觉能力。

(2)听觉训练。可以从听觉感受能力、听觉注意能力、听觉辨别能力等方面展开。

(3)触觉训练。主要让儿童通过触摸和抚摸练习来提高触觉能力。

(4)"知觉—运动"训练。主要通过让儿童参与活动来达到训练的目的,包括大肌肉的运动技能和精细动作技能等方面的训练。

(三)针对记忆问题的教育干预

记忆障碍学习困难儿童的教育干预的理论基础是从训练儿童的信息获取能力、信息储存能力和信息提取能力出发,来提高儿童的记忆水平。针对记忆问题的教育干预也是以这一理论为基础展开的。具体方法如下。

(1)确定记忆对象和内容。

(2)教师提出记忆的要求。

(3)帮助儿童组织记忆内容。

(4)呈现记忆内容。

(5)选择复述策略。

(6)帮助儿童学会自我监控。

(四)针对思维问题的教育干预

对学习困难儿童的教育应着重放在多渠道、多感官的综合训练中。在干预

中，主要是在教学的过程中注重对这些儿童思维能力的培养，并辅以增强其思维能力的具体训练方法，主要集中在对儿童的演绎推理、归纳推理、逻辑推理及会聚性思维和发散性思维等思维形式的培养上。

（五）针对元认知问题的教育干预

元认知对多种认知活动都有着广泛的影响，因而应注重对学习困难儿童元认知的教育训练，让儿童学会如何控制自己的注意、记忆和思维活动，学会如何学习，这对解决元认知问题、提高学习效率有着非常重要的意义。具体方法如下。

（1）激发儿童的学习动机，培养儿童的元认知意识。

（2）进行策略性知识的教学，交给儿童多种完成任务的策略。

（3）积极创设问题情境，让儿童选择合适的策略解决问题。

（4）在思考问题和解决问题的过程中，培养儿童对自己思维过程的监控能力。

（5）逐步从教师为主体的反馈转化为儿童自己为主体的反馈。

（6）元认知训练应与其他认知能力的训练相结合。

三、学业性学习困难儿童的教育干预

学业性学习困难儿童主要分为阅读障碍和数学学习困难两种，接下来我们主要针对这两种类型的儿童探究一下如何进行教育干预。

（一）阅读障碍的教育与干预

由于阅读障碍儿童总体的异质性，其背后一定隐藏着一种甚至多种形成障碍的原因，因此我们应该根据不同原因，利用不同的教育干预方法来帮助不同类型阅读困难儿童。

1. 字词解码障碍的教育干预

（1）语音意识训练法。常用的语音意识训练方法有音素分割、音素组合、音素分辨、音素转换、音素删除等。

（2）形音对照训练法。常用的形音对照训练方法有合成式语音法、分析式语音法、类推式语音法、看字读音语音法等。

（3）单词认读训练法。常用的单词认读训练法有解码训练、类比训练、预测训练、记忆训练等。

2. 阅读理解障碍的教育干预

有一些儿童的阅读困难表现并不在解码障碍上，而在于理解障碍。对于这一类儿童，他们更需要的是理解策略的训练，包括一般认知策略、理解监控策略、读懂文章结构知识等。因此，策略教学对阅读理解障碍的儿童十分有效。

（1）组织策略。组织策略就是通过线条、箭头和空间组织结构来描述课文内容、结构、关键概念和关系等。它包括语义特征分析、语义地图、认知地图、框架结构、故事地图等。组织策略能提供一个有意义的框架，让儿童把已有的知识和新知识联系起来。例如，使用故事语法帮助学生组织、分析并记住故事内容。组织策略最重要的就是确定故事的基本因素，如人物、时间、地点，故事的起因、经过、结果等信息。

（2）问题产生策略。问题产生策略就是在阅读时使读者产生并回答相关问题，最终使他们能有策略地监控自己的阅读理解过程。这样可以更好地帮助阅读理解障碍儿童把信息整合起来，监控理解过程，积极参与到信息加工的过程中，确定并抓住文章的重要信息。如果儿童自己无法完成，那么教师应当给他们提供一些程序性的提示，还可以根据儿童的技能和材料的类型，调整提示的难易水平。主要步骤如下：在开始阅读之前，要提示儿童认真快速地阅读文章，之后要产生问题并进行回答，问题要与主要内容相关；在阅读过程中要提醒儿童进行自我提问，注意故事的时间、地点、人物等关键信息；进行二次阅读或多次阅读；对儿童的错误进行纠正，并给予及时性的和具体的奖励和反馈；阅读完之后让儿童来回答相关问题；让儿童适当地回顾问题和答案，思考问题和答案给自己提供了什么信息，以及如何使用。

（3）自我调节策略。主要包括以下步骤：描述目标策略，说明策略实施步骤以及讨论为什么使用这些策略，何时实施，在哪里实施；激活背景知识，概括以前了解的有关学习目标策略的知识；回顾现在的成绩水平，让儿童知道自己现在的水平，并重申使用策略的必要性；示范策略和自我指导，给儿童示范如何使用策略；合作性的练习，给儿童提供机会练习使用策略和自我陈述，监督学生的进步，并在必要时给予重复解释和示范；独立练习和掌握，在儿童了解策略步骤后，让每个儿童使用目标策略和自我陈述，并继续给予指导、强化和反馈，并逐渐撤去帮助直到儿童在没有帮助的情况下能熟练使用策略；概括总结，和儿童讨论使用策略时要注意的问题，还要给儿童提供不同类型的材料让他们进行练习，使儿童更灵活地掌握和使用策略。

（4）同伴指导策略。同伴指导就是让同伴儿童作为在学校中困难儿童的指导者。指导者通过对同伴的解释和示范可以加强学习效果，而被指导的同学也会从一对一的指导中受益。使用这一策略需要注意的是，指导者本身必须具有良好的沟通协作能力，教师也要适当地提供指导和反馈。

(二)数学学习困难的教育干预

1. 工作记忆干预策略

(1) 针对数学学习困难学生的语言特点设计教育干预。数学学习困难的儿童在进行算术认知的时候容易忘记部分计算结果,或是忘记前面呈现出的信息,可以根据其认知特点,给出同步的语音或文字提示。另外,也可以把复杂的教学材料按意义分段,分步骤呈现,这种方法专门针对数学学习困难儿童无法同时进行复杂的认知加工的现象,在教学中可以把一个完整的材料意义分割成更小的单位,在学习过程中每相邻两个单位间有一个时间间隔,以方便学习者有足够的时间进行深加工。当其认为自己已经掌握并理解所加工的内容后,再呈现第二个单位的内容。这种方法的实施最好由学习者自己控制停留间隔的时间,这样不仅能够适应不同学习者的认知水平,还可以运用触觉加强学习的真实感,以提高儿童的学习兴趣。

(2) 针对数学学习困难儿童的视觉空间模板特点设计教育干预。数学学习困难的儿童在复杂的算术认知中,需要在学习当前内容时要更努力回忆上一步骤的结果,导致注意分散。这种教学策略通过多媒体在同一界面呈现所有的解题步骤,帮助数学学习困难儿童减轻工作记忆负荷,以增强进其学习效果。另外,还可以利用动画等形式,对计算的位数进行标记,对有视空间认知障碍的儿童用直观形象的方式呈现教学材料,或者用语音的形式提醒数学学习困难儿童,以提高其对数字或符号的辨别能力,减轻其认知负担。

(3) 针对数学学习困难儿童的中央执行系统特点设计教育干预。在教学中应尽量消除多余呈现,减少无关信息的干扰,呈现材料时应尽量简洁,减少一切与当前学习不直接相关的影响注意资源分配的因素。另外,在数学学习中,可以用符号标示法帮助学习者选择和组织材料,减轻认知负荷,如在应用题解决中,用下划线来标出题目中的关键词,使学习者能集中注意力。

2. 元认知干预策略

元认知是对认知的认知,元认知能力包括元认知知识的掌握和元认知监控能力。

(1) 在数学教学中渗透元认知知识。首先,应主动引导数学学习困难的学生自我分析对数学的看法、态度,反思自身在数学学习中的长处和不足;其次,帮助儿童了解数学认知目标和认知任务;再次,在数学认知过程中,根据认知任务及目标的特征,认识到要完成认知任务或达到认知目标有哪些可用的策略以及如何应用这些策略。通过教学让儿童明白怎么学,怎么掌握各种学习策略,并学会加以利用。

（2）在数学教学中培养元认知监控能力。让数学学习困难儿童学会制订学习计划，并在学习活动过程中学会不断检查、反馈和评价学习活动进行的各个方面。另外，在课堂教学中，教师应有意地提出自我监控的问题让学生回答，通过及时评价引导学生自我监控。教学中还可制订自我检查评价表，指导学生定期填写，以便有效地培养学生的元认知监控能力。

3.问题表征干预策略

通过大量学者对问题表征干预策略的研究，我们发现，在数学教学中，教师应开发学生的表征能力，鼓励学生多用图式表征，尤其是对于中等难度的题目，可以尝试让数学优良生示范解题时使用的正确的表征方式。此外，解决数学问题时的表征包括图示（画图表、分层次、做结构图等）、具体操作、言语表征等，其中很重要的一点是指导学生辨别问题中各种成分之间的关系，学会选择正确的表征方式。

四、社会性发展不良学习困难儿童的教育干预

社会性发展不良学习困难主要包括社会认知不良、社会交往不良、社会情绪不良、社会行为不良四种类型，下面我们来逐一探讨一下不同类型的干预方法。

（一）社会认知不良学习困难儿童的教育干预

社会认知是学生社会性发展的内部动力，自我概念是社会认知的核心。因此，我们应该从培养学习困难儿童建立积极的自我概念入手，来发展社会认知不良学生的自我概念。

1.后团体赞赏效应

个体在顺利参与并完成某一团体任务后，会产生一种愉悦的感觉，这种现象即为后团体赞赏效应。我们可以据此设计一系列课程标准，用于改变个体的自我概念。在帮助学习困难儿童建立积极自我概念的过程中，家长和教师要努力帮助儿童体验到成功感。因为失败和成功的经历会影响自我概念的水平。教师和家长要为儿童提供和创造一些成功的机会，尤其是在学业成绩上的成功。取得好的成绩不仅会给他们带来愉悦和兴奋的积极情绪体验，将成功归因于自我的努力和能力，还能够得到教师和家长的赞许、同学的羡慕，从而使儿童产生积极肯定的自我体验，提高自信心和自尊心。此外，教师和家长还可以鼓励学习困难的儿童积极参加能发挥他们优势和特长的活动，让他们能更多地体会到成功和被赞赏的乐趣。

2. 动机训练

动机训练有两种主要的方法：一是引导个体在预先设定好的领域获得较高的成就。引导过程中，要注意培养个体的特定技能和能力。二是帮助个体形成追求成就的态度与倾向。多个研究表明，动机训练能够提高儿童的深层成就动机水平和自信心，有助于提高儿童的学业成绩。

3. 归因训练

儿童的归因倾向有积极和消极两种。凡是将成败因素归因于自己的责任的（如我努力了没有），其在心态上是比较积极的。而凡是将成败因素归因为外部因素或者自身不可避免的因素的（如我太笨了、这次考试太难了），其在心态上是比较消极的。我们把前者称为求成型儿童，把后者称为避败型儿童。喜欢追求成功的儿童一般都相信自己能够应付学业挑战，即使暂时有了失败的体验，但是并不把自己的能力视为失败的原因，而是把成败的原因归结于个体是否努力。而关于逃避失败的儿童，对于应付困难缺乏足够的信心，将失败倾向于归因于能力不足，或任务太难，将成功归因于运气较好，或任务简单。这一类型的儿童极易产生习得性无助感，在面对挑战时总是产生消极的心态，即使面对再简单的任务也鼓不起尝试的勇气，长此以往，将会对儿童的学业水平，甚至人格发展产生极为不利的影响。研究表明，对中小学生进行积极的归因训练将有助于提高其成就动机水平，还可以提高个体的自信心，有效改善其学习困难的现状。

（二）社会交往不良学习困难儿童的教育干预

1. 发展良好亲子关系，营造和睦家庭气氛

（1）家长要运用合理的教养方式。权威专制型、放任型、冷漠型的家庭教养方式都会对学习困难儿童的行为产生不良的影响，带来恶性循环。而民主型的、温暖的教养方式可以在某种程度上减少儿童学习困难的问题。学习困难儿童的家长要经常与孩子进行沟通，增加感情交流，营造民主和谐的家庭氛围。在对孩子的教养方式上，一方面以温暖教育为主，不要因为孩子的学业成就低就加以指责，否定孩子的能力，要多给孩子一些肯定、鼓励和表扬，使孩子向父母期望的方向发展。另一方面，家长也不能过分溺爱，完全不加管教。

（2）家长要正确看待孩子。家长要正确认识到孩子身上有优点也有缺点，要学会用欣赏的眼光看待孩子，不断激励孩子，增强孩子的自信心和自尊感。对于孩子的不足之处，帮助孩子找出原因，分析原因，倾听孩子的心声，理解尊重孩子的感受，帮助孩子寻找解决问题的方法，鼓励他们努力上进。及时强化孩子的优点和长处，增强孩子的自信心。

（3）家长要保持良好的家庭关系。家庭关系和家庭环境是孩子成长的基础。良好的家庭环境、和谐的家庭关系有助于培养孩子的学习能力以及基本的社会交往技巧。

2.增强社会技能，改善同伴关系

同伴关系是学生的重要社会关系之一，提高同伴关系要从提高学习困难儿童的社会交往技能入手，进行系统的社会交往技能训练。学习困难儿童的社会交往技能训练主要包括基本交往技能训练、情绪情感表达和控制技能训练、社会关系技能训练、课堂交往技能训练、决策与问题解决技能训练和冲突管理技能训练等。具体方法如下。

（1）六步教学法。教师根据固定的教学时间和安排，以课堂教学的形式将社会技能有计划、系统地传授给学生。每节课传授一种社会技能，学生像学习其他课程内容一样，在教师的指导下学习人际交往知识和技能。每种社会技能都有相关的行为目的、使用步骤、教学策略和评定活动。具体包括展开讨论、模仿示范、言语练习、角色扮演、技能应用、评估总结。

（2）隐形课程法。隐形课程法是指针对学习困难儿童判断力缺乏和情感识别能力缺乏的特点，促进他们对所处的社会交往情境的领悟，并根据交往情境的特点选择合适的社会行为的团体训练方法。这种方法比较重视向儿童传授社会技能的具体步骤，也注重将社会技能与各种交往情境相对应。具体包括：了解儿童所在学校的规则、评价儿童对规则及有关知识的掌握和理解程度、指导儿童认识各种情境对行为限度的要求、帮助儿童分辨学校的各种情境以及每种情境中他人能够接受的行为，使行为与具体情境相匹配。

（3）社会解析法。这是一种矫正儿童人际交往行为的及时有效的训练方法。具体来说，就是教师与学生共同分析学生错误的社会交往行为，找出问题产生的原因，并设计一系列有效的替代策略。学生按照正确的交往策略及相应方式进行新的交往活动。它通过分析具体的交往行为，使学生认识自身的社会行为与环境及他人的关系，帮助学生识别交往行为的特征，掌握正确的交往策略，并在以后的交往活动中避免同类错误的出现。这种方法能够有效促进学习障碍学生社会技能的发展，提高其处理人际问题的能力。

3.改善师生关系，发挥教育潜能

（1）教师要更新教育观念，尊重每一位学生。

（2）教师要积极实施鼓励性评价。

（3）教师要注重和学生进行心理沟通。

（三）社会情感不良学习困难儿童的教育干预

1. 提高学习困难儿童的自我意识水平，增强学习困难儿童的自信心

儿童的自我意识水平与父母的态度之间有很大的关系，父母的理解和支持可以增强学生的自我意识，而父母的惩罚、拒绝、否定等消极的教养方式则会减弱孩子的自我意识。中小学生正处于自我同一性发展的重要时期，而学业成绩又是此阶段学生取得社会认可、树立正确的自我意识的重要因素，因此学业成绩不良的儿童已经处于自我意识发展的不利地位，如果父母采取不当的教养方式，那么更不利于儿童自我意识的正常发展。对学习困难的儿童来说，只有支持鼓励、宽容理解的积极态度，才能够促进他们的自我意识健康稳定地发展。

2. 增强学习困难儿童的积极情绪、情感体验，提高儿童耐挫能力

有调查显示，学习困难儿童的社会支持度明显低于一般儿童。而社会支持度对维护良好的情绪和情感体验有着积极的重要的意义。我们应该从积极的角度界定、接受和理解学习困难儿童，承认学习困难儿童的智慧和能力，建立和谐关系，帮助他们在困难面前能够保持积极、乐观的态度。这样，学习困难学生能够与同伴之间关系融洽，在需要时善于寻求同伴和社会的支持。帮助学习困难儿童提高其应对挫折的素质，社会、家庭、学校的支持将有助于减轻其孤独感。

3. 运用心理疗法，帮助儿童克服情感障碍

认知疗法是缓解学习困难儿童的焦虑和抑郁最常用也是最有效的心理疗法。这种方法可以引导学习困难儿童进行正确归因，提高他们为改变自身状况而努力的积极性。另外，放松疗法和系统脱敏疗法对于治疗学习中的情绪不良和情感障碍也比较有效果。

4. 通过家庭干预，改善家庭环境

家庭环境也是影响学习困难儿童心理问题的一个重要因素，改善家庭环境可以有效地减轻或改善学习困难儿童的抑郁表现。应通过改善家庭环境，提高父母自身的心理健康水平，增加家庭成员之间的融洽、和谐程度，为学习困难儿童创造一个温馨健康的家庭环境。

（四）社会行为不良学习困难儿童的教育干预

1. 转化不良行为习惯，提高儿童交往技能

学习困难儿童的社会行为不良问题会对其心理健康和社会适应能力产生影响，也会进一步加重其学习困难。行为问题的出现受多种因素的影响，如亲子关系、师生关系、同伴关系影响等。其中，家长对子女的理解、接纳和关心可以起到重要的作用。家长对子女做出合乎实际的期望，并参与其活动，子女的

行为会表现出独立自信、社交能力强、为同伴所欢迎等特点。家长和教师要帮助儿童形成良好的日常生活行为习惯、社会行为习惯、学习行为习惯，为儿童创设良好的被接纳与尊重的环境，逐步改善其不良行为。

2.帮助学习困难儿童塑造良好个性

不良的意志品质是儿童产生学习困难的原因之一，学习困难儿童往往认为自己能力不够，不会学习，做事没有稳定性和持久性，遇到困难就退缩，对自己的行为缺乏控制和管理能力，容易被外界的无关刺激所干扰，导致缺少成功经验，缺乏必要的自信心。家长和教师要多关心、鼓励学习困难儿童，使之树立自信心。鼓励他们积极面对困难，鼓起克服障碍的勇气，使他们懂得怎样去克服困难，还应该多给他们独立做事的机会，以提高他们的社会交往能力。

3.运用心理疗法，帮助儿童克服行为问题

（1）行为矫正法。行为矫正法是采用行为矫正技术对学习困难儿童的各种行为问题进行矫正和干预，它可以帮助儿童纠正对知识和抽象概念的误解或偏差，减少攻击性行为，强化良好的行为。具体包括选择所要矫正的行为即矫治目标、确立所要达到的新目标、强化新的可接受行为、选择合适的强化物。行为矫正的方法包括正强化法、负强化法、惩罚、示范法、行为契约法等，在此不再赘述。

（2）认知干预法。认知干预指的是临床心理领域提出来的，通过认知途径对人的心理问题进行干预的认知改变技术。因为认知是客观条件或外部刺激与个体情感和行为的中介因素，是造成个体情感和行为等诸多心理及行为问题的重要原因，因此要解决心理及行为问题就必须以个体的认知，主要是认知方面的偏差和失调为干预的对象和切入点。

本章小结

本章主要介绍了学习困难儿童的定义、特征、分类、成因，以及根据不同的类型，如何对学习困难儿童进行评估，并制订相应的教育干预措施。学习困难的概念源于教育学，最初关注的是儿童的智力问题。1904年法国教育部委托 Binet 等人首次编制了智力测验，用于甄别智力低下的儿童。近30年来，精神医学、教育学、心理学专家从各自的专业角度对儿童学习困难进行了大量的研究。一般而言，有学习困难的人的智商都是正常的，甚至有时候超越常人，但偏偏一些普通人认为是很简单的事情，他们却要付出巨大努力仍难以做到。当普遍认为简单的事情变得艰巨，对患者就会造成深远的负面影响。他们的自信会大幅度降低，挫败感会使他们变得孤独或离群，从而产生烦恼、沮丧等情绪。

参考文献：

[1] 赵微.学习困难儿童的发展与教育[M].北京：北京大学出版社，2011.

[2] 钱在森.学习困难学生教育的理论与实践[M].上海：上海科技教育出版社，1995.

[3] 朴永馨.特殊教育学[M].福州：福建教育出版社，1995.

[4] 方俊明.当代特殊教育导论[M].西安：陕西人民教育出版社，1998.

[5] PAUL H D. Learning and behavior problems of school children [M]. Philadelphia：W. B. Saunders Company, 1985.

[6] JANET W L. Learning disabilities：theories, diagnosis, and teaching strategies [M]. Bosten：Houghton Mifflin Company,2003.

练习题：

1. 学习困难儿童的主要特点有哪些？
2. 怎样理解神经功能障碍性学习困难？
3. 认知加工过程障碍学习困难主要有哪些特征？
4. 怎样诊断与评定学业性学习困难？
5. 如何针对不同类型的社会性发展不良进行教育干预？

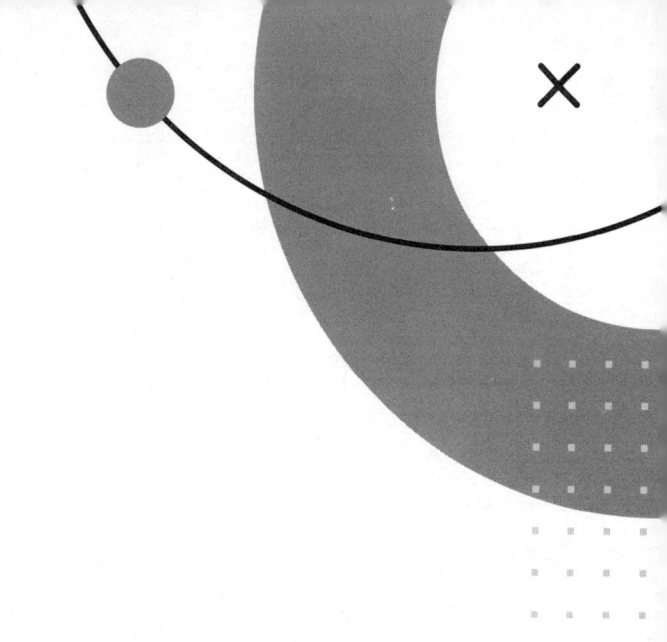

第七章 超常儿童的教育

第七章 超常儿童的教育

案例：

张某某是中国年龄最小的大学生、硕士生和博士生，他在学业上创造的多个"年龄最小"至今无人能破，被誉为"神童"。

1995年，张某某出生于辽宁省盘锦市，2岁半时就曾在3个月内认识了一千多个汉字，上小学后"连跳四级"，用2年时间读完小学进入初中。初三时，老师反映他在课堂上坐不住，于是父亲把他接回家自学，半年后进入盘山县高中直接读高三。10岁那年，张某某参加了高考，最终以超越二本线近50分（总分505）的成绩被天津工程师范学院录取，成为全国闻名的"超级天才"。13岁时，张炘炀通过了北京工业大学的研究生复试，16岁成为北京航空航天大学的博士生。

他在学业进程中创造的一个又一个的学业奇观令大众赞叹，而他在硕士期间的一些不合适的言行也让媒体哗然。读博8年，张某某在繁重的课程和助教工作中感受到了压力，多次跨越式的升学造成他的基础知识不牢固，即使在他擅长的数学领域，连换几个研究方向仍没有突破性的成果。他的导师曾坦言"张炘炀的优势仅仅在于年龄上，社会上的媒体言论会束缚他的成长和进步，同时会让他迷失方向"。

20多年的光阴里，张某某有惊人的升学奇观，但没有童年的惬意和乐趣；有超常的天资禀赋和学习能力，但没有卓越的学术成就。心智和社会性的不匹配使成年后的张炘炀内心孤独、渴望认可，他的经历应引起全国超常教育工作乃至整个教育界的反思。

问题聚焦：

1. 超常儿童的特殊教育需求。
2. 超常儿童在融合教育中的发展状况。
3. 融合教育中超常儿童的支持与发展。

第一节 超常儿童概述

超常儿童亦称天才或资赋优异的儿童,作为在智力或特殊才能方面区别于普通儿童的一个群体,从古至今一直受到人们的关注。在古代,这类儿童被称为"神童",认为他们是"天降神赐"的。20世纪,西方国家将智商在140以上的儿童确定为超常儿童。不同的时代、不同国家的不同学者对这类儿童有不同的称呼和鉴定视角,对超常儿童的研究内容和结果也在不断变化和发展。

一、超常儿童的概念

几乎所有的国家和地区都将行为学方面的表现作为识别超常儿童的重要指征,如学得多、记得快,解决问题能力强,与其他同龄儿童相比较早呈现出类拔萃的能力和才智。在界定上,智商水平始终是衡量天赋优异儿童的重要标志,我国心理学家将"超常儿童"界定为智能显著高于同龄常态儿童发展水平或具有某方面特殊才能的儿童。但随着智力研究的深入和认知理念的变化,学术上对超常的界定不再仅仅以IQ值作为单一标准,在一般智力之外,对创造性和高水平动机的重视程度也越来越高,20世纪90年代后对超常的界定也引入了成就智力的概念。成就智力是指个体的智力由学业智力(分析智力)、创造智力和实践智力三方面组成,单靠学业智力不能在现实生活中获得成功,超常儿童即在学业、创造和实践智力三方面协调、平衡发展的儿童。具体而言,超常儿童的界定需要考量以下内容。

(1)超常儿童是儿童中智慧才能优异发展的一部分,在群体分布上是相对常态儿童而言的,他们与大多数智能中等的儿童之间虽有明显的差异性,但又有共同性,他们之间没有不可逾越的鸿沟。

(2)界定超常儿童的智能标准不单纯是先天禀赋,而是在教育和环境影响下发展起来的人的聪明才智的总和。先天素质虽然为超常的智能提供了某种可能性,但需要适合的教育和环境条件才能成为现实。所以,超常的智能是可能性与现实性的统一。

(3)超常智能是稳定的,但也是发展变化的,它不是固定不变的预测终身的指标。随着儿童年龄的增长,超常儿童的智能可能加速发展,也可能停滞甚至后退。这取决于儿童所处的社会环境提供的学习机会、教育条件,本人的个性特点以及主观的努力等多种因素。"小时了了，大未必佳"的例子古今皆有。这也说明了超常儿童接受专门教育的重要性和必要性。

（4）超常儿童的心理结构不仅限于智力、才能方面，还包括创造力和非智力个性特征方面。一般智力测验可以反映超常儿童在基本认知能力方面的卓越性，但无法评估其在视听或表演艺术等领域的才能或天赋。

综上，我们在界定超常儿童时不仅要考虑儿童在一般智力方面显著超越同龄儿童的表现，也要评估他们能力超常的智力结构、创造力、高动机、非智力因素、文化标准等方面的状况。

二、超常儿童的类型

近半个世纪以来，许多心理学和特殊教育的专家对超常儿童进行了广泛的、长期的追踪研究。在研究过程中，他们基本上都放弃了单一的智力型和学术型等狭义超常儿童的概念，超常儿童实际上并没有固定的类型，而是多种多样的。目前，研究较多的是以下几种类型。

（一）学业超常

在学业方面特别是理科方面表现突出的儿童一般来说都能在智力测验上得到高分。他们的阅读能力明显超过同龄儿童，甚至超过比自己大好几岁的儿童；他们的思维条理性好，因果关系明确；他们精细动作的发展也较早，手眼协调性好，能完成较精细的动作，而一般儿童可能要过好几年以后才能达到这样的水平；他们的好奇心强，好问，常常有问不完的问题，似乎什么都想知道，对自然界的各种现象尤其感兴趣；他们一旦学会认字，能够阅读，就会对各种科学书籍产生浓厚的兴趣；他们对自己所做的事总是信心十足、精力充沛，不知疲倦也不怕失败；他们还愿意独自钻研，喜欢自己摆弄一些小玩意儿；他们喜欢做一些别人认为难以完成的事情；等等。

对于学业超常的儿童，通常可以采用标准化智力测验，如韦克斯勒智力测验、学业能力测验等加以鉴别，也可以通过各科竞赛的方式选拔。例如，地区性或国际性的数学、物理、化学、生物和信息科学的奥林匹克竞赛等。

（二）技术操作能力超常

这些儿童在学校的学业不一定很突出，但他们常常从小就对泥塑、折纸等操作性活动感兴趣，能独立制作一些精美的手工艺品。他们的想象力丰富，富有创造性；喜欢拆卸玩具，也喜欢自己动手做玩具；喜欢自己修理玩具或其他机械，如钟表、手电筒或电动玩具等；对各种机械模型和零件等十分感兴趣，并常常喜欢收集和保存；对有关机器制造或技术发明方面的故事兴趣浓厚，常常能不厌烦地听上好几遍或连续听很长时间；喜欢读一些有关科学和机械制造方面的书刊以及喜欢做各种新的尝试；等等。

（三）听觉艺术能力超常

这类儿童的基本认知能力不一定很高，因此在一般性的智力测验中不易被发现，即他们在传统的标准化智力测验中并没有明显的超常表现，但他们在特殊智力测验中往往有高于同龄人的成绩，如音乐能力测验。在日常行为和学习中，他们通常有下列特征：节奏感很强，听觉敏锐，尤其对音乐的听觉很精确；识谱和记谱的能力很突出；对演奏有"天生"的好感；喜欢各种乐器并有持久的兴趣；从小就能安静地听各种歌曲、乐曲；听到熟悉的乐曲或歌曲时常表现出兴奋和激动，会情不自禁地低声附和；喜欢合唱或演奏；能用歌曲或音乐表达自己的感情；能演奏一种或多种乐器；对弹奏练习有浓厚的兴趣；动作舒展优美，感染力强；等等。

（四）视觉艺术能力超常

与音乐表演能力突出的儿童一样，视觉艺术能力超常的儿童在一般的智力测验中也不一定得高分，但他们具备以下特点：对物体的形状、空间关系、色彩等的认识发展较早；对外界物体能形成清晰的表象；喜欢用图形或画来表达自己的思想和感情；喜欢看画展；喜欢描绘自己熟悉的东西；很小就开始自己画意象画，而不只是模仿别人的画；在自己作画时对别人的打扰极为反感；喜欢画各种各样的东西，而不只是画固定的几种常画的物品；能欣赏或评价别人的绘画作品；绘画作品的立体感强，比例关系得当。

（五）组织才能超常

在用传统的智力测验鉴别超常儿童时，一个人的领导才能或领袖潜能是不能被测量的。事实上，领导才能没有被纳入传统的超常儿童的概念之中。但是，在现实生活中，一个人的领导才能显然与其他才能具有同等重要的意义。因此，"什么是领导才能""怎样鉴别一个孩子的领导才能""孩子的领导才能是如何发展的""如何培养孩子的领导才能"等问题对家长来说就显得非常重要了。

组织才能强的儿童往往能敏感地发现别人细微的感情变化；喜欢参加各种集体活动；能与其他儿童处好关系；受到其他儿童的喜欢和推崇；在游戏活动中常担任领导者的角色；能合理地组织其他儿童进行活动；常常能在游戏中提出一些合理的建议；性格热情慷慨，乐于帮助别的小朋友；在班级集体中处于同学们的榜样地位。

（六）运动才能超常

体育是一个非常广泛的领域，由于不同的体育项目所要求的素质和才能不一样，因此在考察儿童的体育才能时更需要具体情况具体分析，根据具体的项目评价不同的能力。

例如，篮球和举重都是体育运动的项目，但是篮球运动更适合身材高大的人，因为高大的身材有利于进攻和防守；举重则更适合身矮体轻的人，因为身体的重心越低对运动员越有利。

三、超常儿童的鉴别

人的才能是多方面的，社会对人才的需要也是多方面的。不同类型的超常儿童有不同的特殊天资和潜能，科学地评估和鉴别超常儿童，根据他们的资质与特长，提供最佳的教育条件是十分重要的。

超常儿童的鉴别最初仅通过智力测验来进行，把高智商作为鉴别的决定性指标。随着研究的深入，超常儿童的鉴定引入了脑功能检查、行为学观察、学业成就评估等方面的指标。在鉴定的程序上，我国研究者提出了如下步骤。

（1）见面会谈：了解有关儿童的自然情况、家庭情况和教育情况。

（2）初试：对儿童进行有关主要学科知识和能力的考查以及一般智力测查。

（3）复试：用专门的测查量表进行能力评定，对有特殊才能的儿童，则由相关专家评鉴其作品或表演能力。

（4）追溯成长历程：向儿童原学校或幼儿园教师了解其个性、表现。

（5）体检：对儿童身体发育的情况进行全面检查和评估。

（6）综合分析并提出结果，对初步确定是超常儿童的，或继续进行追踪研究，或建议其进入超常儿童实验班做进一步的观察。

第二节　超常儿童的特征

超常儿童的特点及其发展是世界各国心理学家和教育者共同关心的一个热点问题。我国研究者对超常儿童进行系统科学的研究和教育始于20世纪70年代，迄今已从认知能力（智力）、非智力个性特征等方面对超常儿童进行了较为全面的研究。根据查子秀等研究者对超常儿童的长期研究，超常儿童在认知、个性及社会性等方面具有如下特征。

一、认知方面的特征

（一）感知觉敏锐，观察力强

从追踪研究的个案材料来看：有的超常儿童2岁零2个月就能区别上下、大小、长短和左右方位；能辨别三角形、方形、圆形及长方形，能认出白、黑、红、绿四个基本色。东北的两位小书法家3岁时就能掌握2 000多个汉字，并能辨别汉字在读音和字形方面的细微差别，如偏旁部首、间架结构、形近字、同音字等。可见，超常儿童在感知方面很早就会表现出感知觉的敏锐度，知觉的目的性，观察的条理性、周密性较同龄儿童高出许多。他们善于从相同事物中找出不同，从不同事物中发现相同，具有较强的观察力。

（二）注意力集中，记忆力强

注意和记忆能力是个体信息加工的重要基础。超常儿童的注意广度和稳定性具有突出的优势，尤其是对他们感兴趣的事情。专心致志是他们早期普遍的心理行为表现，且专注的主动性和探究性较强，较少需要外在提醒或引导便能选择复杂性较高的活动和学业性较强的任务。

在记忆方面，超常儿童的工作记忆广度能够高于比他们大3～4岁儿童的平均成绩；在回忆量和记忆速度上也比普通儿童有明显的优势。同时，他们在记忆的组织策略及监控上比普通儿童有更好的发展。这为他们学业成绩的提高提供了卓越的认知基础。

（三）语言发展好，表达力强

语言是思维的载体，超常儿童的语言优势表现为语言能力发展超前，书面语言的发展与口头语言几近同步。

在口头语言的发展方面，超常儿童口头语言的发生时间早于普通儿童，且较早便出现词汇丰富、连贯、流利、完整的口语交流，语句的丰富性和复杂性有明显优势。

在书面语言的发展方面，超常儿童几乎2岁左右就能识字，不到4岁便能掌握2 000多个汉字。在大量识字的基础上，超常儿童4～5岁就开始独立阅读，且兴趣浓厚。阅读能力的发展为他们书面语言表达的发展提供了有效支撑，有的儿童四五岁时便开始练笔、记日记或写读后感，不到6岁就能写出300～900字的短文，语句通顺生动、层次分明、结构完整。

（四）思维敏捷，逻辑性和创造性强

思维是认知的高级阶段，超常儿童的思维优势表现为思维的速度、载体、灵活性、创造性等方面的突出。他们可以在相同时间内分析数量更多的概念与

判断，并能对复杂推理做出有效解释。当同龄普通儿童仍然以直观动作思维和具体形象思维为主导时，超常儿童则可以表现出准确的抽象逻辑思维，且复杂性不断提升。在学业任务中，超常儿童对基础知识、基本概念的分析深度和速度有明显优势，能主动发现概念和判断之间的内在联系，进而整理出逻辑关联并解决问题。他们对学科间的联系能力也很强，能综合多个学科的内容形成系统，在以主题或项目为中心的学习中对问题情境的分析广度和深度高于普通儿童。

此外，超常儿童在计算、数学推理、知觉推理等方面的表现也是遥遥领先，他们在各种思维测验中（如三种类比推理测验）不但得分高，而且速度要比普通儿童快 1～2 倍。

二、个性与社会性的特征

（一）社会性发展特征

超常儿童的显著特点是智力发展超常，但在他们的心理发展中，除智力因素外，非智力因素也起着重要作用，如个性和社会性。在文化价值观的影响下，越来越多的研究开始关注非智力因素在超常儿童心理发展及成就表现中的影响。结果显示，对超常儿童心理发展起主要作用的非智力因素主要有抱负、好胜心、意志坚持性、求知欲、独立性和自我意识等。

1. 抱负

抱负是指儿童具体的生活目的和奋斗目标，是激励他们奋发向上的动力。一般来说，在早期优异表现及其社会反馈的影响下，超常儿童往往更早树立远大且明确的抱负，他们在年幼时对未来的设想和志向并非只是简单的语言表达，而是对自己兴趣和能力具有相当的明确性和高期望。这种追求会成为他们早期学习的方向和动力，且随着年龄的增长成为激发他们保持探索精神的成就动机。

在环境和教育的影响下，超常儿童的早期抱负往往会更多地与国家社会的专业发展领域和技术创新联系在一起，并指引他们在每个发展阶段制订具体的行动目标和实现目标的计划，也成为他们克服困难、不断钻研的强大动力。

专栏·拓展阅读：

超常儿童的早期抱负与行动动机

1. 超常儿童的早期抱负表达

"列宁 9 岁上中学，我 9 岁也能上中学。"

"我也要像宁铂那样，13岁上大学。"

"少壮不努力，老大徒伤悲。我今方年少，理当展翅飞。"

2. 超常儿童抱负指引下的学习动机与成就

中国科技大学少年班一位学生在连续两次高考失利后，仍然没有放弃，坚持两年多的自学，看完了八九十本参考书，将"数理化自学丛书"深钻两遍，做了3 000道题，终于考取成功。而后，他又以优异成绩提前两年考取了天体物理专业的研究生。

2. 好胜心

好胜心是与抱负水平紧密联系的心理品质。没有好胜心的孩子，也不会有较大的进取心，他的抱负水平再高也难以实现目标；如果缺乏远大抱负，则会使好胜心缺乏动力、失去方向。学习上的争强好胜、互比互赛是激发儿童学习的"兴奋剂"和"强化剂"。超常儿童一般都有强烈的好胜心，有不服输、不甘落后、超越常人的进取心。他们非常喜欢带有竞赛性质的活动，在学习中表现出强烈的竞争意识。

超常儿童的好胜心与作为一般性格特征的好胜逞强之间存在区别。在学业成就上，超常儿童倾向于把学习成绩归因于可控制的因素，在学习上表现出更高的自信和达到预定目的的韧性。他们对自己的能力有比较清晰且客观的估量，并相信自己经过刻苦的努力能够达到预定目标。以这种心理特点为基础的好胜心能够使他们在学习活动中取得更大的成就。因此，超常儿童的好胜心具有更高的自觉性和更大的自我效能，能够较好地避免盲目对比、争强好胜可能带来的嫉妒、抱怨等消极心理和行为。

3. 意志坚持性

意志是人为了达到一定目的，自觉地组织自己的行动，并与克服困难相联系的心理活动。愈是能克服困难，向预定目标迈进，意志坚持性就愈好。普通儿童意志坚持性的发展速度并不是很快，其成熟水平也是在逐渐提高的，但超常儿童与之不同，在完成与智力相关的任务中，他们重复显示出远超于其年龄平均水平的意志坚持性，突出表现为他们在学习活动中更能主动克服困难、排除干扰、调动相关线索完成任务。

超常儿童的高意志坚持性还表现在他们对学习活动中遇到的困难很少回避，能克服困难、排除干扰、奋发学习。即便出现身体不适或疲劳，超常儿童也大都能坚持完成学习任务；对于不感兴趣的内容或心理压力，他们也能及时调整，坚持学习。

总之，超常儿童常常能在较长时间内保持旺盛的精力，坚持不懈地学习，还能排除干扰，克服困难，不断钻研。

4. 求知欲

求知欲的早期行为表现是爱提问，如学前儿童喜欢向成人不断地询问"为什么"，而超常儿童的求知欲在发展速度、强烈程度和发展水平等方面都远远超过同龄的普通儿童，这与他们的兴趣范围广泛和兴趣强度高有着密切的联系。超常儿童从小就表现出对周围事物的好奇心和探索的积极性，经常会提出一些即使是成人也难以回答的问题，这种提问正是求知动机的开端。许多超常儿童之所以能在1岁半到2岁时就开始认字、数数和运算，就是从兴趣指引下的求知欲开始的。识字阅读又进一步帮助他们开启了对数学、天文、地理、理化、文学、医学等方面的兴趣。很多超常儿童从小便"博览群书"，而且阅读的专注度很高，对知识的渴望度很强，甚至废寝忘食。这种广泛的兴趣和强烈的求知欲帮助他们拓展学识范围，不断获得信息，而知识掌握越多，也更加推动了新的求知欲的产生。因此，学习活动对他们而言成为一种有认知需要得到满足而产生情绪体验的活动，"获得知识已成为一种乐趣，而剥夺学习则是最大的痛苦"。

随着年龄的增长，超常儿童的兴趣和求知范围会逐渐趋于稳定和集中。例如，许多考入中国科技大学少年班的超常儿童，从初中开始，他们的中心兴趣就集中在数学、物理方面，进而成为他们后续的专业。

超常儿童的认知兴趣和求知欲不是单纯出于好奇，而是对事物奥秘、内在关联的探究动机，促使他们孜孜不倦地去学习、研究，以求发现本质，创造新知。因此，求知欲成了超常儿童不断地获取知识并使智力得以超常发展的巨大内在动力。

5. 独立性

智力活动的独立性表现为喜欢独立思考、不受暗示、不受传统束缚、经常会提出一些独到见解等特点。超常儿童智力活动的独立性非常显著。首先，他们具有超强的自学能力，有的四五岁就学完了小学语文和数学课本，有的七八岁自学完中学数学教材，有的十来岁就自学大学课本。尽管有成人的辅导，但超常儿童的高智力和独立性是他们学习能力强的重要内因。其次，超常儿童在学习、思考和解决问题的过程中不喜欢模仿现成做法，不爱因袭陈规，不愿按固定的模式去思考，喜欢别出心裁，与众不同，表现出较高的创造性。例如，对西安交通大学少年班进行调查发现，在解一道国际数学竞赛题时，超常儿童表现为不以解出答案为满足，而着力于探究解题的优化途径，最终提出9种解题方法，其中一种简便而又巧妙的独特解法使富有经验的数学老师也为之赞叹不已。最后，超常儿童在智力活动中的依赖性远远低于同龄儿童，他们不喜欢太多辅助和指导，不容易受人暗示，更多要求通过自己的努力思考、积极探索、多方操作，来达到目的。

6.自我意识

自我意识是儿童个性发展的重要指标，它包括自我认知、自我评价、自我体验和自我控制。超常儿童由于智力超常发展，知识丰富、意志力强，又有理想和抱负，因此他们常常表现出高于同龄儿童的自我意识和自我认知，能够正确地认识自己。在自我评价方面，超常儿童有较高的自我满意度，自信心较高。由于他们获得成功的机会比较多，因此自我体验常常是积极的、良好的，而且比较稳定。在进行智力活动的时候，超常儿童会有较强的自控能力。

随着年龄的增长，儿童的自我意识会逐渐分化为"理想自我"和"现实自我"。"理想自我"是指一个人按照一定的文化心理准则和社会要求对自己想成为一个什么样的人的总观点，即自己所设想的自我。"现实自我"是指当前实际发展所达到的水平的自我，即自我的现实。普通儿童的这种自我意识分化一般要到少年晚期和青年初期才开始，但是超常儿童往往在少年初期就开始了分化的过程，由于他们的智能卓越、成绩斐然，他们参与学习活动的时间和精力也多于普通儿童，这使他们在无形中失去了一些普通儿童常有的体验和经历，导致他们在自我意识分化阶段容易出现更为激烈的矛盾，如自我意识与日俱增，对理想自我的要求也不断提高，但现实自我的身体发展状况、生活能力和社会成熟水平还处于儿童期，两者的不匹配容易导致个性发展不平衡，出现"少年大儿童"角色。

经过及时而恰当的教育引导，超常儿童的自我意识发展不平衡能够得到良好的发展，他们对"现实自我"的认识会逐渐清晰、客观、全面、深刻，并根据社会规则和要求提高现实自我的综合能力，及时总结经验教训，顽强拼搏、不断进取，逐步调解和完善"现实自我"，缩短与"理想自我"之间的距离，以实现自我意识平衡。这个过程中，恰当的教育引导和环境支持是重要的因素。我们也看到有些超常儿童由于缺乏合适的指导而没有形成合理的自我意识，对"现实自我"的认识和评价过高，以致形成虚妄的判断，形成过高的"理想自我"，而两者的实际距离也不断扩大，形成强烈的反差，进而影响了其发展。

可见，脱离实际的自我评价会导致超常儿童难以承受跨越式学习带来的压力，在社会适应方面与同龄人脱节，"理想自我"与"现实自我"之间产生较大的不平衡，进而产生挫败感和孤独感，甚至引起过度的自我紧张、焦虑、烦恼和痛苦等负面情绪。

因此，对于超常儿童过早出现自我意识分化，进而导致自我意识发展失衡的问题，学校和社会应给予特别关注，从感情上体谅和爱护他们，帮助他们确立恰当的"理想自我"，提供丰富的、积极的、可靠的信息和他们喜爱和崇敬的优秀榜样，引导他们使"理想自我"和"现实自我"保持合适的距离，帮助他们通过自身的努力，有效化解自我意识发展中的矛盾，在新的基础上达到统一。

(二) 不同超常儿童的个性特征

上述超常儿童的社会性发展特征为我们了解超常儿童思维敏捷、记忆力强、观察敏锐、有独创性、求知欲高、兴趣广、好胜、自信、独立性强等普遍特征提供了充分的研究基础。为进一步了解超常儿童群体内部的差异，研究者根据个案追踪和教育实验的结果，整理出了不同类型超常儿童的能力和个性特征表现（表7-1）。

表7-1 不同类型超常儿童的能力和个性特征表现

超常领域	能力与特长	个性特征
领导与组织	具有影响力、表达和决策能力、某一专业能力	热情、敏感、具有感染力与策划力、自信、果断、大度、独立性强
运动	模仿动作记忆，有胆量，灵活、坚忍	自信、竞争性强、活泼、好动、独立性强
数学	数学加工、计算能力强，运算迅速，思维具有条理性	独立性强，对理论研究有浓厚兴趣，实践性强、精确，缺乏合群性（女）
自然科学	习惯在客体观念中探讨事物的关系，构成简单假说，有检验能力、解释能力	独立性强，纯智力活动能力强，社会活动能力欠佳，尊重事实，冷静，阅读能力与艺术性差
语言艺术	语言能力、概念能力、想象性、组织性、表达能力强	独立性强，社会性强（女），理论与政治性强（男），阅读兴趣广泛
艺术	反传统的习惯，有通过艺术深层反映人感受的能力，注意细节，敏感	自信心强，竞争性强，孤僻，敏感，在表现中追求自我满足

从上表中我们可以看出，超常儿童有一个共同的个性特征，即都有独立性和自信心，这当然是以他们超出常人的智能和努力为基础的。但是，超常儿童

今后能否在事业上有不一般的成就，还取决于许多条件。因此，教育中不仅要重视超常儿童的智能和学习能力的发展，还要关注他们个性和社会性的发展。

专栏·拓展阅读：
对于超常儿童知识的测试

本测题为对超常儿童知识的了解程度评估。请根据你对每条内容的理解，在1～5级中选出最符合自己情况的选项。

（1：我完全不同意2：我不同意3：我没有看法4：我同意5：我完全同意）

1."超常"对于不同的人而言，其含义是不同的，并且经常存在迷惑和误解。

2.智力是可以发展的，而且如果存在天赋，必须给予适当的后天培养才能保持天赋的发展。

3.我们很少能发现具有高天资的超常儿童，也就是"奇才"，因此我们对于他们的了解相对更少。

4.以为超常儿童是超人，这样的想法或者说法是不准确的，也容易引起误解。

5.因为学校有着既定的组织方式，如果没有特殊的一些项目，学校可能无法为超常儿童提供适合的教育。

6.教育中的机会平等并不意味着每个人都使用相同的课程和活动，而应该是指为每个儿童提供适合其特定需要的教育。

7.超常儿童一般兴趣都很广泛，但是通常不是在每件事情上都超常。

8.在完成小组任务的时候存在困难可能是由超常儿童的兴趣不同或者具备较高的理解力等因素导致的。

9.教师经常会觉得超常儿童对他们的权威是一种挑战，认为超常儿童会不尊重教师或者经常捣乱。

10.有些超常儿童会用他们高水平的言语技能来避免一些较难的思考性的任务。

11.要求超常儿童较短时间内创造作品或者赶工完成任务会抑制他们形成新观点的能力的发展。

12.让超常儿童做些过于简单或没有意思的事情，和让普通儿童做太难的事情一样，都令人情绪受挫。

13.在我们现有的学校体制内，很多超常儿童可能是低成就者。

14.通常的一般的学习次序对超常儿童而言可能是不适当或者限制其能力的。

15. 超常儿童可能会对自己特别挑剔，其自我概念时常低于平均水平。

16. 超常儿童时常会希望别人能达到他们为自己设定的标准，因此在人际关系上存在问题。

17. 超常儿童在和他们同等能力水平的儿童在一起学习的时候，他们会更有动力。

18. 有些超常儿童在他们觉得没有意思或没有学习动机的科目上成绩很差，甚至不及格。

19. 超常儿童在以下方面具有不同于普通儿童的能力：迁移、综合、问题解决、深度学习，对抽象和复杂模型感兴趣、思维速度快等，因此为他们提供的教育项目应该强调这些能力。

20. 超常儿童对目标的持续坚持可能会使他人觉得他们顽固、任性或者不合作。

21. 如果没有给予他们足够的挑战，超常儿童可能会浪费他们的才能，成为普通的人。

22. 超常儿童经常在很小的时候就会表达他们的理想和正义感。

23. 不是所有的超常儿童都表现出创造力、领导力或者体育才能。

24. 那些和超常儿童一起探索、研究并努力进一步理解"超常"的人可以为超常儿童提供更成功的教育，相比较而言，与超常儿童很少有接触或者没有接受相应的有关超常儿童特殊需要教育的人则比较难成功。

25. 我会很高兴被看作超常的人或天才，也为那些是超常的人感到高兴。

上述这些条目其实反映了你对超常儿童的理解，以及你愿意为他们提供的支持度。选择5越多，则意味着你对超常儿童的理解更接近那些从事了很多年研究的人。

第三节　超常儿童的融合教育

我国现行的超常儿童教育主要是集中筛选超常儿童对其后单独进行加速教育，这有利于集中培养高水平的研究者和创造者，但这种模式也存在隔离性，一方面不利于集中接受教育的超常儿童的情感和社会性的正常发展，另一方面也缺乏对普通学校具有超常潜能儿童的关注，不利于提高普通教育对超常儿童的发现、支持和培养。因此，融合教育背景下的超常儿童教育应成为今后发展的关注点。

本章将从克服隔离式加速教学的不足之处出发，以融合教育环境重建和教育教学改革为核心，探讨融合教育中超常儿童的支持内容、教育课程和策略，以及班级管理策略，以期为普通学校重视和开展新理念下的超常儿童教育提供思路和实践路径。

一、个别化支持内容

（一）优势发挥与学业提升

融合教育环境中的超常儿童教育首先应关注到学业及基本认知能力突出的儿童，经过科学评估确定后，应利用资源教室开展优势发挥和学业提升方面的个别化支持，如为超常儿童提供难度更高、挑战性更大的学业任务；在阅读材料的广度和深度上提供资源支撑；在学习策略的复杂性和多元性方面提供更高年级的方法；开发他们在视听、表演、运动等方面的独特优势；给予他们能力表现和作品展示的机会和平台；等等。

（二）同伴合作与集体融合

超常儿童的教育常常容易因重视学业成绩而忽略他们的社会性发展，其心理发展中又极容易出现认知发展与个性、社会性发展之间的不平衡。因此，超常儿童的融合教育应特别注重同伴关系的引导。教师可以根据日常观察和多元反馈了解超常儿童在同伴相处中遇到的困境和需求，进而对其进行单独的辅导，如怎样建立友谊，怎样融入他人的话题而不被排斥，怎样看待自己的能力禀赋和他人的努力，怎样让普通同学愿意接纳优异的自己而非隔离，怎样在一般的教学进度中寻找自己的学习任务，怎样发现普通同伴的优点，等等。这些问题对超常儿童的个性和社会性发展具有重要的意义。

（三）生活自理与社会适应

过往的"神童"案例常常表现出学业上超前，而生活自理与社会适应方面明显落后，加之很多家长和教师为了追求孩子学习的快进度和高成绩而为其生活做了尽可能全面的准备，孩子没有机会亲自参与生活事务，也不需要关注社交规则、习俗、礼仪等社会适应课题，导致超常儿童只在学习方面有超前的能力，但在生活中可能连就餐、个人卫生、交朋友、基本礼节等方面都不能自理或表现得很幼稚。因此，融合教育要特别关注超常儿童在生活自理与社会适应方面的能力，给予他们独立做事的机会，教授他们生活技能和社会交往技巧，培养他们恰当的自我意识和社会认知。

二、融合教育课程与策略

（一）融合教育课程

1. 区别式课程

区别式课程是指教学既要面向全体儿童，又要重视儿童间的个别差异。因此，完善的教学设计不仅要针对普通儿童，也要针对超常儿童。在区别式课程方案中，从学习内容、学习进度和任务要求上都要为超常儿童提供特别的设计。在学习内容上，教师要预先了解超常儿童的知储备状况，与其商定哪些属于不需要学习的内容。当教学进行到这些内容时，这部分儿童可以从事一些替代性的活动，如独立阅读扩展资料、去资源教室进行自主学习或参加班级之外的活动小组等。在学习进度上，在某些科目中发展特别出色的超常儿童，被允许离开本班的课堂，去高年级听此门课程。

2. 抽离式课程

抽离式课程是指每周利用部分时间（如每周一天）让超常儿童离开自己的班级，与那些具有同样智力水平的同伴一起活动。活动内容既可以是在资源教室中开展自主学习，也可以是在某些方面接受深入的培养，如参加领导才能训练、科学探索活动、艺术活动等。

抽离式课程的优点在于，超常儿童可以在大部分时间内与普通儿童一起成长，有利于其情感和社会性发展。例如，让不同智力水平的儿童组合在一起，合作完成一件功课或专题习作，让每位儿童都有机会各展所长。还可以让超常儿童在指定时间内与同等智力水平的同伴一起活动，有利于他们感受到挑战性的活动气氛以及促进特殊才能的发展。

3. 全校性充实模式

全校性的充实模式是由美国超常儿童教育专家约瑟夫·兰祖利（Joseph S. Renzulli）等人提出的一种教育方案，它系统地集成了多种教育手段，目前在美国各州都获得了广泛的支持和实施。

该模型的主要内容是三种类型的拓展成分。

Ⅰ型拓展成分的目标是让超常儿童有机会接触更广泛的知识，包括更多的学科、主题、行业、爱好、人物、场所、事件等。由教师、家长以及超常儿童本人组成的一个团队负责策划和组织活动，活动的具体形式包括邀请演讲者、安排微型课堂、举办展示会以及寻求可供利用的多媒体资源等。

Ⅱ型拓展成分的目标是促进思维与情感发展，包括创造性思维与问题解决能力的发展、学习技能的发展、高水平推理技能的发展、书面的 /

口头的/视觉化的交流技能的发展。

Ⅲ型拓展成分主要针对那些已经在某些领域产生特殊兴趣的儿童,主要途径是让这些儿童获得该领域中初步的研究技能并参与研究活动。在这一领域中学会策划、组织、资源利用、时间管理、决策和自我评价,培养使命感、自信心,体验创造的乐趣。

(二)融合教育策略

1. 丰富和加深超常儿童的课堂学习内容

在融合教育背景下,超常儿童接受教育的学制与普通儿童没有差异,但需要对教学内容进行丰富和加深,如将教授内容扩展,难度加大。课堂教学既要面向全体儿童,又要重视儿童间的个体差异。超常儿童在教师开始教授新的内容之前已经掌握了一部分的学习内容,而且他们学习能力强,在学习过程中用较少的时间便能掌握新知识和新技能。因此,教师在设定教学内容时,需根据儿童的不同能力和水平进行教学内容的分层和练习内容的分层,有针对性地提高超常儿童的教学内容容量和难度,充分肯定他们的接受能力,提高教学水平,并根据"最近发展区"理论,向他们提出适度又处于较高水平的教学要求,保证超常儿童在课堂上也有具有一定挑战性的任务,也能习得新知识,不会感到无聊和厌烦。

2. 为超常儿童提前设置分科课程

根据超常儿童的学习接受能力,充分关注他们的学习兴趣,为其提前设置分科课程,即比现行课程体系更早地开设有关学科的课程。这些分科课程往往是各学科的基本理论知识相关课程,通过这些课程的学习,可以让超常儿童更早地接触和掌握各门学科的基本理论知识,有利于他们形成系统的、框架性的知识体系,为他们将来学习、发展和进行创造活动打下基础。

3. 开展以主题或项目为中心的教学设计

超常儿童在学习中具有很高的思维关联性,他们对学习内容的掌握不仅在于知晓知识,更在于探索知识的用途。因此,开展以问题解决为中心的主题教学或项目教学能够给予他们综合运用各门学科知识解决问题的机会,使他们的学习能力得到进一步提升,也能帮助他们跳出学科局限,养成多角度跨学科思考问题的习惯,为他们创造力的发展提供支持。

综合课程有两种设置形式:一种是综合同一学科内的分支学科课程;另一种是依据一定的学科联系综合不同学科的内容到一门课程中。由于涉及不同学科的内容,综合课程在教学内容的安排上要注意不同学科内容的联系和前后顺序,做到各科内容有序结合,新旧知识安排得当。

4.增加实践应用和创新的机会

普通教育体系中更多注重的是知识的传授，儿童动手实践操作的机会有限。超常儿童通常很有自己的想法，且喜欢将想法付诸实践，因此可以开设实践课程，对超常儿童进行操作、动手能力方面的训练，为他们创自己动手的机会，可以通过手脑结合培养他们的实际操作能力，并加深其对实践的认识，将一些学习内容和技能训练放在手工和实践课上进行，也有利于更好地激发超常儿童的学习兴趣、想象力和创造力。

实践课程可以与学科教学相结合，拓宽和加深超常儿童对有关学科知识的了解，为他们提供主动探索和创新的机会，从而激发和保持他们学习和探索的动机。

5.发展导师制策略

导师制教育策略是指为智力超常儿童安排一位导师，指导他们深入研习特别感兴趣的课题。这些导师可从校内（教师）或校外社区的资源（大儿童或专家）中寻找。

导师的选择应注意下列条件：确实有一技之长可供超常儿童学习，其专长领域和超常儿童的专长相近，愿意指导超常儿童，对超常儿童的一般特征有所了解，无不当之言行。导师不必只限一位，但应辅导儿童认识各导师的长处，并懂得如何综合所学的经验和知识。可以安排多位导师，以满足超常儿童兴趣发展的需要。

三、融合教育中的班级管理

（一）超常儿童融合教育班级管理理念

超常儿童天资聪敏，好奇心强，有较强的学习能力，融合教育的班级管理应首先树立支持、发展、提升的超常儿童教育理念，一方面要注重超常儿童在普通班级中的优势发挥和学业带领，另一方面要协同所有教师引导班级其他同学理性接纳超常儿童的优异表现和教师给予的个别化支持，培养其团队合作精神。具体而言，超常儿童融合教育的班级管理应达成以下理念。

（1）尊重、信任、鼓励、保护、支持超常儿童的创造性、好奇心、想象力，杜绝讥笑、讽刺、挖苦、贬低他们的能力和人格。

（2）帮助超常儿童养成乐于助人的习惯，引导其带领全班同学形成意志坚定、积极向上、凝聚奋斗的班级精神。

（3）创设热爱学习、勤于思考、潜心研究的班级氛围，让超常儿童的智能和创造性在班级中得到肯定，有发展机会。

（4）定期评估超常儿童的学习需求，肯定他们的批判性思维和问题解决的多种方式，在班级管理中吸纳新建议、新思想。

（5）不将超常儿童的卓越表现标记为个体品德和班级地位的优越性，推动超常儿童和普通儿童的互相理解和支持。

（6）崇尚科学与民主，关心超常儿童的未来发展和能力提升，但不因此忽略对其品德形成和社会性发展的指导和要求。

专栏·拓展阅读：
  优秀/高效能的超常教育教师具备的能力

1. 了解超常儿童的特征及需要。
2. 能够鉴别超常儿童。
3. 能够开发或选择适用于超常儿童的教学方法及材料。
4. 拥有高级思维能力，包括创造力与问题解决能力。
5. 熟练掌握提问技巧。
6. 具备帮助超常儿童进行独立研究的技能。
7. 能够指导个别化教学。
8. 能够教授不同文化背景的超常儿童。
9. 具备为超常儿童提供咨询服务的能力。
10. 能够组织分组性活动并进行小组教学。
11. 能够为超常儿童提供职业教育及专业性意见。
12. 既能关注学习过程也能关注学习的成果。
13. 具备较高水平的教育技能及知识。
14. 能够引导其他教师形成积极的关于超常教育的理念及方法。
15. 能引导超常儿童获得成就。

（二）超常儿童融合教育班级管理策略

1. 发展"小先生制"

"小先生制"是陶行知先生生活教育理论的重要实践，对于解决当时师资匮乏、教育普及不足的问题具有重要的作用。超常儿童的融合教育班级管理可以借鉴"小先生制"的基本理念，引导超常儿童成为班级学业辅导、问题解决、创新实践的"小先生"，一方面为超常儿童提供了发挥自己优势的机会，同时为其增强与其他同学的交往提供契机；另一方面，班级也可以在"小先生"的带领下形成爱学习、好创新、努力上进、突破常规的学习氛围，为班级凝聚力的提升和班级特色文化建设提供帮助。当然,"小先生制"并非教师安排超常儿童当"小先生"后就可以减少对班级事务及其他同学的关注,而是要以班级融合为目标对"小先生"进行指导,提供其指导和协助机会的同时,避免对其赋予管理权利,保证"小先生"和所有同学的平等地位与和谐相处。

2. 注重集体协作

在班级建设中,班主任应营造集体协作的班级氛围,创建需要每个同学有效参与的活动和任务,调动超常儿童在学业发展的同时参与到班级融合中,帮助其发展在生活技能和社会适应方面的能力。集体协作的形式和内容应能够发挥超常儿童的能力优势,充分激发其兴趣和动机,同时要避免对其他学生带来太大的挑战。

3. 团队荣誉与成就建设

以团队荣誉和成就建设为目标的活动既可以充分调动每位学生的班级参与程度,又可以增加同伴之间互相关注、协作的机会,对超常儿童而言可以有更多的与同伴交往的机会,对普通儿童而言也可以使其产生更多接纳超常儿童、学习超常儿童的意愿。

本章小结

"超常学生"主要是指智能显著高于同龄普通儿童发展水平或具有某方面特殊才能的儿童。本章首先对超常学生进行了界定,同时介绍了超常儿童的类型和国内外心理学家鉴别超常儿童的指标和方法。其次从认知、个性和社会性方面概括出了超常儿童发展过程中的特征。最后讨论了在超常儿童的融合教育中如何进行课程内容的调整、特殊的教育安置模式以及师资的支持。

思考题:

1. 如何理解超常儿童的概念?
2. 简述超常儿童有哪些类型?
3. 你认为超常儿童应该具有什么样的特征?
4. 如果有一位超常儿童要进入普通学校学习,那么需要为这名学生进行哪些方面的调整?
5. 试分析超常儿童的超常教育是扩大公平还是制造不公平?

6.试分析超常儿童是"天生"的,还是后天培养的?

7.试分析国外优秀/高效能的超常教育教师具备的能力,可以为我国融合教育中超常教育的师资的培养提供怎样的借鉴。

参考文献:

[1] 查子秀. 超常儿童心理学 [M]. 北京:人民教育出版社,2006.

[2] 贺淑曼,吴武典. 圆普通人的天才梦 [M]. 北京:北京工业大学出版社,2008.

[3] 顾定倩. 特殊教育导论 [M]. 大连:辽宁师范大学出版社,2001.

[4] 陈云英. 中国特殊教育学基础 [M]. 北京:教育科学出版社,2004.

[5] 王惠萍,孙宏伟. 儿童发展心理学 [M]. 北京:科学出版社,2010.

[6] 苏雪云. 超常儿童的发展与教育 [M]. 北京:北京大学出版社,2011.

[7] 缴润凯,张锐,杨兆山. 智力超常儿童的发展:从加速式教育到丰富式教育 [J]. 东北师范大学学报(哲学社会科学版),2008(6):20-23.

[8] 查子秀. 超常儿童心理与教育研究15年 [J]. 心理学报,1994,26(4):337-346.

[9] CLARK B. growing up Gifted: developing the potential of children at home and at school[J].Cognitive development,1997:476.

[10] SCHATZ E. Mentors: Matchmaking for young people[J].Journal of secondary gifted education,2000,11:67-87.

[11] RENZULLI J S, REIS S M. Research related to the school-wide enrichment triad mode[J].Gifted child quarterly,2003,38(1):7-20.

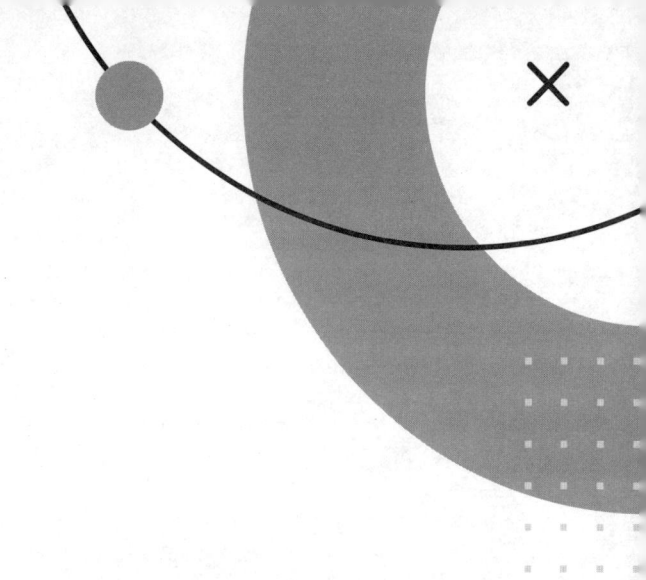

第八章　肢体障碍儿童的教育

案例：

姚某某是中国药科大学2020级的一名学生。2020年7月，他与全国万千考生一同参加了普通高考，取得了总分623分的好成绩（语文111分、数学130分、外语125分、综合257分），超出理科一本线108分，被中国药科大学英语专业（医药方向）录取。与众不同的是，姚某某是一名肢体障碍的学生，他出生于2001年，1岁时被确诊为脑瘫，影响了他言语和行动的发展，但并没有损伤他的智力。他的父母没有因此而放弃对他的关爱和培养，而是帮助他养成了努力乐观、坚忍拼搏的品质。为了训练肌体灵活性，他从小就坚持每天在操场上走圈，为了克服写字方面的困难，他坚持不懈地练习。学校的老师对姚某某也很照顾，而他的努力和毅力也激励着班上的每位同学，他曾获得全国青少年信息学奥林匹克联赛一等奖，并立志做一个对国家有用的人。

进入大学后，中国药科大学为他开辟了入学绿色通道，对宿舍、食堂、教学楼等场所进行了无障碍环境建设，并制订多项帮扶方案为姚某某的专业课程学习提供支持，不仅将姚某某所在班级的理论课尽可能安排在距离宿舍最近的教学楼一楼，语音课安排在配有电梯的语音室，还根据他的专业方向、兴趣爱好为他配备了专属学业导师，这些支持无不践行着融合教育内涵与过程的公平，也展示着肢体障碍儿童发展的可能性与现实性。

问题聚焦：

1. 肢体障碍儿童的支持需求与发展潜能。
2. 肢体障碍儿童的一般发展特点和各年龄段发展特点。
3. 融合教育支持对肢体障碍儿童发展的重要性。

第一节 肢体障碍概述

一、肢体障碍的概念

肢体障碍是指因四肢残缺、畸形或四肢、躯干麻痹，导致人体运动系统不同程度的功能丧失或功能障碍。此定义纠正了一般人认为"肢体障碍就是四肢残缺"的认识，明确了肢体障碍的致残部位可能是四肢，也可能是躯干，同时界定了残疾的表现可能是残缺，也可能是畸形或麻痹，更强调了肢体障碍者的核心障碍是"运动功能障碍"。换言之，肢体障碍者因身体活动能力受限而主要表现出运动能力的落后或困难，但这并不意味着他们在认知、情感、言语、感知觉方面一定存在普遍性的损伤。

专栏·拓展阅读：
我国两次全国残疾人抽样调查中对肢体残疾的界定

1987年：肢体残疾是指因四肢残疾或躯干麻痹畸形等，导致人体运动系统不同程度的功能丧失或功能障碍。

2006年：肢体残疾是指人体运动系统的结构、功能损伤造成四肢残缺或四肢、躯干麻痹（瘫痪）、畸形等而导致人体运动功能不同程度的丧失以及活动受限或参与的局限。

思考与分析： 两次定义在内涵和关注点上有何不同？

美国学者塞缪尔·亚历山大·柯克（Samuel Alexander Kirk）曾将肢体障碍的情况概括为两大类：神经损伤者和矫形外科残障者。根据我国2006年全国残疾人抽样调查标准和2011年颁布的《残疾人残疾分类和分级》国家标准（GB/T 26341—2010），肢体障碍的具体表现包括以下几种。

（1）上肢或下肢因伤、病或发育异常所致的缺失、畸形或功能障碍。

（2）脊椎因伤、病或发育异常所致的畸形或功能障碍。

（3）中枢、周围神经因伤、病或发育异常造成躯干或四肢的功能障碍。

GB/T 26341—2010还界定了肢体障碍的分级原则和各级肢体障碍的具体表现。与以往标准不同，该国家标准将肢体障碍的分级由原来的三级增加到四级，并新增了四种肢体障碍的情况：大拇指缺失、双食指缺失、双脚前掌缺失和侏儒症。

专栏·拓展阅读：
我国《残疾人残疾分类和分级》国家标准（GB/T 26341—2010）中对肢体残疾的分级

肢体残疾一级：

不能独立实现日常生活活动并具备下列状况之一：

1. 四肢瘫：四肢运动功能重度丧失；

2. 截瘫：双下肢运动功能完全丧失；

3. 偏瘫：一侧肢体运动功能完全丧失；

4. 单全上肢和双小腿缺失；

5. 单全下肢和双前臂缺失；

6. 双上臂和单大腿（或单小腿）缺失；

7. 双全上肢或双全下肢缺失；

8. 四肢在手指掌指关节（含）和足跗跖关节（含）以上不同部位缺失；

9. 双上肢功能极重度障碍或三肢功能重度障碍。

肢体残疾二级：

基本上不能独立实现日常生活活动，并具备下列状况之一：

1. 偏瘫或截瘫，残肢保留少许功能（不能独立行走）；

2. 双上臂或双前臂缺失；

3. 双大腿缺失；

4. 单全上肢和单大腿缺失；

5. 单全下肢和单上臂缺失；

6. 三肢在不同部位缺失（一级中的情况除外）；

7. 二肢功能重度障碍或三肢功能中度障碍。

肢体残疾三级：

能部分独立实现日常生活活动，并具备下列状况之一：

1. 双小腿缺失；

2. 单前臂及其以上缺失；

3. 单大腿及其以上缺失；

4. 双手拇指或双手拇指以外其他手指全缺失；

5. 二肢在手指掌指关节（含）和足跗跖关节（含）以上不同部位缺失（二

级中的情况除外）；

6. 一肢功能重度障碍或二肢功能中度障碍。

肢体残疾四级：

基本上能独立实现日常生活活动，并具备下列状况之一：

1. 单小腿缺失；

2. 双下肢不等长，差距大于等于50毫米；

3. 脊柱强（僵）直；

4. 脊柱畸形，后凸大于70度或侧凸大于45度；

5. 单手拇指以外其他四指全缺失；

6. 单手拇指全缺失；

7. 单足跗跖关节以上缺失；

8. 双足趾完全缺失或失去功能；

9. 侏儒症（身高小于等于1 300毫米的成年人）；

10. 一肢功能中度障碍或两肢功能轻度障碍；

11. 类似上述的其他肢体功能障碍。

二、肢体障碍的致病原因

引发肢体障碍的原因包括脑中枢功能的损伤、脊髓神经的损伤等神经系统的疾病，也包括肌肉、骨骼方面的疾病，另外也有先天畸形和意外伤害等原因。

（一）脑瘫

脑瘫即脑性瘫痪，是指一组运动和姿势发育障碍症候群，这种导致活动受限的症候群是由发育中的胎儿或婴幼儿脑部受到非进行性损伤而引起的，一般在儿童出生后不久就可以发现，故又称小儿脑瘫。该病症表现为因大脑损伤引起的肌肉控制能力缺乏，进而影响人的运动及平衡能力，表现为"有意控制的活动和姿势的障碍"，且常伴随感觉、认知、交流、感知障碍，或癫痫和继发性肌肉骨骼障碍。

根据脑瘫所致个体运动症状的不同，可将其分为痉挛型、手足徐动型、共济失调型、肌张力低下型和混合型。其中，痉挛型表现为一组或多组肌肉群紧绷或肌肉张力过强，呈"折刀样"异常姿势，在开展运动方面存在困难，该类型是最为普遍的一种；手足徐动型则表现为肌张力忽高忽低，运动意愿和运动结果不一致，存在不随意非对称性动作状态，在控制运动和保持姿势方面存在困难；共济失调型的病灶主要在小脑，肌张力在低紧张到正常之间变动，平衡功能差，存在姿势维持和控制困难；肌张力低下型表现为肌张力持续低下，自主运动少，难以维持姿势，患儿多喜欢呈仰卧位，有"青蛙姿势"；混合型多为痉挛型与手足徐动型同时存在，肌肉张力既有明显的痉挛又有徐动，运动过程中肢体远端徐动明显，关节有挛缩和变形可能，重度患者几乎不能随意运动。

(二) 脊柱裂和其他脊髓疾病

脊柱裂是发生在胚胎发育早期的原因不明的脊柱畸形，患者的脊柱没有完全闭合和包围脊髓，导致脊髓或其覆盖物上有突出的囊状物。脊椎障碍的部位越高，功能丧失的情况越严重，最常见的有隐形脊柱裂、脊膜膨出和脊骨连脊膜膨出三种情况，严重程度依序增加。

除脊柱裂外，其他脊髓疾病（如脊髓炎、脊髓血管疾病、运动神经元疾病、脊髓灰质炎、脊髓压迫症等）也会导致肢体障碍，受损伤脊髓平面以下的躯体出现运动、感觉功能障碍，称为"截瘫"。损伤部位越高，瘫痪范围就越大，障碍亦越严重。脊髓损伤后若护理不当，极易出现各种并发症或继发性病变，如呼吸、泌尿系统感染，褥疮，植物神经功能紊乱，关节挛缩畸形，异位骨化，静脉血栓脱落栓塞等。

专栏·拓展阅读：

脊髓炎与脊髓灰质炎

脊髓炎与脊髓灰质炎是两种截然不同的病。病因及病变的部位、治疗方法都不一样。脊髓炎是由病毒、细菌、螺旋体、寄生虫、支原体等病原体感染引起的脊髓灰质或（和）白质的炎性病变，以下肢体瘫痪、感觉障碍和植物神经功能障碍为临床特征，常见的脊髓炎有化脓性脊髓炎、急性脊髓炎、急性播散性脑脊髓炎、亚急性坏死性脊髓炎、急性坏死出血性脑脊髓炎、小儿急性播散性脑脊髓炎、结核性脊髓炎等，急性脊髓炎尤为普遍。

脊髓灰质炎俗称小儿麻痹症，是由嗜神经病毒引起的严重危害儿童健康的急性传染病，主要侵犯中枢神经系统的运动神经细胞，以脊髓前角运动神经元损害为主。患者多为1～6岁儿童，主要症状是发热，全身不适，严重时肢体疼痛，发生分布不规则和轻重不等的弛缓性瘫痪。口服脊灰减毒活疫苗推广后，该病已得到有效预防，但在一些疫苗不普及的地方，本病仍为儿童肢体障碍的常见原因之一。

（三）骨骼和肌肉方面的疾病

导致肢体障碍的骨骼和肌肉方面的常见疾病有骨关节结核症、非结核性关节炎、肌炎、脊髓性肌肉萎缩、病理性脊柱弯曲等。其中，脊髓性肌肉萎缩是一种专门侵袭运动神经细胞而导致有意调节肌肉运动的能力受到影响的疾病，该病使位于大脑和脊髓的基础运动神经元逐渐崩溃，阻碍它们传递肌肉所依赖而实现正常功能的电或化学信号，进而造成躯干和四肢所受意识控制的肌肉部分可能完全瘫痪。

大多数骨骼和肌肉系统损伤的儿童都有正常的智力，他们不一定有学业上的困难，但由于肢体上的障碍限制了他们的活动范围和社会交往，进而可能导致他们情绪上的失调。

（四）其他原因

除上述病症外，导致肢体障碍的原因还包括先天性畸形和后天事故。后天事故不言而喻，而先天性畸形则包括先天性畸足、斜颈、手掌/手指挛缩等。

大多数畸足都可以用物理治疗的方法来解决，早期治疗可以使大部分畸足儿童正常参与学校的活动。

三、肢体障碍儿童的评估

肢体障碍儿童的评估分为临床诊察和教育评估两大类，评估方法包括影像学检查、观察、访谈、功能测定等。临床诊察主要针对儿童的身体状况进行影像学检查、运动功能评估及继发性障碍或疾病的鉴定，必须由医疗卫生系统的专业人员进行，教育评估则关注由于肢体障碍而影响儿童参与学习、交往和社会融合的心理行为发展领域，主要由教师和心理咨询师进行。无论由谁执行评估，肢体障碍儿童的机体发育状况和心理发展状况都是与儿童相关的所有人员都应了解的。以下将从三个方面阐释肢体障碍儿童评估的领域及方法。

（一）影像学检查

影像学检查是肢体障碍评估的第一步，通过一系列的医学影像手段，了解肢体障碍相关部位的病理状况。常见的检查有以下几种：头颅CT检查，了解颅内的结构有无异常，以及脑部结构、形态、骨骼变化情况；脑超声检查，了解儿童脑部异常情况；脑电图检查，了解儿童脑部异常情况，对于是否合并癫痫及合并癫痫的风险具有特殊意义；神经诱发电位检查，能更深层次地诊断病情，更好地指导治疗；磁共振成像（MRI）检查，能准确地反映出肢体障碍儿童脑内病变的解剖部位、范围以及周围组织的关系。

（二）运动功能评估

1. 肌肉张力检查

肌肉张力简称肌张力，即静止状态下肌肉的紧张程度，是肌肉不随意的、持续的、微小的收缩。评定肌张力的方法通常采用"抱、触诊、姿势观察、被动运动、摆动运动"等方法进行。"抱"和"触诊"主要通过手感和观察判断儿童肌张力低的基本情况，肌张力高会让人感到僵硬和抵抗，肌张力低则会感到下滑、松软。"姿势观察"主要通过对儿童动作姿势的观察确定其是否存在相应肌张力低下的典型反应，如肌张力高会出现"击剑或角弓反张"的姿势，肌张力低则会出现"青蛙姿势"。"被动运动和摆动运动"则通过让儿童做出特定的被动动作或摆位而判定他们的肌张力状况。

2. 肌力检查

肌力指肢体做随意运动时肌肉收缩的力量，通常使用徒手肌力测定进行，即使用双手依次检查身体不同部位肌肉的收缩力量。根据MMT肌力分级标准，按照肌力正常与否评为0～5级，0级（零）：肌肉无任何收缩。1级（微缩）：有轻微收缩，但不能引起关节活动。2级（差）：在减重状态下，关节能做水平方向运动。3级（尚可）：能抗重力做关节全范围运动，但不能抗阻力。4级（良好）：能抗重力，抵抗部分阻力运动。5级（正常）：能抗重力，并完全抵抗阻力运动。

3. 关节活动范围测量

关节活动范围又称关节活动度，某一关节的活动范围指远端骨所移动的度数，测定的关节活动类型包括生理性运动形式（滑动运动、角运动、旋转运动、环转运动四种）和附属运动（分离、压迫、滑动、转动、轴旋转）。该指标的测定旨在确定关节活动范围有无障碍、受限程度如何，进而分析可能的原因，并制订康复方案。关节活动范围测定使用量角器即可，但难点在于准确把握并引导被试进行相应类型的关节活动，避免因主试理解或操作偏颇而造成测定结果的偏差。

4. 原始反射检查

个体的原始反射分为脊髓水平反射、脑干水平反射、中脑水平反应和大脑皮质水平反应四个级别。临床检查中通畅采用反射行为测查的方法进行测评，根据不同级别原始反射的发生月龄标准，通过观察、姿势控制、徒手摆位等检查方法判断儿童是否出现缺失、减弱、亢进、残存等异常表现。脊髓水平反射一般在妊娠28周至2岁之间出现并存在，包括：觅食反射、吸吮反射、抓握反射、屈肌收缩反射、屈肌伸张反射、交叉性伸展反射等。脑干水平反射主要是通过调整肌张力对姿势产生的影响，包括非对称性紧张性颈反射、对称性紧张性颈反射、紧张性迷路反射等，通常在出生时出现并维持至出生后4个月。中脑水平反应是婴幼儿期出现并有部分会终身存在的较高水平的反射，是正常姿势控制和运动的重要组成部分，也是获得性运动发育成熟的标志，包括调整反应和自动运动反应。大脑皮质水平的反射是高水平复杂运动功能出现的基础，一般在出生后4～21个月出现并终身存在，包括保护性伸展反应和各种平衡反应。

5. 运动发育评定

运动发育评定可以根据儿童的发育状况选择相应功能的动作评定，如，上肢功能、头和躯干控制、姿势变化、前进移动等，评估方法上可选择成套的运动评估量表，也可选择有针对性的评估项目。常用的成套运动发育评定量表有Peabody运动发育量表和Gesell发育量表。Peabody运动发育量表用于评估0～6岁儿童的粗大动作和精细动作，将评估结果与同龄儿童的运动能力相比，并配有与生活实际相结合的训练方案，理念先进，对于教育康复和融合教育工作具有较强的适用性。Gesell发育量表同样适用于0～6岁儿童，评估内容为适应行为、大运动、精细动作、语言行为、"个人—社交"行为五大领域，内容集中，操作便捷，是临床常用的儿童运动发育早期筛查工具。

在专项评估方面，Gross Motor Function Measure（GMFM）是国际上公认的粗大运动评估的测试工具，该量表由黛安娜·J.拉塞尔(Dianne J. Russell)等人于1989年设计，被誉为能够有效反映儿童粗大运动功能的"金标准"。该量表共分5个能区，分别测评儿童在"卧位与翻身""坐位""爬与跪""站立位""行走与跑跳"方面的发展状况，共88个项目，每一项目均按0～3四级评分。精细动作的评估可采用香港协康会发布的《香港学前儿童小肌肉发展评估》，适用于0～72个月的儿童，对于识别儿童在小肌肉发展上的困难并制订相应的训练目标具有较好的指导意义。

（三）其他可能的伴随障碍评估

肢体障碍者是异质性极大的群体，不同原因造成的肢体障碍对个体其他方面功能的影响也不同，有的仅有单纯的肢体障碍，也有的会伴随言语、认知等方面的继发障碍或其他疾病，因此在评估时还应根据儿童的发展状况决定是否同时进行影响其参与学习和生活的其他评估。对融合教育而言，认知和言语是关系肢体障碍儿童是否能有效参与融合课程的重要方面，也是影响融合教育教师教学设计和班级管理的重要因素，故此处加以说明。

肢体障碍儿童的言语和认知功能评估可采用符合其年龄和发育水平的评估

方法与工具，如经典的韦氏儿童智力测验，也可以采用课程评估的方法。需要注意的是，言语和认知功能的评估旨在找出影响儿童参与学习和生活的因素，为其制订个别化的课程方案，因此在评估中除对其水平进行客观测定外，还要关注儿童的反应方式、加工方式、语词水平、求助需求等，从而为后续教育方案的调整提供更详尽的依据。

第二节 肢体障碍儿童的特征

一、肢体障碍儿童的生理特征

（一）身体形态

肢体障碍儿童通常能从外形上看到其障碍部位和类型，并推知其障碍的严重程度。如肢体障碍定义所述，障碍部位可能是躯干也可能是四肢，障碍形态可能是残缺，也可能是畸形或麻痹。对肢体障碍儿童身体形态的了解并非刻意注视其弱化部位，而是通过了解其身体状况而确定其具体的障碍类型和所需的特别服务，如单一肢体缺失需要考虑其出行、大运动和久坐护理；上肢缺失则需要考虑上肢和手部操作事宜的替代性方案；脑瘫儿童需考虑其整体运动功能的康复和语言康复或认知康复。

（二）生理机能

肢体障碍儿童最典型的生理机能特征即因运动系统、运动神经、运动中枢受损而导致的运动功能受限。因严重程度的不同，还可能会伴有神经发育异常、感知觉异常、癫痫等生理病症，进而影响他们的生活自理、学习和社会适应能力。

二、肢体残障儿童的心理特征

（一）婴儿期

先天肢体障碍儿童父母的状态对孩子建立信任感具有很大影响，早期治疗阶段的儿童往往需要长时间地住在医院，这带来的亲子分离会使孩子产生早期焦虑。更有因先天肢体障碍而被遗弃或虐待的孩子，会使孩子在生命安全和心理健康方面受到威胁。

（二）幼儿期

幼儿期是儿童拓展自己活动范围和人际范围的第一个阶段，而肢体障碍幼儿因运动功能障碍使他们的行动受到限制，进而产生挫败、焦虑、退缩情绪或行为。同时，此阶段为个体自我意识的萌芽期，他们开始产生对自己身体及能力的抵抗与拒绝。活动范围受限也导致肢体障碍幼儿的同伴关系建立迟缓，社会互动较少，因此广泛的社会支持是此阶段肢体障碍儿童早期心理健康发展的重要保障。

（三）学龄期

此阶段的肢体障碍儿童对独立和社会交往的需求明显增强，但受运动功能障碍的影响，其希望更加独立的愿望也更容易受到打击，他们开始明显意识到自己与同龄人的不同，并因他人的态度不同而影响其自我意识和自我接纳。在同伴交往方面，他们对友谊的渴望变得更加强烈，可能出现"讨好式"的同伴互动。学龄期是个体学业的开始阶段，肢体障碍儿童的求学之路常常会历经坎坷，进而导致他们的学业历程受到影响，但在有效、及时的支持下，他们能够更好地融入社会。

（四）青春期

青春期的到来使肢体障碍儿童对自我形象的关注进入高峰期，出现对障碍的隐藏和掩饰行为。不被接纳的环境会导致他们出现自尊感受挫、敏感多疑、情绪异动、阻抗与排斥、自怜与退缩等心理行为表现。与普通儿童相似，这一阶段的孩子与家人和朋友的关系可能出现恶化，容易自我包裹和对外具有敌意。同时，此阶段的肢体障碍儿童一方面会自然出现对异性的关注和吸引愿望增强，另一方面却会因对自身的吸引力产生怀疑而自卑，并出现不恰当的防御机制。这一阶段的肢体障碍儿童对情感支持的需求增加，但对表面的安慰较为抵触。

专栏·拓展阅读：

肢体障碍者的心理历程案例

案例1：观看北京2008年残奥会优秀歌曲《Everyone is NO.1》的MV，体悟肢体障碍人士的心理发展历程。

案例2：尼克·胡哲（Nick Vujicic），演讲家，1982年12月4日出生于澳大利亚墨尔本。他虽然是先天"海豹肢症"患者，但创立了"无腿人生"的传奇。查阅尼克·胡哲的人生历程，感受肢体障碍者每个人生阶段的心理变化。

第三节　肢体障碍儿童的融合教育

一、无障碍融合教育环境的创建

（一）无障碍设施建设

无障碍环境的创建是肢体障碍儿童融合教育的首要条件。受运动系统功能损伤的影响，肢体障碍儿童在出行、动作技能、身体支撑等方面具有独特的需求，因此物理空间的建设应充分考虑他们的发展需求。2012年6月，国务院颁布《无障碍环境建设条例》，提出："无障碍环境建设是指为便于残疾人等社会成员自主安全地通行道路、出入相关建筑物、搭乘公共交通工具、交流信息、获得社区服务所进行的建设活动。"该条例规定了为保障残疾人等社会成员平等参与社会生活而推进无障碍建设的基本要求，特殊教育、康复、社会福利等机构，文化、体育、医疗卫生等单位的公共服务场所是无障碍设施建设的优先单位，应当按照无障碍设施工程建设标准配备无障碍设施。这要求普通学校应对学校建筑及肢体障碍儿童特需的其他设施设备进行改造，实现无障碍的物理空间，为肢体障碍儿童的融合教育提供硬件支持。在建设的具体标准和要求方面，可参照《住房和城乡建设等部门关于开展无障碍环境市县村镇创建工作的通知》。该文件由住房和城乡建设部、工信部、民政部、中国残联等五部委联合发布，规定了创建无障碍环境的工作标准，并提出了不同场所无障碍环境建设的具体规范。其中，规定教育建筑的无障碍建设率应达到100%，且符合《无障碍设计规范》的要求。

专栏·拓展阅读：
《无障碍设计规范》对教育建筑的无障碍建设要求

教育建筑的无障碍设计是为了满足行动不便的学生、老师及外来访客和家长使用。因此，在这些人群使用的停车场、公共场地、绿地和建筑物的出入口部位，都要进行无障碍设计，以完成教育建筑及环境的无障碍化。

教育建筑室内竖向交通的无障碍化，便于行为障碍者到达不同的使用空间。主要教学用房如教室、实验室、报告厅及图书馆等是为所有教师和学生使用的公共设施，在教育建筑中的使用频率很高，其无障碍的通行很重要。

为节省行为障碍者的时间和体力，无障碍厕所或设有无障碍厕位的公共厕所应每层设置。

合班教室、报告厅轮椅席的设置。宜靠近无障碍通道和出入口，减少与多数人流的交叉。报告厅的使用会持续一定的时间，建筑设计中要考虑就近设置卫生间，并满足无障碍的设计要求。

有固定座位的教室、阅览室、实验教室等教学用房，室内预留的轮椅回转空间，可作为临时的轮椅停放空间。教室出入口的门宽均应满足无障碍设计中轮椅通行的要求。

（二）无障碍心理空间的创建

肢体障碍者面临两大难题：一是克服肢体障碍的限制；二是让他人接纳。如果说无障碍环境建设是为克服肢体障碍者的活动范围限制而设计的话，悦纳和接受则是无障碍心理空间的创建。肢体障碍儿童对待自己肢体障碍的反应大体上反映了他人是如何对待他们的。如果他人害怕、拒绝或歧视肢体障碍者，他们也会对自己的障碍感到耻辱和羞愧，并做出极力隐藏的行为；如果他人怜悯或认为肢体障碍者是无助、无能的，他们则会表现出不断自怜、提要求或过分依赖他人；如果他人能够对肢体障碍者一视同仁并给予支持，那么肢体障碍者也会受到鼓舞，产生积极的心理状态。

目前，肢体障碍儿童融合教育的困境在于推动普校开启融合教育的要求大于支持，普校师生在没有完成理念转变的情况下就要投入融合教育的实践，其忧虑远大于所得。一部分普通儿童及其家长、普校教师之所以对肢体障碍儿童的融合教育充满担忧，主要是因为他们将"残疾"视为"无能"和"累赘"，认为肢体障碍儿童的进入只会打乱正常的教育教学节奏，只能给普校师生带来负担和压力而没有意义。因此，肢体障碍儿童融合教育的心理无障碍建设应首先从帮助普校师生建构文化差异下的残障观和融合观做起，具体方向包括以下几个：第一，引导普校师生改变以"缺陷"视角看待肢体障碍的旧有观念，建构"看到完整的人和人的发展需求"的新理念；第二，改变只看到"困境"，而没有看到"潜能"的格局；第三，认识到融合教育的实施并非只是"别人要为肢体障碍学生付出"，而是"在融合接纳的氛围中，所有学生的综合素质都会得以提升"。

无障碍心理空间的创建是一个漫长的过程，需要调动多方资源，有效的实践策略有以下几个。

（1）教育行政部门采用行政管理的手段对普通学校进行师资培养、校园文化建设、学生第二课堂等方面的规划和调整，为普校完成融合教育的心理准备提供宏观方向。例如，教育局定期组织普校教师培训，开设有关残障赋权和社会支持方面的课程，提高教师的理论素养；组织普校开展残障融合文化创建评比活动，在普校营造全域融合氛围；为普校学生开设了解残障同伴的第二课堂活动，为普通学生客观认识和接纳残障学生提供契机。

（2）特殊教育工作者（包括特殊教育学校的师资和高校特殊教育研究者）改变只针对残障群体和特殊教育范畴进行工作和研究的思路和行动模式，主动成为普通教育的顾问和资源。例如，高校特殊教育研究者改变自上而下的理论研究模式，走进普通学校进行融合教育实践问题研究，为普校教师解决融合教育中的具体问题，也为其带来研究成果和研究福利，使普校教师有参与融合教育实践的"精神红利"，进而提高参与热情；特殊教育学校定期开展校园开放日和残障学生成果展，主动邀请普校师生参与特校活动，为他们亲自体验特殊学生的成长，看到特殊学生的需求和潜能，改变"残障即无能"的观念提供机会。

（3）社会群团组织（残联、社会工作者、志愿服务团队等）拓展工作方向，建立与普通学校、特殊学校、高校、政府机关等多部门的协作，成为融合教育实践的周围支持系统。例如，残联主动与教育行政部门沟通，共商融合教育宏观指导的策略；社会工作协会走进普通学校、特殊学校，为两者建立关系、匹配资源提供连接；志愿服务团队拓展服务范畴，为普校教师开展融合教育教学及相关活动提供志愿协同力量。

二、个别化支持内容

（一）运动功能康复

肢体障碍儿童的核心障碍是运动功能障碍，因此融合学校应针对其运动功能的复健提供支持，这一过程不仅是对康复设备和资源的使用，更是对有效的康复课程的引进与研究。对于一般性肢体障碍儿童而言，残障部位的功能康复即为其所需的康复课程，但对于弥散性的肢体障碍儿童而言，则需要更为特别的课程设计，以脑瘫儿童为例，其在融合教育中应考虑以下个别化康复课程。

1.Bobath 疗法

Bobath 疗法又称神经发育学疗法，是由英国学者卡雷尔·鲍伯斯（Karel Bobath）和贝特·鲍伯斯（Berta Bobath）夫妇于 20 世纪 50 年代共同创建的，是当代世界范围内针对儿童脑瘫的主要运动疗法。该技术利用"反射抑制性运动模式"（reflex inhibiting pattern，RIP）抑制异常的姿势、运动和病理性反射，然后通过头、肩胛、骨盆等关键点引出平衡、翻正、防护等反应，引起运动和巩固 RIP 的疗效，在痉挛等高肌张力状态消失之后，采用触觉和本体感刺激，进一步促进运动功能的恢复。

2. 引导式教育

引导式教育是由匈牙利的安德鲁·比度（Andras Peto）教授于20世纪40年代在临床实践的基础上发展起来的，其核心在于促使和鼓励孩子主动参与学习。

3. Vojta 疗法

Vojta 疗法也称诱导疗法，由瓦克拉夫·沃伊塔（Vaclav Vojta）博士经过多年的临床实践创建，是一种集诊断、治疗、预防为一体的运动疗法。该疗法主要采用反射性腹爬和反射性翻身两种手法对儿童身体的一定部位进行压迫刺激，进而诱导其产生协调的反射性移动运动，同时促进儿童肌肉收缩方向的转换，进而改善儿童的异常姿势，改善身体机能。

4. 神经平衡疗法

神经平衡疗法由物理治疗师叶仓甫创立，该疗法以神经发育理论和学习理论为基础，结合传统 Bobath 疗法，强调运动康复中神经、骨骼和肌肉的密切关系，以感觉通路的建立、肌肉张力的形成、活动体能的增加和神经反射的发展为学习基础，引导儿童在良好的心理情绪下获得平衡发展。

5. 作业治疗

脑瘫儿童的精细动作训练常常以生活化的方式进行，也会借助蒙台梭利教具或作业治疗设备进行，在统整课程研究方面，由香港协康会出版的《香港学前儿童小肌肉发展评估》是一套既能评估也能干预的精细动作适性课程。

（二）生活技能与沟通技能

因运动功能的损伤，肢体障碍儿童在生活技能方面或多或少存在困难，可根据每个儿童的不同障碍程度，设计其需要的生活技能训练，如就餐、位置转移、如厕、清洁、整理衣物、学业物品的取放与收纳、求助、了解生活标识与常识等；沟通技能主要指与学习和生活有关的口语、书面语、辅助沟通方式等。

（三）辅具的配置与使用

肢体障碍儿童的融合教育成效不仅是对其障碍的功能康复，更要通过支持系统为其功能代偿和发挥提供契机，而科技辅具则是肢体障碍儿童功能发展的重要资源。因此，应根据融合学生的需求配置相应的科技辅具，并随时对其使用状况进行跟踪和调适。笼统地说，肢体障碍儿童所需的通用辅具有拐杖、轮椅、电动轮椅、担架、助行器、矫形器、站立架、梯背架、摆位椅、矫正鞋、沟通辅具、移动性辅具、假肢等，但在配置中应根据融合学生的具体类型、治病缘由、支持目标等配置其所需的辅具。

普校教师可能担心辅具的使用会减弱学生自身水平的发展，事实上，个体功能的发挥是通过支持来体现的，辅具恰恰是肢体障碍儿童功能发挥的应然辅具。

（四）自尊与生命教育

随着儿童年龄的增长和年级的增高，自尊会成为他们必修的话题。即使有研究显示肢体障碍儿童的自尊水平与普通学生有差异，教师也不能假定这种差异是他们自身或其肢体障碍本身导致的。教师需要做的是，带领肢体障碍学生参与游戏和团体活动，为他们的适性参与提供支持，为他人诚恳接纳肢体障碍者做出努力，进而带领肢体障碍学生认知自己的能力，增强他们的成就感和自我认同感。

无论肢体障碍是先天还是后天所致，致残历程均对儿童心理发展有重大影响，对伴有进行性的功能弱化趋势或疾病的肢体障碍儿童更是如此。对于这些无法回避的事实，教师（包括资源教师和普通教师）要研发生命教育的课程，以合适的契机和方式与学生本人进行关于生命与死亡的讨论。这样的讨论无须隐晦或禁忌，应直接而开放地进行，教师也不能否认他们自己的感受或压抑别人的感受，应利用一切资源与学生进行亲密交谈。

三、融合教育课程与策略

（一）融合教育课程

肢体障碍儿童融合教育的总体目标为提高学业水平和学习技能；拓展与普通师生及社会成员的交往，发展良性互动关系；培养自尊和自信，建立在融合环境中的归属感。为实现以上目标，融合教育应打破传统课程教学的局限，在融合发展为目标的广域课程体系下，采取融合教育课程。

1. 与非肢体障碍学生相同的常规课程

对仅有肢体障碍的儿童来说，常规课程和教学目标应与普通学生无异，即肢体障碍不能成为这些学生无法参与普通课程的理由。这并非指教师完全按照普通教学的节奏和方法开展教学，而是要带领肢体障碍学生参与常规课程，在必要的情况下，做出方法、具体目标、评价方式、学习时长等方面的调整。例如，脑瘫儿童的认知通常与普通儿童没有差别，这决定了他们可以适应普通课程的内容和要求，但他们常常会伴有言语困难，在口头回答和交流方面需要更多的时间或沟通辅具，因此教师应对其参与口语活动和考核做出一定的调整，给予其充分的支持，而不是降低其学习的目标。

2. 社会融合课程

（1）职业课程。融合教育并非让所有学生走同样的轨迹，对于肢体障碍学生而言，独立与工作是他们的发展诉求。因此，职业课程也是肢体障碍儿童融合教育中应当关注的特殊课程。从肢体障碍学生的青少年时期起，学校应带领他们直接而严肃地思考未来职业问题，并仔细评估他们的个人能力、职业兴趣与动机、职业准备技能和优势、职业发展的可行性等，为他们开展职业技能方面的专门培训。

（2）适应性体育。适应性体育是根据个体差异或能力的局限性来设计和开展体育活动。肢体障碍学生常常因其运动功能障碍而无法适应普通学生的体育课程，但融合学校不能因此禁止其参与体育活动，而应为其设置适应性体育课程。换言之，适应性体育不仅是肢体障碍儿童机能康复的一种方式，更是推动融合教育的有效方式。因此，融合学校应对体育课程的目标、内容、教具器材、教学方法等加以调整，为肢体障碍儿童提供矫正性和发展性的体育活动，让他们通过适应性体育课程能够实现锻炼身体、休闲娱乐的目的。

（3）社区适应与社会关系课程。肢体障碍儿童有权利参与学校及社区的公共活动。随着年龄的增长，肢体障碍者社会化的需求也逐渐增加。融合教育的目的不是在融合环境中单独教授肢体障碍学生，而是带领他们与普通学生共同学习、共同成长，完成社会化的过程。社区适应与社会关系的课程不是在学校教室里模拟或教授，而是要求教师克服"避免带他们进入有其他学生的场合"的想法，尽量在自然情境中教授他们社区适应的能力和方法，帮助他们发展社会关系，建构除家庭成员和固定教师或医生之外的人际圈。同时，教师还应教会其他人理解他们的行为及沟通模式（包括学会利用沟通辅具与他们交流），提供机会让肢体障碍儿童与普通人接触并进行有意义的交流，引导他们建立同伴关系、发展友谊等。

（二）融合教育策略

1. 保持对肢体障碍儿童的期望

虽然很多疾病会导致个体严重的肢体障碍，但他们仍然可以拥有一个聪明的头脑，即使是脑瘫或其他严重的瘫痪也不一定导致智力的损伤。因此，肢体障碍儿童融合教育的首要任务是让没有肢体障碍的人知道有肢体障碍是怎样的以及怎样适应肢体障碍。在这一点上，专业的主张是对肢体障碍儿童给予高期望。这并非指脱离他们的实际情况而随意期望，而是要求教师以平常心应对他们的肢体障碍以及肢体障碍为他们带来的困扰和需求，对他们的发展潜能给予充分的肯定，并提供其潜能发挥所需的支持。

2.确立独立自主和自我拥护的融合目标

肢体障碍儿童的发展需要特别的支持和辅助，但这并不意味着要代替他们参与学习和完成任务，即使我们对他们的自主能力和存在的困难充满担忧，也不能为了避免他们受伤或受挫而把他们完全保护起来。独立体验和自主参与是肢体障碍儿童必须逐步建立的学业目标，在该目标的实现过程中，肢体障碍儿童能够逐渐完成对自我能力、需求、自尊、潜能等方面的认知，完成自我悦纳的心理建构。因此，在融合教育中，教师应鼓励他们并教授他们所需要的技能，以让他们最大限度地得以自立和自我照顾，同时谨慎安排普通师生对肢体障碍学生的帮助，避免因过度帮助而剥夺其独立学习和自我体验的机会。以下是肢体障碍者乙武洋匡在其自传《五体不满足》中记述的他的小学老师"高木老师"是如何帮他完成独立自主和自我拥护目标的。

"高木老师认为如果别的同学时时处处帮助我，对我并没有好处。……但同学们对一位同学的帮助本质上是一种美好的行为，……可我的同学越来越多帮助我会让我失去自理能力，完全依赖他人……产生'我等着不干，过一会儿就会有人来帮助我'的惰性……

"高木老师经过了一番思想斗争，最后向全班同学摊牌：'对于乙武来说，他自己能干的事尽量让他自己干；他自己干不了的事，我们再去帮助他。'同学们听了高木老师的话，心里有些不高兴，小嘴噘得老高。这是小学一年级学生啊，但老师的话必须得听。'是……'同学们齐声回答。……高木老师说：'乙武现在看上去是怪可怜的，但有些事他必须自己做。这孩子将来要靠自己生存下去。将来是他自己的，他现在就要为将来做准备，这也是我的任务。'"

3.建构充分的无障碍环境

尽管肢体障碍儿童需要持续的运动功能和其他伴随障碍的持续康复和特殊教学，但他们的融合教育更需要无障碍环境的建构，包括物理空间无障碍、心理无障碍、信息无障碍等。无障碍环境涉及肢体障碍儿童对普通环境及活动的参与情况，也关系着普通师生对肢体障碍儿童的了解与支持。无障碍环境的建设是实践面向，也是理念调适，融合学校不能把无障碍环境建设认为是为了少数残疾人而做的"大投资"，而应认识到每个人都会有行动不便的时候，无障碍环境建设是教育普惠和社会文明的重要标志，其受用者不只是残疾人，也惠及老年人、伤病人员、孕妇、儿童以及其他有特殊需求的普通人。

4.评估影响肢体障碍儿童融合的生态因素

任何特殊干预都要以精准评估为基础，而评估的内容不只是针对肢体障儿童，更要关注影响肢体障碍儿童学习、参与课堂、行为活动中的生态因素。根据生态系统理论，环境（包括物理环境和社会环境）作为个体生活的"栖息地"对人的发展具有极其重要的意义，当环境中有着丰富的资源能够提供个体成长和发展所需时，人就会逐渐成长；当环境中缺乏必要的资源时，人的身心发展和功能发挥都会受到严重影响。因此，融合教师应对肢体障碍儿童融合学习和生活的生态环境因素进行评估和反思，包括家庭支持、学校经历、医疗条件、公众态度等方面对他们的影响，及时注意到他们的身心反应和发展需求，并给予适当的调适和支持。

5.考虑肢体障碍学生的文化价值观

传统的教育，尤其是中国传统文化影响下的教育关注学生对知识的掌握程度，强调教师主导下的学习跟随和思想发展，这对学生形成统整的文化价值体系具有重要的推动作用，但也在一定程度上忽视了学生个人的价值体系和对自己"生存空间"的理解。在特殊教育方面更是如此，过去的残障研究和实践以"病理模式"看待残疾，教育的视角力求"修复残疾"，许多残障者也会"以残疾为耻"，努力"正常化"。但随着研究范式的转变，人们逐渐认同在社会文化视域下看待残疾，残疾人也不必"摘掉残疾的帽子"，而是悦纳残疾，发展潜能。在这一点上，融合教育的意义远不止"教育"，更重要的是"融合"，通过融合教育引导肢体障碍学生和普通学生都能理解"残疾只是身体的一个特征，它或许无法修复，但绝不是阻碍一个人发展和参与普通社会生活的鸿沟"。

四、融合教育中的班级管理

肢体障碍儿童会不可避免地产生矛盾心理，一方面，他们希望自己没有残疾，与其他人一样；另一方面，在适当的管理和帮助下，他们又希望自己最终接受残疾，过普通的生活。因此，教师如何揣摩肢体障碍儿童的心理，并给予其合适的关注是融合教育班级管理中一项重要的课程。以下提供了肢体障碍儿童融合教育中的班级管理策略供学校教师、行政管理人员参考。

（一）增加肢体障碍儿童的参与机会

建构融合友善的环境首先要尊重和保障肢体障碍儿童的参与权利，不因其有运动、健康、沟通等方面的问题就剥夺其接受全域教育的权利。提倡学生参与活动，并在能体现他们优势的活动中努力完成任务，参与方式如下：①感觉动作参与，指肢体障碍儿童有机会使用他们的感官和动作对外界做出反应、操纵物体并与他人产生互动；②移动性参与，指肢体障碍儿童有机会从一个地方转移到另一个地方，可以借助出行辅具，也可以给予人工帮扶；③认知参与，指让肢体障碍儿童与普通儿童一同认识外界事物，不因其特殊性而降低或剥夺其认知机会；④沟通参与，指引导肢体障碍儿童以自己能建构和参与的方式与外界沟通，包括让肢体障碍儿童和普通儿童都学会使用沟通辅具；⑤社会参与，指为肢体障碍儿童的社区适应、社会关系的建立等提供机会和指导，使他们有机会与其他人互动。

（二）根据肢体障碍儿童所需进行教学调适

教学调适是指在融合班级中对肢体障碍儿童的学习及其他活动做出符合其个别化教育计划的调整。需要注意的是，调适的原则不是简单地降低难度，而是在支持视角下实现其有效参与，包括借助辅助完成任务。具体来讲，当儿童难以完成常规的动作或任务要求时，可以对动作或任务的序列进行调整以适应他们的身体条件，如在"从地板上捡物品"的任务中，如果学生难以完成"弯腰—下蹲—控制姿势—捡起物品—起立"的动作序列，则可以变更任务为"坐在地板上捡放物品"，这一变更并不是不做"捡"的技能学习，而是打破固化的学习顺序，调整实现方式而完成任务。再如，通常情况下的动作学习遵循"翻身—爬行—站立—走路"的顺序，照此序列，似乎只有依次学会相应技能才能实现走路的目标。实际上，我们可以利用助行器直接教授儿童移动和行走，在调适状态下使他们能够通过自主移动拓展活动范围和参与机会。按照调适的原则，融合班级应建立支持肢体障碍儿童借助辅助参与常态学习和活动的理念，为他们准备独特的教学材料和学习设备，教授他们知晓利用辅具的场景和方法，即使实在无法独立完成，也可以教授他们学会请求帮助。

（三）创建残健协作的学习模式

协作学习又称合作学习，指通过小组或团队的形式组织学生进行学习的一种策略。在融合教育环境下，普通学生和肢体障碍学生协作学习模式的建立不仅有助于提高肢体障碍学生的学习效能，更有助于建构和谐的班级氛围。具体实践可参照以下几点：①注重团体共同目标的建立，建立积极的团队成员相互依赖关系，而不是肢体障碍学生对普通学生的依赖；②为所有成员设置合适的任务分工和责任，创建资源共享、协同参与、共同奖赏的评价机制，避免肢体障碍学生被包办代替而无事可做；③建立面对面的相互作用机制，要求团体成员通过实际活动和直接沟通促进任务完成；④在协作中注重培养人际交往能力，建立彼此信任、沟通顺畅、积极解决冲突的人际互动模式；⑤强调每位成员，尤其是肢体障碍学生对团体的贡献及意义。

（四）发展同伴指导策略

同伴指导策略是一种十分有效的融合教育实践方法，在融合班级中指普通学生对融合学生提供学习或活动指导，帮助其提高学业或适应能力的方法。该方法的有效实践必须注意避免出现指导者增加负担或产生优越感，被指导者回避参与或产生自卑感的结果。以下是同伴指导策略的培养要点：①同伴指导应注重双赢的目标，即肢体障碍学生在有效的指导下获得能力提升和同伴融合，普通学生在帮助他人的过程中建立责任感；②教师应帮助学生建立互惠的同伴关系，而不是使肢体障碍学生单向获益；③同伴指导是有效的学习方式，但帮助不是友谊的基础，教师不能强调友谊的一方是帮助者或被帮助者。诚如影片《无法触碰》中所说："人性的光辉闪耀并不在于他们之间谁为谁做出了更大的牺牲，仅仅在于，你给我所想要的安静与尊严，我给你所愿的认可与提携。"

本章小结

本章首先介绍了肢体障碍的定义、分级、成因，以及评估的内容和方法。据此，我们应明确认识到，肢体障碍的核心问题是运动功能障碍，可能伴有也可能不伴有其他继发障碍，但他们并不会存在广泛的学习能力的弱化，而是需要更合理支持下的潜能开发。其次，通过肢体障碍儿童生理和心理特征的梳理，我们应该知道肢体障碍儿童因其所处的困境会出现相对复杂的心理发展历程，但这并不一定是肢体障碍本身导致的，更与环境给予的支持程度有关。同时，肢体障碍也不一定会导致他们出现与普通儿童完全不同的人格特征。最后，肢体障碍儿童的融合教育一节提出了应推进多元无障碍环境的建设和资源教室模式完善的要求和具体实践方向，在这一过程中，普通教育、特殊教育、教育行政管理、社会工作、心理咨询、医疗卫生等领域应共商共建协同服务机制，而具体的融合教学实践应在理念和方法上做出多方面的改变，根据上述指导性原则和方向进行具体的设计，避免一成不变。

总之，对于肢体障碍儿童及其融合教育，我们应认识到：如果对待肢体障碍的态度并没有改变的话，即使消灭导致肢体障碍的疾病，肢体障碍者的处境和因此带来的问题也不会有太大的改变。有此指引，实践的方法和策略即会朝向正确的方向。

思考题：

1. 肢体障碍的类型及成因有哪些？
2. 结合实例谈谈肢体障碍儿童的一般发展特点。
3. 简述肢体障碍儿童在不同时期的心理发展特点。
4. 肢体障碍儿童的融合教育在无障碍环境创设方面有哪些独特要求。
5. 融合教育环境中肢体障碍儿童的个别化支持应从哪些方面进行。
6. 从残障理念的变化说明肢体障碍儿童融合教育的支持策略。
7. 请为一名就读于普通小学的 12 岁脑瘫儿童制订一份融合教育方案。

参考文献：

[1] 方俊明. 特殊教育学 [M]. 北京：人民教育出版社，2005.

[2] 张福娟，杨福义. 特殊儿童早期干预 [M]. 上海：华东师范大学出版社，2011.

[3] 曹丽敏，余爱如. 脑瘫儿童引导式教育教与学 [M]. 北京：华夏出版社，2012.

[4] 务学正. 脑瘫儿的疗育 [M]. 郑州：郑州大学出版社，2009.

[5] 吴葵，任筱舒. 脑瘫病人社区和居家康复训练指导手册 [M]. 武汉：华中科技大学出版社，2012.

[6] 丹尼尔·P. 哈拉汉，詹姆士·M. 考夫曼，佩吉·C. 普伦. 特殊教育导论 [M]. 肖非，等译. 北京：中国人民大学出版社，2010.

[7] 中华人民共和国住房和城乡建设部. 无障碍设计规范：GB 50763—2012[S]. 北京：中国建筑工业出版社，2012.

[8] 熊利平，杜明霞. 神经平衡疗法应用于重度徐动型脑瘫儿童粗大动作康复训练个案研究 [J]. 绥化学院学报，2018，38（1）：108-112.

[9] 李继君. 脊柱推拿结合 Vojta 疗法对痉挛型脑瘫患儿肢体运动功能的影响 [D]. 昆明：云南中医学院，2007.

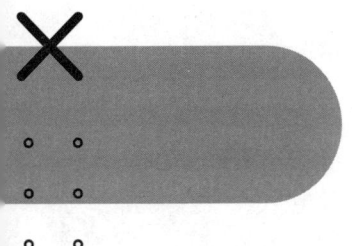

第九章　语言障碍儿童的教育

第九章 语言障碍儿童的教育

案例：

　　玲玲就读于一所普通学校的一年级，在班里沉默寡言，不与同伴交往，不爱玩玩具，拒绝参加班里组织的任何活动，常常一个人默默地坐在小椅子上不让小朋友接近她。老师同她讲话时她也会露出很害怕的眼神，有时她会把头扭到一边装没听见不理你。小朋友同她交往时，她要么不理会，要么推开小朋友，甚至用双手捂着脸哭。经过观察发现，玲玲虽然拒绝与人交往，但她会用眼睛注视老师和小朋友的活动，当有的小朋友做出滑稽的动作时，她也会哈哈大笑，而当她发现有人看她时，她会立即收起笑容，像什么也没发生一样。

　　经了解，玲玲从小说话就有点吐字不清。六岁前一直由父母照看，父母是个体商贩，忙于开店无暇顾及玲玲，因她说话不清，怕别人笑话、嘲弄她，经常把她一个人锁在家里，很少让她与别人接触，导致孩子出现依赖父母，怕与人交往的自卑心理，语言表达能力发展缓慢。

　　老师发现这一状况后，对玲玲制订了个别化教育计划，每天去资源教室进行专门的语言训练，每个月对玲玲进行家访，跟家长沟通玲玲在家的表现。同时，任课老师积极引导玲玲参与课堂活动和课外活动。一学期后，玲玲能够主动在课上发言，并且能参与简单的课堂讨论。在家访中家长也表示玲玲主动参与到家庭活动中的频率增加了。并且在期末考试中玲玲的学习成绩前进了10名。

问题聚焦：

　　玲玲是属于生理有点缺陷引起的发音不清楚，父母没有采取积极有效的治疗、教育等措施，只是采取消极的"保护"措施，使玲玲的身心得不到健康的发展，成为由自卑感导致退缩行为和语言发展障碍较严重的幼儿。语言障碍的主要表现是个体在语言交谈中，表现出吐字不清楚，主要是对某些音发音不清，或对一些语言发声有变调、错误、遗漏、替换等，以及讲话不能成句的行为。语言障碍得不到及时改善很有可能衍生情绪与行为问题，从而对儿童的身心健康造成较大的影响。但是，积极干预可使语言问题得到改善，降低语言障碍对其生活学习的影响，最大限度保证儿童能够正常学习交流。

学习目标：

1. 了解语言障碍儿童的表现。
2. 了解语言障碍儿童的心理发展特征。
3. 掌握语言障碍儿童的融合教育内容及策略。

第一节 语言障碍概述

有人类存在的地方就有语言，人类需要语言来帮助自己学习、表达、沟通、记录。语言对我们来说如同吃饭睡觉一样平常，也一样重要。所以，大多数人会将语言障碍同智力落后等同起来，也会认为语言障碍就是不会说话，不会思考，不会学习。然而，事实真是如此吗？让我们从沟通、语言、言语几个基本概念入手，来界定清楚本章语言障碍探讨的范围。

一、语言、言语与沟通的定义

（一）语言

语言作为一种社会交际工具，是指按照特定意义的规则，借助人为设定的符号，用以思想交流的符号系统。编码或传送信息被称为表达性语言，解码或理解信息被称为接受性语言。根据布鲁姆和拉海（Bloom L., Lahey M. 1978）的理论，语言由形式、内容、使用三个成分组成，形式包括语音、构词、语法；内容包含语义；使用层面即为语用，具体内容如表9-1所示。

表9-1 语言要素构成表

项目	成分	内容
语言的形式	语音	语言的声音系统及决定声音组合的语言规则
	构词	决定字的结构，以有意义的基本要素来解释字词的语言规则
	语法	决定字的架构、组合以形成句子及句子要素之间关系的语言规则
语言的内容	语义	心理语言系统，形成字和句子在表达、内容和意义的语型
语言的使用	语用	社会语言系统，形成语言在动作、口语或言词沟通时的使用语型

（二）言语

生活中我们经常将言语与语言混为一谈，事实上言语和语言是不同的，言语是依附在语言之下，一种可听得见的语言（林宝贵，1997）。言语可定义为人们运用语言进行交际或思考的过程。简单来说，言语就是个体发出的声音。这些声音经过不同顺序的组合就产生了口头语言，是一种心理现象，也是一种物理现象。

(三)沟通

沟通是个体生存最基本、最重要的要素。常常被定义为"信息交换的过程""意见表达与接收的过程""情意交流失误过程"或是"思想联系的过程"。沟通的产生过程中需要传信着发出信息,收信者接收信息,二者有共同的沟通意图,并使用共同的符号或信号系统。虽然人类具有使用语言或非语言编码与解码沟通信息的能力,但是每个人的沟通能力是不相等的。沟通可以实现个体内和个体间的沟通,具有表达基本的需求、交换信息、建立社会亲密感、参与社会活动等功能。从图9-1可以看出,语言与说话都是实现沟通的重要构成要素。

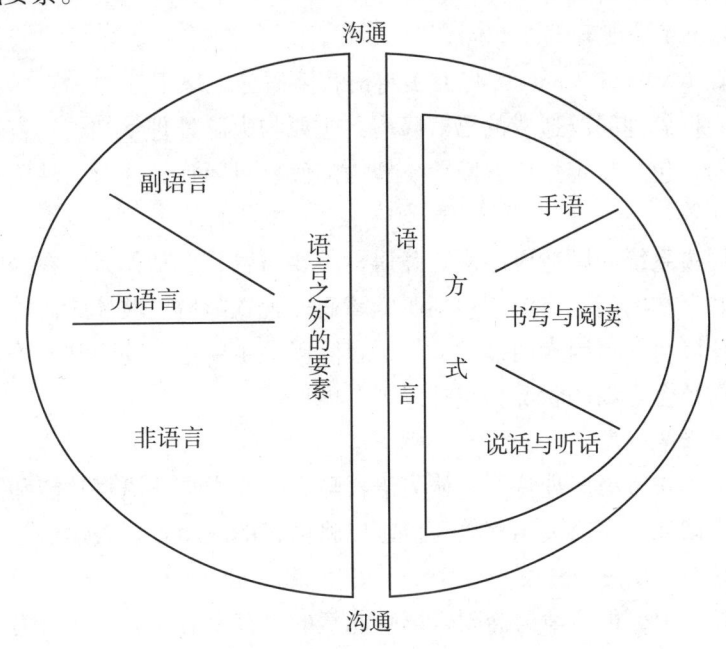

图 9-1 说话、语言与沟通架构图

二、语言障碍的界定及分类

(一)语言障碍的定义

美国言语语言病理与听力学协会(ASHA,1993)将语言障碍定义为,在理解与使用口语、书面语或是其他符号时有缺陷,可能涉及:语言的形式、语言的内容、语言在沟通中的功能。

我国台湾地区对语言障碍的定义为:语言理解与语言表达能力与同龄者相较,有显著偏差戒迟缓现象,而造成沟通困难者。包括构音障碍、声音异常、语速异常、语言发展迟缓。

我国大陆对语言障碍的界定主要体现在 2006 年残疾人抽样调查中对言语残疾的界定中，指由于各种原因导致的言语障碍（经治疗一年以上不愈或病程超过两年者），而不能或难以进行正常的言语交往活动。包括失语、运动性构音障碍、器官结构异常所致的构音障碍、发声障碍、儿童言语发育迟滞、听力障碍所致的语言障碍、口吃。

由此可见语言障碍是一个较为宽泛的概念，从语言发展的速度、语言的层面、语言的表达与接受及障碍程度等不同的维度都有不同的表达名词。

（二）语言障碍的分类

1. Nelson 的分类

奈尔森（Nelson Brooks，1998）将语言障碍分成以下三种。

（1）中枢处理问题造成的语言障碍。主要与大脑处理认知、语言学习活动的缺损有关，包括特定型语言障碍、智力障碍、自闭症、注意力缺陷障碍、先天性脑创伤等。

（2）周边系统问题造成的语言障碍。主要与感官、动作系统在接收与传达语言信息时存在的问题有关，包括听觉障碍、视觉障碍、肢体障碍等。

（3）环境与情绪因素间接造成的语言障碍。主要指一些不利于语言发展的成长环境与社会互动的状况，包括忽视、虐待等。

2. 依病原学分类

医学上主要考虑病理特征，认为语言障碍主要指缺乏语言功能和能力，如失语症、失读症、言语失用症等，但难以将语言的问题真正表述清楚。

3. 特殊教育使用的分类

特殊教育中，很多障碍会附带影响儿童的语言发展能力，如智力障碍、听障、学习障碍等，但是这样的分类无法提供明确的语言缺陷信息。

4. 以儿童的障碍类型分类

由于上述语言障碍的分类难以表述症状，因此现在越来越多的学者将语言障碍按照语言的组成要素来进行区分，如语音障碍、语义障碍、语法障碍、语用障碍等。

据此可知，语言障碍在不同的领域有不同的界定方式。由于本书在其他章节已经详述听觉障碍、学习障碍、自闭症等儿童的语言问题表现，本章语言障碍将重点关注特定型语言障碍（specific language impairment，SLI），其指的是正常环境下生长，智力及听力正常，没有神经或言语机制的损伤，没有感觉缺损、精神发育迟滞等现象，但语言能力发展迟缓或异常，语言发育迟缓、构音障碍，以语言学习困难、语音不清晰为主要表现形式的语言障碍。

三、语言障碍的发生率

语言障碍极为多样，有时候难以做出鉴定，并且常常是与其他障碍（如智力障碍、脑损伤、学习障碍或自闭症）并存的。

美国1998年的调查显示，6～17岁的儿童中接受言语或语言障碍康复教育的人数占2.28%。1999年，2岁儿童"言语—语言障碍"发生率高达17%，6岁儿童"言语—语言障碍"发生率为3%～6%。据英国1980年的调查，7 000名受试儿童中，有8%出现严重的语言问题，18%出现轻度的语言问题。2014年，我国有0～14岁儿童有2.555 8亿人，按3%的"言语—语言障碍"发生率估算，我国学前及学龄段"言语—语言障碍"儿童有676.74万人。

国外研究表明，幼儿园特定型语言障碍的发生率为7%～8%。特定型语言障碍儿童在学龄期更易产生学习困难与阅读障碍，而且跟踪研究结果显示，随着年龄的增长，该类儿童学习困难出现的风险呈递增趋势。姚晓菊对国内普通幼儿园3～6岁的儿童进行抽样调查发现，幼儿园特定型语言障碍平均发生率为2.1%。许瑾对国内4～5岁儿童进行语言能力的测查，发现特定型语言障碍的发生率约为4.41%。如果考虑国内学前儿童人口基数，国内该类儿童的整体数量会相当大。国外的追踪研究发现，到小学之后，50%～90%的特定型语言障碍儿童的语言缺陷会继续存在，且会存在阅读困难。多数特定型语言障碍儿童的语言能力最终能够达到正常水平，但常继发阅读与读写困难、人际关系异常、情绪与行为障碍等。

四、引起语言障碍的原因

（一）生理因素

1. 遗传

有研究表明，在语言障碍的高发人群中，很多是因为遗传导致了语言障碍。研究显示，约有20%的语言障碍儿童有一级亲属存在语言或言语障碍，在正常儿童中一级亲属存在语言障碍的仅有3%。阮航（2009）的调查发现，在言语残疾患者中，遗传导致语言障碍的占25.71%。汤伯林（2012）研究发现，同卵双生子沟通障碍的共同发生率高达80%，其中55%的患者障碍类型是一致的。

2. 大脑损伤

大脑皮质的语言中枢损伤会直接导致语言的理解或表达发生障碍，导致语言发育迟缓。大脑的其他部位（如听觉中枢）的损伤或轻微脑功能失调也可能间接地影响儿童的语言获得与发展，导致语言障碍。调查发现，0～14岁人群主要致残原因：脑瘫占30%，智力低下和其他原因各占18%。

3.听觉功能障碍

听觉功能在儿童的语言学习中起重要的作用。听觉器官受损、听力损失、听觉辨别能力差、听觉注意能力弱等将直接影响语言的获得与发展。轻度的听觉障碍对学说话影响不大，中度听觉障碍可能会由于接收的听觉信息不清晰而导致发音、声调的偏差，重度及极重度听觉障碍会使言语表达更为困难。调查发现，0～14岁人群主要致残原因中听觉障碍占10%。

4.发音系统缺陷

说话是一种快速、复杂的动作行为，需要精密的神经与肌肉协调地配合，如双唇及牙齿的闭合、舌部的控制能力等会影响咬字发音的发展。患有唇腭裂的儿童，软腭的活动可能会受到影响，导致说话鼻音过重。因此，说话发展与关键的动作技能需要平行发展。一名儿童如果动作技能发展迟缓，常伴随着说话发展迟缓。

5.智力

智力与沟通能力有着密切的关系。不少研究表明，智力与儿童语言发展存在正相关关系。高智力水平的儿童在观察力、理解力、记忆力、模仿力等方面都优于低智力水平的儿童。智力水平高的儿童善于提问和思考，并能准确把握语言情境，因此学会说话的时间早、口齿清晰、语句流畅、内容丰富；智力水平低的儿童因其认知水平低下，观察力和思考能力比较弱，加之语言刺激不足，说话练习机会少，词汇量不足，对于句子间的逻辑关系无法把握，因而导致其理解和表达困难，造成语言障碍。

（二）心理因素

除生理和神经系统的损害会直接导致儿童的言语、语言功能发生障碍外，心理因素也是造成语言障碍的主要原因。交流是为了更好地表达和理解。在交流过程中，健康心理的有效支持是保障交流顺畅进行的基础。如果一个人有健康的心理，就比较容易与他人沟通，而如果一个人出现了心理方面的障碍，就必然影响交际的正常进行。例如，患有抗拒症、孤独症、口吃等疾病的儿童绝大部分都会因心理的障碍引起交流中的情绪困扰，或因自卑而过度紧张，结果导致更严重的交流障碍。研究发现，性格内向、害羞的儿童比起性格外向、好问好动的儿童，语言的发展要差，获得的语言刺激要少得多，而且表达和练习的机会也少得多。这已成为该类儿童语言发展迟缓或无法获得正常言语技能的一个重要原因,而情绪常常受到压抑的儿童又极容易产生口吃的情况。

(三)环境因素

儿童言语和语言能力的发展离不开环境的影响,语言环境的好坏直接影响儿童语言获得与发展。导致儿童语言发展迟缓的原因之一就是儿童缺乏适当的语言学习环境。对儿童来讲,家庭是儿童沟通能力发展最直接的环境。良好而丰富的语言环境能促进儿童语言的良好发展,反之则会限制儿童语言的正常发展。例如,对儿童"口吃"过于关注并常常斥责或纠正其口吃的家庭,儿童口吃的情况往往会更加严重。如果在儿童语言发展初期,所处的家庭环境使用的语言系统混杂多样,或者频繁更换儿童的语言环境,也会使儿童因无法适应变换的语言环境而影响语言的发展。儿童被过分照顾而减少语言学习的机会、儿童缺乏语言模仿的对象、家长对儿童的沟通需求能否及时满足、对于儿童语言发展中的问题能否有所了解,以及家长对待儿童的态度是否适当等因素都会影响儿童沟通能力的发展。

对于语言障碍的成因分析,不能从单一因素分析,必须结合多个因素进行。例如,特殊的说话方式和本身的气质条件可能共同导致儿童发生语言障碍,儿童的理解障碍又受到个体本身性格特点、观察力、记忆力等方面的影响,而儿童所接触的语言种类和其个性特点又是导致儿童言语障碍的因素。因此,在分析儿童语言障碍的成因时,要进行多方面的资料收集和因素考察。

第二节　语言障碍儿童的特征

本节将从语言和非语言两个方面对语言障碍儿童的特征进行介绍。

一、语言障碍儿童的语言特征

为了能够更加全面地描述语言特征,下文将以语言要素为主要线索对语言障碍儿童的语言特征进行介绍。

(一)语音特征

语音主要包括语言的声音系统及决定声音组合的语言规则。语言障碍儿童的主要表现有以下几个。

(1)言语呼吸障碍,主要症状为说话气短、吃力、异常停顿、声音粗糙、病理性硬起音或气息音等。

（2）发声障碍，指响度、音调、音质等方面的异常。响度异常主要包括响度过强、响度过弱和响度单一等，是呼吸气流量、声带阻力、声带振动形态和声门下压等因素共同作用的结果。音调异常主要包括音调过高、音调过低和音调单一等，主要受声带的长度、质量、张力和声门下压等因素的影响。音质异常主要表现为嘶哑声、粗糙声和气息声等。

（3）共鸣障碍，包括口腔共鸣异常和鼻腔共鸣异常。

（4）构音障碍，构音器官的异常及协调运动障碍而导致在发出有意义言语声的过程中出现构音不清和声韵调异常等现象，影响言语清晰度。

（二）语义特征

语义是语言组成的要素之一，主要是与语言中词汇、词组及句子的意义有关。语言障碍儿童在语义的习得方面的主要表现有以下几个。

（1）词汇量少，词汇类型贫乏，习得困难。

（2）词汇习得开始时间较晚。

（3）词汇错用。

（4）多义词理解困难。

（5）象征性/比喻性语言的问题。

（6）词汇获取困难。

（7）语言组织的问题。

（三）语法特征

语法是指掌控、规范句子结构的规则系统。无论是口语还是书面语言，句子中使用不同词汇的组合、排列顺序都是依循语法规则而产生的。而语法规则知识的运用可以让说话者产生无限的句子。由语言习得的观点来看，儿童语法的学习必须在不断输入的语句中，抽取出想象的规则，这是最困难的语言发展任务。

1.特定型语言障碍儿童语法习得困难

（1）较晚出现词汇结合的发展。

（2）动词的学习与应用困难。

（3）时态问题与不规则动词的变化习得困难。

2.学习障碍或语言学习障碍儿童的语法问题

（1）句子中省略词汇。

（2）句子中有颠倒或替代的现象。

（3）在助动词、动词、时态、介系词、连接词等的使用上有困难。

（4）在代名词的使用上有困难。

（5）在找出使用错误的语法结构上有困难。
（6）自发性语言样本中所使用的词汇数显著低于同年级同学。
（7）对比较级、最高级等句型的理解上有困难。
（8）对非典型句式和复杂结构的产出和理解存在困难。

（四）语用特征

语用所关注的焦点在沟通的功能、沟通的频率、交谈对话的技能、依不同沟通对象与情境调整说话内容、方式等层面。强调沟通意图、言语行为、语用前设、交谈组织、交谈准则、自然的沟通情境等方面交互作用。沟通时所用的语言因沟通对象、地点、时间的不同而有所规限，如果逾越某些界限，则可能变成说话不得体，导致沟通不良，甚至成为诽谤、辱骂等。语言障碍儿童语用的主要习得特征如下。

（1）无法维持话题。
（2）无法提供适当与足够的信息开启话题。
（3）无法扮演好听者/说者轮替的角色。
（4）当信息不清楚时，无法适当修补或重新叙说清楚。

（五）语言觉识能力特征

将语言当成物品思考或表征，并可谈论它的能力即后设语言或语言觉识能力。在日常生活、语言学习、学校学习过程中对语言结构或是使用规则及情景适当性做有意义的抽离思考。语言使用者能有意识地思考语言的组成单位、结构或规则。研究证实：语言觉识能力与儿童读写能力发展有密切的关系。语言障碍儿童主要在以下几个方面有困难。

（1）语法结构判断。
（2）句子分解。
（3）句子结合。
（4）说出同义词、反义词、同音异义词。

二、语言障碍儿童的非语言特征

特定型语言障碍及构音障碍儿童的智力水平与普通儿童没有显著差别，但是由于语言能力的限制，他们在语言表达、语言学习及与语言相关学科的学习过程中会表现出一定的困难。同时，他们还会在人际交往、情绪表达上存在困难，相比普通儿童会有较多的心理问题出现的可能，其非语言特征主要表现在以下几个方面。

（一）退缩与回避

语言障碍儿童会有意减少在他人面前的言语行为，他们在公共场合或者团体交往情境中，往往选择回避的方式，以掩饰自己的不足。这种回避容易造成恶性循环，导致儿童自我隔离，影响其融入社会。语言的问题让一些原本外向的孩子将自己的心封闭起来，但是他们内心深处都希望交到一些朋友，其实只要有耐心和爱心，老师们总能找到办法敲开他们心灵的大门，让阳光照进去。

（二）焦虑

由于语言表达方式不同，语言障碍儿童会更容易感受到来自外部环境的压力，包括来自家长、同伴、老师的压力等。因此，当他们处于需要沟通的情境时，可能会表现出明显的焦虑，对自己的沟通能力和沟通效果产生怀疑，出现自暴自弃的现象。

（三）其他问题行为

当意识到自己或自己的言语或语言行为受到他人的嘲讽时，部分语言障碍儿童为了维护自己的自尊，会采取攻击、哭闹、发出异常声音等不恰当行为来获取关注，进而导致他和集体的疏离。

总的来说，语言障碍儿童表现出较大的异质性，在面对语言障碍儿童时需要具体分析其语言障碍类型，找到本质原因"对症下药"，尤其是特定型语言障碍儿童，他们往往在技能型学习方面有较大的优势，我们需要更深入地了解每个儿童的个性特征，做出有针对性的教育方案。

第三节 语言障碍儿童的融合教育

随着融合教育和随班就读的发展，语言障碍儿童越来越多地被安置在普通教育班级中，这就意味着所有教师都必须了解在班级中如何处理各种语言问题。帮助儿童改善言语和语言问题需要教师、专家及家长的共同努力。教师可以针对某一个语言障碍儿童制订专门的方案，可通过仔细地听儿童讲话、示范适当的言语和语言让儿童模仿、鼓励儿童恰当地运用自己的沟通技能等方式，提高儿童的语言表达能力。科学与实践已经证明，语言障碍儿童具有巨大的潜能与无限的发展空间，因此从学前教育开始，让他们在普通校园中接受教育，通过融合教育为他们提供平等的教育机会、共享社会物质文化成果、与普通儿童零距离接触，有利于发掘与发现他们的优势和潜能，为他们将来更快地适应社会生活，乃至成为人类财富的创造者提供更大的发展空间。

一、语言障碍儿童的个别化支持内容

支持性的教育是指提供一些教育资源或策略，帮助有特殊需求的儿童从学习或生活的环境中获得必要的资源、信息与关系，进而使其的独立性、生产性、资源整合性都得到提升。针对不同障碍类型的沟通儿童，要有针对性地进行个别化教育。

（一）针对构音障碍儿童的支持性教育

（1）帮助儿童提高分辨语音的能力，了解自己存在的构音问题；提供正确的构音示范。

（2）利用相关的材料和教具（如镜子、录音机、图片等）进行构音训练，鼓励儿童尝试通过改变构音运动方式（如改变舌、唇等构音器官的姿势），诱发新的语音或矫正错误的语音。

（3）通过"单音节—字词—句"的逐层递进练习，使新习得的语音得以稳定。

（4）监控儿童的学习过程，当儿童使用不正确的语言表达方式时，及时予以提示或矫正。

（二）针对声音障碍儿童的支持性教育

教导儿童一般发声的原理，指导儿童声音保健的方法，具体如下。

（1）音量适当：避免大声说话、过度兴奋的叫喊或急促的尖叫。

（2）音调适当：避免音调过高或过低，不要以耳语的方式说话。

（3）注意休息：保持充足的睡眠，避免过长时间进行说话活动。

（4）在专业人员的帮助下，借助各种方法，改善儿童的声音问题，如通过呼吸调练扩大儿童的呼气流量；通过发音训练，直接矫正儿童的音调、音量，消除硬起声等障碍状况。

（5）提供及时反馈，如将儿童说话的声音进行录音，让儿童通过对自己声音的音调、音量和音质做出评价，进行自我反馈和适时调整，以矫正自己的发音。鼓励儿童用悦耳的声音说话。

（6）帮助口吃儿童建立自信心。教师应充分认识口吃儿童的特征，减少儿童的心理压力，对待口吃儿童要像对待班级其他儿童一样，尝试使用以下方法提高儿童的自尊心：认可儿童所要表达的内容，而不是其表达的方式；不给儿童贴标签；接受儿童口吃的表现。

观察儿童口吃的表现：是否在某些特定的人面前、某些特定的场合、某些特殊的环境下，以及是否在某个话题下或说某些字词时，容易出现口吃情况。

观察儿童的情绪反应，引导他说出内心的感受，与儿童一起分析问题产生的原因，找出解决问题的方法。

口吃儿童说话时，教师要多聆听、保持适当的眼神接触、注意他的身体语言、多给予笑容及回馈，让他感觉到教师的关怀与鼓励。在环境创设上，要为口吃儿童提供压力较小的环境，如从合唱、共同朗读等环境中练习说话，逐渐过渡到能单独在不同情境中流利地说话；还要创设情境，为儿童提供机会，使他们体验说话所带来的乐趣；鼓励口吃儿童发展其他方面的特长，帮他们建立自信心。在与人交往上，鼓励同伴积极接纳口吃儿童。

（三）针对语言发展迟缓儿童的支持性教育

1. 促进语言理解的策略

使儿童专注于教师讲授的内容，要求儿童集中注意力，通过各种方式保证专心听讲；在讲授新的概念或知识点时，使用儿童熟悉的词汇并进行解释；变换讲授方式（如辅以演示等）以帮助儿童理解；与儿童沟通时，说话内容简明直接，说话速度缓慢适中。有需要时，询问儿童是否理解你说话的内容，并对较复杂的概念加以解释。

2. 促进语言表达的策略

利用各种自然情境进行表达技能的训练，提高儿童在不同情境下的语言表达能力。在儿童说话发生错误（如语音、词汇或语法等的错误）时，不要生硬地打断。如果教师不能理解儿童要说什么，就要询问儿童。如果教师能够理解儿童想要表达的意思，可以进行适当的示范和扩充。例如，儿童说："跳绳。"老师说："是的，小朋友在跳绳"；儿童说："wa wa"（儿童表达疼痛时的拟声词），老师则扩充："小狗摔倒了，头磕破了。"这种顺应儿童交流内容的反应，对儿童的语言表达有积极的促进作用。

创设表达机会，让他们参与日常沟通，表达自己的意见，建立沟通的习惯。耐心聆听，让儿童有足够时间去组织和表达，提高儿童的叙事能力。教师可以通过听故事、讲故事、创作故事培养儿童的叙事能力，同时可以让儿童多叙述日常发生的事情、学校的学习与生活、社会事件、新闻内容等，利用引导性的问题，如事件发生的时间、地点、人物、事件的起因、发生的先后顺序、结果等引导儿童完整地描述事件，以提升语言表达能力。

二、语言障碍儿童融合教育的策略与方法

语言障碍儿童主要的教育安置方式为普通班和"普通班+资源教室"。为了保证儿童最大限度地参与沟通，对语言障碍儿童的教学可以通过"三级教学

保障体系"进行。即通过"课程调整—嵌入式教学—具体策略"层层推进，满足语言障碍儿童的特殊教育需求。

（一）课程的调整

1. 营造丰富的语言刺激环境

丰富的语言刺激环境对儿童的语言学习至关重要，有助于儿童接触不同的词汇、句子结构等，帮助他们获得正确的语言。教师在日常教学活动中，要充分考虑语言障碍儿童的特殊需求，营造丰富的语言刺激环境。例如，对有语言表达障碍的儿童进行教学时，应尽量使用丰富的语言描述身边的人或事，为儿童提供良好的示范；对于语言发育迟缓的儿童，教学语言应简明、清晰，并注意对重要信息的重复，以确保儿童对信息的准确接收。

2. 激发儿童的语言学习兴趣

创设轻松愉快的语言环境，激发儿童多听多讲。教师要有目的、有计划地和儿童接触交谈，结合每天的生活，让他们介绍自己看到和学到的新鲜事，如喜欢看的电视节目、重大的新闻及学会的本领等。在此过程中，教师要耐心聆听他们的发言、注意针对儿童感兴趣的话题发展对话、鼓励他们表达意见、给他们提供表达的机会、对他们的表现多加鼓励和赞赏，并充分利用各种教学活动，如小组讨论、口头报告、角色扮演、演讲辩论、访问等，使儿童更快地投入活动中。

3. 提供适当的引导和支持

当儿童的某种言语或语言能力尚未纯熟的时候，教师可以运用不同的技巧为其提供适当的引导和辅助。例如，尽可能多地和语言障碍儿童说话，说话时靠近儿童，目光平视；与儿童交谈时语调自然，必要时通过辅助视觉信息（如图片、实物等）促进儿童对言语信息的理解；关注儿童表现出的交流意图，并及时予以满足；确认儿童对重要教学的接受和理解；为儿童提供有效的言语示范，鼓励学生模仿；对儿童积极尝试的语言表达予以积极的反馈；与儿童互动，让其通过游戏的方式进行语言学习。

4. 提供沟通辅具

在日常教学中加入儿童喜欢的东西，如玩具、活动等。对于一些比较难理解的课程，可以依靠沟通辅具进行教授，可以让语言障碍儿童使用沟通卡片，以人物和物品相结合的方式快速表达其意思。

（二）游戏教学

针对语言障碍儿童，教学策略的选择重在依情境施教。采用游戏教学，可以借用游戏的形式将语言训练的目标融于其中，让儿童在愉快的游戏情境中接受训练。游戏形式的选择要依儿童的年龄特点而定，下面介绍几种语言训练中常见的游戏形式。

1. 配对猜牌

选择名称与所训练的目标语相一致的图片组成一组游戏牌，每种图片均有2张。游戏时，每次发牌10～20张（张数依儿童能力水平可有所改变，对于能力较强的儿童，每次发牌的张数可适当增加），发牌时，背面朝上。游戏规则：训练者和儿童轮流配对翻牌，如果有人同一次翻出两张图片相同的牌，则可将翻出的两张牌收走，同时获得继续翻牌的机会。翻错者（先后翻出的两张牌不同），则终止翻牌机会，由对手继续翻牌。最后，统计双方得到的牌数，以数量多者为胜。游戏过程中，要求翻牌者翻出任意一张牌时必须大声读出牌上图片的名称。由于选用的所有图片名称中含有预设的目标语音，儿童在游戏过程中有反复练习发音的机会。当训练者读出图片名称时，儿童也有机会进行聆听和模仿。

2. 故事接龙

训练者为故事开个头，与儿童以接龙的形式将故事讲下去。在讲述的过程中，训练者要注意创设故事情节，一方面要保持故事的生动、有趣，以吸引儿童的注意；另一方面，应为儿童提供丰富的语言表达样板，借以激发儿童的想象力及言语表达能力。此外，故事接龙还可采用其他的进行方式，如与儿童共同看无字的图画书，以图片内容为情节线索，轮流叙述故事。

3. 角色扮演

采用角色扮演的方式，演绎儿童熟知的故事，也可通过情节的创编进行角色扮演。通过角色扮演游戏，可以刺激儿童的语言和言语能力发展。

（三）结构性教学

各类语言障碍的教育训练和矫治有其独特的规律，不能一概而论。因此，在教学过程中，要根据儿童的障碍程度有针对性地分阶段教学。例如，构音训练与口吃矫正可以分为以下三个阶段。

第一阶段：学习阶段，即新能力的获得阶段。在这个阶段，训练者示范新的发音或说话的方式，儿童通过模仿逐渐习得该发音或能力，能够自发地发出目标语音或以新的说话方式说话。

第二阶段：迁移阶段，儿童尝试在不同情境下运用新获得的发音和说话的能力。迁移的目标可有计划地逐渐改变，如改变沟通对象、公共场所，或同时改变对象与场所等。

第三阶段：保持阶段，通过反复操练，使儿童对自己的发音或说话方式建立信心。之后的训练频率逐渐减少，训练者逐渐退出，儿童的能力得以保持。

三、语言障碍儿童融合教育的班级管理

（一）无障碍环境的创设

教室是儿童主要的学习地点之一，因此须善加规划，使儿童喜欢在这个环境中学习，而环境又能给予儿童丰富的学习刺激。教室中的物理规划应该考虑儿童、课程内容和教学形式而采用多元化的形态。在普通班的教室中，可能会存在各种来源的背景噪声，如来自教室内部设备（电风扇、空调、电视等）的噪声，来自教室外部的环境噪声，等等。为了减少内、外环境刺激对听觉言语训练造成的干扰，教师需要通过多种方式减少背景噪声，为儿童提供有效的学习环境。常用的方法如下：关闭背景声音，如电视机等；选用低声的设备；安装隔音功能好的门窗；在教室内铺设地毯；等等。此外，在条件许可的情况下，语言训练教室可设置沙箱、水槽、语言观察室、游戏室、各种玩具（如电话玩具）、玩偶、积木、黏土、录音机、发音教室、语言学习机等设备，以激发学生对说话的兴趣。

（二）人文环境的创建

融合教育的目的是给语言障碍儿童提供适合其特点的教育方式与环境，以培养其未来独立自主的能力。因此，必须要有无障碍的人文环境予以配合，因为物理环境的创建并不能让有语言障碍的儿童在校园环境中充分得到公平的教学资源与学习机会。人文层面的无障碍是融合教育成败的关键。普通师生对语言障碍儿童的关怀与接纳程度，也是影响他们学习成绩与生活表现的关键因素。原则上，教师宜注意语言学习的环境，使语言障碍儿童被同伴接纳，制造和谐融洽的活动气氛，不让他们在团体生活中受到压力，也就是教导其他同伴不嘲笑其幼稚的语言或异常的发音；应努力营造说话的环境，利用电话、玩偶、录音机、捉迷藏游戏等，引导语言发展迟缓的幼儿说话；通过团体活动或日常生活，实施语言基本训练，以增加他们与同伴之间进行交流的机会。此外，学校可以举办关怀语言障碍儿童的活动，积极倡导融合教育的理念，并为语言障碍儿童提供参与各种校园活动的机会。

（三）借助优势，整合资源

在融合教育的趋势下，老师有机会接触更多的有语言障碍的儿童，而言语治疗师、心理专家和家长也都在教学过程中起到了重要的作用。教师和专家、家长之间应该搭建起合作的桥梁，为教育语言障碍儿童一起努力，向融合无障碍的目标迈进。

1. 言语治疗师

与言语治疗师建立各种合作关系，如协同教学和合作咨询。融合教育的环境是语言障碍儿童学习言语和语言，并将这些技能加以迁移运用的场所之一。因此，言语治疗师可以与普通教师一起工作。通过培训，普通教师可以了解言语或语言障碍儿童在教室中的行为表现的特殊含义；言语治疗师也可以提供指导，帮助鉴别普通教师在实际教学中遇到的问题，并且帮助其改进；言语治疗师可以与普通教师一起工作来见证儿童的进步、庆贺儿童取得的成功，致力于帮助儿童变得独立。

2. 心理专家

语言障碍儿童的内心承受着超乎常人所能想象的压力，他们的缺陷不仅是身体上的，更是心灵上的。心理专家要真切地了解语言障碍儿童，这些孩子在受到挫折或委屈后，心理产生的郁闷不知道如何正确宣泄，为避免自己再度受到伤害，他们一般会选择沉默。因此，心理专家在这一时期起着关键的作用，需要及时对语言障碍儿童进行心理辅导。通过发现并了解事情或矛盾的经过，运用正确的方法引导他们解决内心的问题，杜绝可能使其产生自卑、自暴自弃的心理隐患。

3. 家长

教师应当充分认识到家长在语言障碍儿童的教育中的重要作用。有的家长与语言障碍儿童沟通时，方式存在一定的问题，或是不愿意和孩子说话，或是拼命地和孩子说话。有的家长对儿童沟通能力发展的进程非常焦虑，甚至丧失信心。许多有此类障碍的儿童的家长都需要相关专家和教师的帮助，他们想要学习如何选择儿童感兴趣的话题、如何与儿童互动、如何在交流过程中使用相关的技巧促进儿童的语言学习等。同时，教师应当让家长懂得儿童学习语言的最佳场所是自然情境。家长要充分利用各种时机（吃饭时、玩耍时、外出时），鼓励儿童自然地谈论自己的计划、正在进行的活动、各种感受等；在实际的沟通需求中进行沟通活动，努力增加儿童的表达机会。随着儿童说话机会的增多，表达的清晰度、词汇及句法水平会逐渐提高，沟通能力自然会得到发展。

本章小结

语言障碍包括口吃、构音障碍和发声障碍、特定型语言障碍、语言发育迟缓和失语症等。据统计，大概 10%～15% 的学龄前儿童和约 6% 的小学生和中学生存在言语障碍，2%～3%的学龄前儿童和1%的学龄儿童存在语言障碍。语言障碍的成因纷杂多样，如生理因素、环境因素、心理因素等。语言障碍儿童的诊断评估包括一般评估和针对各类特殊儿童的评估。对语言障碍儿童进行评估是为了制订科学有效的矫治与教育措施，期望通过教育训练的手段，改善和发展儿童的语言能力。语言障碍儿童因无法运用语言与他人进行有效沟通，所以出现了退缩、回避、焦虑甚至攻击等社会性问题。对语言障碍儿童的融合教育要注重无障碍环境的创建，包括政策支持、物理环境和人文环境的创建。此外，在课堂教学中还要注重课程的调整及教学方法的适用性。在融合教育中不仅教师是主力军，还需要专家、家长等多方配合，要加强对语言障碍儿童父母的指导，并使其及时评估和调整教育训练计划，促进儿童更好地发展。

思考题：

1. 造成儿童语言障碍的主要原因有哪些？
2. 你遇到过哪些语言障碍？
3. 语言障碍儿童的无障碍环境应如何创建？
4. 家长在语言障碍儿童的融合教育中起到什么作用？

参考文献：

[1] HALLAHAN D P，KAUFFMAN J M，PULLEN P C.特殊教育导论.11版[M].肖非，等译.北京：中国人民大学出版社，2006.

[2] 刘春玲，江琴娣.特殊教育概论.2版[M].上海：华东师范大学出版社，2016.

[3] 方俊明.特殊教育学[M].北京：人民教育出版社，2005.

[4] 李胜利，袁永学，于美霞，等.第二次全国残疾人抽样调查言语残疾研究标准[J].中国康复理论与实践，2007，13（9）：801-803.

[5] 李胜利，王贞，张庆苏.中国0-17岁儿童言语残疾的数据分析和对策研究[C]//中国康复医学会，中国康复研究中心.第三届北京国际康复论坛文集.北京：《中国康复理论与实践》编辑部，2008：12.

[6] 彭霞光.中国全面推进随班就读工作面临的挑战和政策建议[J].中国特殊教育，2011（11）：15-20.

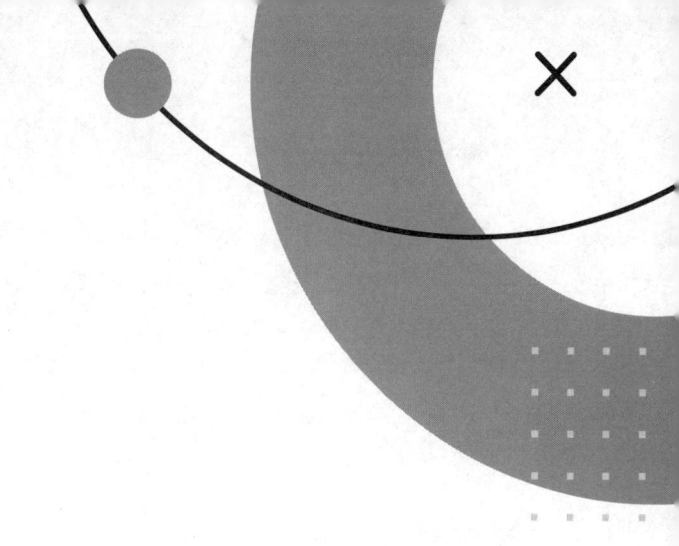

第十章 情绪与行为障碍儿童的教育

第十章 情绪与行为障碍儿童的教育

案例： 小斯，12岁，9岁开始学习打网球，现在已经是国内同年龄组中的佼佼者，近两年来，她已经取得了多个全国冠军头衔，2016年8月还曾拿到"通往温布尔登之路"国际少年组冠军。现在的小斯阳光自信，脸上总是洋溢着笑容。

小斯是我国某市福利院的一名弃养儿童，一生下来就被抛弃在福利院门口，在福利院长大。小斯身体健康，活泼机灵，5岁那年，被一对夫妇领养，但是半年后由于夫妇离异，双方都不愿意继续抚养小斯，于是把小斯送回福利院。工作人员发现回到福利院的小斯，总是一个人蜷缩在房间的角落里，有人接近她时，她就赶紧跑开，不愿意和别人讲话。工作人员开始更多地注意小斯，发现她从不主动和大人说话，别人和她说话时，她都是用单词和短语回答。在集体活动时也不跟小朋友说话。经常搓自己的手，咬指甲，低着头，凝视前方。

之后福利院的工作人员为小斯制订了特别的抚育计划，主管的抚育员花了更多的时间去关注小斯，陪她玩耍，给她讲睡前故事，经常拥抱亲吻她。慢慢地小斯开始愿意与其他小朋友玩耍。后来小斯又被一个家庭领养，在这个家庭里，爸爸妈妈给了小斯很多的关爱，培养小斯打网球的爱好，小斯逐渐蜕变成了一位优秀自信的女孩。

问题聚焦：

小斯在再一次被遗弃时出现情绪行为障碍，但是在抚育员无条件的积极支持下，逐渐恢复了正常的心理状态。第二次被领养后，完整和谐的家庭环境为小斯提供了健康成长的土壤。

目前，有许多不同的术语可以用来描述这类儿童，如严重情绪障碍、情绪与行为障碍、严重情绪困扰、性格及行为异常、情绪及行为异常、情绪障碍、情绪及行为困难、行为障碍、道德行为偏差、思想行为与心理偏差、适应困难、行为问题等。这类儿童泛指持续地表现外向性的攻击、反抗、冲动、过动等行为，或内向性的退缩、畏惧、焦虑、忧郁等行为，或其他的行为问题，以至于造成个人在生活、学习、人际关系和工作等方面的显著困难。在为其提供特殊教育或相关服务协助的情况下可缓解其症状。

学习目标：

1. 掌握情绪与行为障碍儿童的心理行为特征及表现，辨识这些孩子的行为，并给予客观的鉴别与诊断。
2. 掌握情绪与行为障碍儿童的教育措施和心理救助方法。
3. 掌握情绪与行为障碍儿童的融合教育策略。

第一节 情绪与行为障碍概述

什么是有情绪与行为障碍的儿童？目前国内外并没有一个统一的定义，有的研究者将情绪和行为障碍分开，分别下定义。已有的定义大多只是进行了一些描述性的界定。有的从医学的角度，认为这是一种心理疾病；有的从教育学的角度，认为这是一种可矫正的情绪不稳和行为不良。近十多年来，人们越来越重视从教育的角度来认识、矫治有情绪与行为障碍的儿童，强调发挥他们的潜能并体现可教育性。

一、美国对情绪与行为障碍的定义

美国在《身心障碍者教育法》（PL101-476, *The Individuals with Disabilities Education Act*，简称IDEA2004）中对这类和青少年做了以下的定义。

（1）无法学习又不能以智力、知觉或健康因素加以说明者。

（2）无法与同学和教师建立或保持满意的人际关系。

（3）在正常的情况下，有不恰当的行为或情感。

（4）常表现出不愉快的情绪或感到沮丧。

（5）常因个人或学校的问题而感觉身体不适、疼痛或害怕。

（6）情绪困扰包括精神分裂症，但不包括社会适应不良，除非被认定具有严重的情绪困扰。

二、中国对情绪与行为障碍的定义

我国对情绪与行为障碍的界定多从人格障碍出发，也参照了美国的界定，从情绪与行为两者之间的关系来讲，更倾向于从行为的外在表现来进行界定。例如，由朴永馨主编的《特殊教育词典》中对行为障碍的界定为"主要发生在儿童及少年期的行为偏离"。主要表现如下：①不良行为动作，如吮吸手指或衣物、咬指（趾）甲或其他物品、拔头发等；②退缩行为，表现出胆小、害怕、孤独、退缩，不愿到陌生的环境中去，也不愿与他人交往，常一人独处，与玩具相伴，但没有精神异常；③生理、心理性行为异常，如遗尿症、遗粪症（4~5岁后仍不能控制大小便）、厌食、夜惊、噩梦、口吃等；④习惯性品行问题或违法行为，如经常说谎、逃学、偷窃、打架、破坏财物等。其产生原因与个体素质、环境和社会影响，特别是家庭教养方式有关，宜早期发现，及时进行心理治疗和教育矫正，必要时需辅以药物治疗。

三、情绪行为障碍儿童的出现率

由于国内外对情绪与行为障碍的鉴定标准不尽相同，情绪与行为障碍儿童的出现率也是不确定的。

据研究表明，在任何一学年中，大约有33%的儿童会发生让教师能觉察到的一般性的情绪与行为问题，但其中只有3%～5%的儿童有比较严重的情绪与行为障碍问题并需要接受特殊教育。也有一些特殊教育的研究者和工作者估计，在不同年龄段的学生中，都可能有1%～7%的儿童有不同程度的情绪与行为障碍问题，需要进行辅导。

2005年，中华人民共和国教育部关心下一代工作委员会提供的数据显示，在我国17岁以下的青少年中，至少有3 000万人受到各种情绪与行为问题的困扰。目前，我国学生行为问题的检出率为6%～22%。北京地区的抽查显示，1993年学生行为问题的比率为10.9%，2003年则增加到18.2%。专家分析，造成这些"问题"的原因主要是：学生过度沉溺于恐怖片、武侠片、网络游戏，甚至色情片，导致出现性格缺陷；家长过高的期望值，使学生身心负担过重；家庭经济突变，给孩子带来不安定的情绪；有的父母离异或者死亡，使子女缺乏关爱，情感冷漠。

第二节 情绪与行为障碍的成因

情绪与行为障碍儿童的情绪与行为问题产生的原因极其复杂，包括个人的生物学特点，认知能力，家庭、学校和社会环境中的不利因素等。情绪与行为问题可能是某一种因素引起的，也可能是多种因素综合作用引起的，有时一种因素可能会引起多种情绪与行为问题。

一、生物学理论和生理因素

长期以来，人们认识到基因会影响儿童的生理特征。直至近期，人们才弄清楚，基因还会影响儿童的情绪和行为特征。许多研究结果显示，基因的遗传可能是导致个人的情绪和行为出现障碍的一个重要因素。例如，抑郁症和精神分裂症。

关于脑外伤、神经功能和内分泌异常的一些研究显示，某些情绪与行为障碍儿童的脑电波和一般儿童相比有异常现象。例如，注意缺陷多动症，就是由于脑功能失常、前庭系统反应异常、感觉统合功能失调，引起孩子多动、注意力缺陷以及冲动，进而引发情绪和行为问题。目前，有关这方面的研究情况可以概括为以下几点。

（1）严重的情绪与行为障碍可能伴有脑功能失调。

（2）有些多动症可能与脑功能失调有关。

（3）大多数的情绪与行为障碍不是由脑功能失调引起的。

（4）并不是脑功能失调都会产生情绪与行为问题。

此外，严重的营养失调也可能导致情绪与行为问题。例如，维生素的严重缺乏会影响情绪的稳定性。其他病理因素，如高血压、甲状腺功能亢进等也可能导致情绪与行为问题。随着科学的进步，越来越多的情绪与行为问题生理方面的病因被发现，并且研究者发现可以通过药物对它们进行有效的控制。例如，忧郁症、焦虑症、注意力缺陷多动症等，均可以利用药物有效地进行控制和改善。

二、心理学理论与心理因素

不同的心理学派对导致情绪与行为问题的心理因素有不同的解释。

（一）精神分析学派的观点

阿尔弗雷德·阿德勒（Alfred Adler）认为早期不良的教育会影响儿童情绪和行为的发展。弗洛伊德学派的霍尼、弗洛姆、沙利文、埃里克森等从愿望与满足的矛盾和冲突方面来解释形成情绪与行为问题的心理因素，认为情绪与行为问题是由本人素质、家庭、环境等因素共同作用而形成的。例如，布朗纳指出，青少年情绪与行为问题的成因包括以下方面。

（1）由于儿童时期受到了精神和心灵上的损害而产生异常的愿望，并引起深刻的体验。

（2）因在家庭、学校、交友方面产生强烈的不适应而形成的感受。

（3）内心的压抑所造成的不幸感。

总之，精神分析学派从动力学说和挫折理论出发来解释情绪与行为问题形成的原因。

（二）行为主义的观点

行为主义者依据条件反射学说和社会学习理论，来解释产生情绪与行为问题的心理因素，该理论认为情绪与行为问题的形成是由于建立了某种错误的条件反射和某种错误的社会学习方法。行为主义者主要采用行为矫正，即采用正负强化的方法，通过奖惩来矫正错误的行为方式并建立正确的行为方式。近几十年来，行为主义者向意识心理学做出了不同程度的妥协，对古典行为主义进行了一定的修正和发展。例如，英国心理学家汉斯 J. 艾森克（Hans J. Eysenck）认为，"良心"的培养也是一种条件反射，必须从小形成。社会化的关键是朝着正确的方向形成一系列社会规范所能接受的条件反射，建立良好的行为模式。个体如果在社会化的过程中，未能顺利建立这些条件反射，就有可能产生行为与情绪问题。此外，行为主义者还从行为环境，即行为与心理物理场的因果关系方面，来解释情绪与行为问题。行为环境理论认为，人所反映的不是一种单纯的客观环境，而是含有意识成分的行为环境。由于个人的年龄、性别、教养、经验不同，处在某一相同的客观环境中，也会有不同的认识，从而产生不同的行为方式。因此，行为环境理论主张从改变环境入手来解决情绪与行为问题。

（三）认知理论的观点

美国社会心理学家费斯汀格（Leon Festinger）提出了认知失调理论来解释情绪与行为问题。他认为，当两个对立的认知推断同时存在于一个人的认知之中时，常会使其产生不舒适感和不愉快的情绪体验。认知成分之间的相互矛盾，如果长时间不能解决，便会产生情绪与行为问题。这一理论认为，随着认知失调的不断增加，个体要求减少和消除心理失调的张力就会越来越大。因此，要通过教育来减少不协调的认知成分，增加协调的认知成分，有时必须建立某种强制型的认知结构才能引起态度和行为方式的改变。

三、社会学理论与社会因素

（一）家庭环境

使学生产生情绪和行为障碍的家庭因素有以下几种。

1. 家庭不完整

父母离异或父母早逝等原因造成的不完整家庭，不能很好地发挥家庭的教育功能，有时也会造成经济困难，很容易使儿童的情绪和行为出现问题。

2. 家长本身的情绪和行为问题

家长如果有酗酒、赌博、吸毒、行凶、偷窃等劣行，势必会不同程度地影响儿童的身心发展。

3. 家庭成员之间感情冷漠

这类家庭最主要的特征是缺乏温暖，家庭成员之间在感情上缺乏良好的沟通和交流。这样，学生感情上的需要就得不到相应的满足，从而影响情感的发展和良好行为模式的建立。

4. 家庭教育方法不当

溺爱会影响学生行为控制能力的发展；过于苛刻和严厉则会增加儿童的焦虑，容易使其形成双重人格。

5. 贫困

贫困条件下，儿童的身心发展可能会受到资源不足的影响，同时贫困可能会使家长的情绪出现问题从而影响家庭成员之间的关系。

上述因素往往交织在一起，共同对儿童的行为和情绪产生影响。

（二）学校环境

情绪与行为障碍的儿童由于自身的特点，大多较难与同伴建立和维持良好的人际关系。有的学生因为经常打架斗殴、辱骂同学、违反纪律而受到学校的处分，开始厌恶集体和学校生活。其负向的行为往往会导致与同学、老师的关系变得紧张，这会反过来导致其行为和情绪问题的恶化。在学校教育环境中，教师的态度和同学之间的关系对儿童情绪与行为发展的影响最为明显，教师的偏见和同学的疏远、捉弄或嘲笑最易助长这类儿童消极的情绪与行为的发展。

（三）社会环境

任何家庭、学校都不可能离开社会这个大环境而独立存在。因此，社会环境中的不利因素也在不同程度地影响着青少年情绪与行为的发展。国外已有的调查资料表明，凡是经济萧条、失业率上升、社会治安条件差的时期，学校中学生出现的情绪行为问题也有上升的趋势。此外，经济状况和家庭教养条件较差的群体，其中情绪与行为障碍青少年所占的比例相对也较高。有的学者从生态学的观点来探讨社会环境对儿童的身心发展所产生的影响，把这种不良的社会环境称为"心理污染"。

随着科学技术的进步、传媒和娱乐设施的增多、互联网的扩展、多元文化和多元价值观的出现，也容易增加青少年的内心冲突，从而导致情绪与行为问题的发生。

第三节　情绪与行为障碍儿童的特征

各界对情绪与行为障碍的界定虽然不同，但这些儿童的行为表现通常显著异于同年龄段的学生，其行为问题通常也会影响个人学业和人际交往方面的表现。他们的行为特征包括以下几个方面。

一、外显性情绪行为障碍

外显性情绪与行为障碍儿童通常表现为固执、好斗、爱挑衅，也包出现反社会行为，他们在学校的表现如下。

（1）打架斗殴，反复地出现攻击性行为。

（2）经常冲动和缺乏自控力，喜欢乱喊乱叫、无理取闹、爱发脾气和抱怨。

（3）用言语或武力的方式胁迫同伴、欺负弱小同学，常被排除在同伴活动之外。

（4）逃避要求或任务，经常说谎、强词夺理、争辩、不服从命令，不听从教师的安排，对纠错没有反应。

（5）无视组织纪律、损坏公物，有偷盗之类的不良行为和反社会行为。

（6）学习态度很不认真、不完成作业，学习成绩差。

有外显性情绪和行为特征的儿童会扰乱教学和课堂秩序，影响教师正常上课。

有研究者认为，这些孩子随着时间的推移，会慢慢成长为普通的成人，但是后来的许多研究结果显示，对那些一贯有攻击性、反社会行为的青少年来说事实并非如此。很多教育工作者指出，那种认为随着年龄的增长，儿童会从这些不当行为的状态中走出来的假想是非常危险的，它会导致教育工作者们在问题可以被有效解决时，错失及时采取对应的措施和及早进行辅导的良机。

发展早期表现出的反社会行为，可能是青少年时期出现犯罪行为的预测。一些早期表现出反社会行为倾向的学生，随着年龄的增长其行为不但不会改善，相反，这种不当的行为模式若不加以纠正，在小学、中学阶段会进一步变本加厉，导致灾难性的后果。

二、内隐性情绪行为障碍

内隐性情绪行为障碍包括社会性退缩、沮丧、自卑和焦虑，甚至陷入深度的抑郁。有些人毫无理由地恐惧外物，经常性地抱怨身体不舒服或生病，他们较少表现出困扰和强迫性行为，缺乏和别人交往、参与娱乐的社会技能，很少和别人说话或者参与一些游戏活动，常陷入幻想之中。很明显，这些情绪与行为表现限制了儿童参与学校生活和课外活动，以及学习知识的机会。在日常生活中，内隐性情绪与行为障碍儿童通常会表现为以下特征。

（1）经常性忧伤、沮丧和产生无价值感。
（2）经常出现幻觉或无法使思维摆脱某种错误的观念和情境。
（3）无法克制自己停止一些重复的和无用的行为。
（4）喜怒无常，在某种情境下经常出现怪异的情感。
（5）由于恐惧或焦虑，经常伴随头疼或其他身心疾病（如胃疼、恶心、头晕、呕吐等）。
（6）曾有过自杀的想法和言谈，过分关注死亡。
（7）对学习和其他一切活动兴趣很低，多半学业不良。
（8）常被同伴忽视或拒绝；遭受过分的嘲笑、攻击和欺辱时，反抗性差。

内隐性情绪行为障碍儿童尽管不像外显性情绪行为障碍儿童那样会对他人造成威胁，但他们自身的发展会受到很不利的影响。其早期所表现出的社会性退缩行为，可预测出将来可能会出现低自尊和孤独性。内隐性情绪行为障碍儿童，如果早期未及时采取有效的教育辅导措施，不仅会导致学业落后，有时还会出现自我伤害行为。

三、学业失败

专家、学者们的研究指出，情绪与行为障碍儿童的学业成就仅有少数是优秀的，大多数是学业失败的。其学业成就平均落后同年龄儿童一年以上。当情绪与行为障碍儿童的学业成就低下和行为表现不受欢迎时，他们会渐渐地产生情绪低落和自尊心缺乏的现象。

四、社会适应技能贫乏

儿童在发展过程中，是否有能力建立和维持良好的人际关系，是对将来适应性的一个重要的预测指标。多项研究显示，情绪与行为障碍儿童与一般学生相比，对他人少有同情心，少参与课程活动，少与朋友联系，因此很难建立起高质量的友谊。外显性情绪行为障碍的儿童，常因不遵守规章制度、违反课堂纪律等不当行为表现，影响他们与教师和同伴之间的关系。有部分儿童偶尔也会得到同伴的接纳，但由于他们缺乏同情心，也很难建立和发展与同伴间的友谊。

五、注意力缺陷

情绪困扰与行为障碍儿童常被教师们认为不专注、过动或冲动。许多专家、学者也相信这些学生有显著的注意力缺陷问题。注意力缺陷可能来自冲动和过动现象，也可能由于教学方式不适当或学习过程中需要注意力集中的时间太长。当情绪与行为障碍儿童注意力不集中时，会衍生不注意听讲、不注意活动的细节、易犯错误，不小心或做白日梦的情形。因此，缺乏做功课的动机，亦无法完成作业。

研究结果显示，内隐性情绪与行为障碍的儿童经常表现出一些退缩和消极的行为，逃避与教师和同伴之间的人际交往，经常不参与学校的各类活动。由于缺乏发展和保持友谊的社会交往技巧，他们通常在学校受欢迎度较低。

第四节 情绪与行为障碍儿童的融合教育

情绪与行为障碍会表现为非社会性行为和反社会性行为两大类。

第一，非反社会性行为。这是一种与社会隔离，缺乏攻击性而不影响或伤害到他人的不适应行为，如沉溺于幻想、过分退缩、恐惧、孤独、寡言、逃避、厌世等。这是一种小范围的、对社会影响程度不大的行为。

第二，反社会性行为。这是指违反了社会生活的准则，对社会造成了一定的危害和不良影响，并为社会所不容的行为。例如，偷窃、吸毒、酗酒、赌博、诈骗、结伙打群架、网络犯罪等，都属于反社会性行为。严重的反社会性行为已属于社会犯罪的范围。少管所收容的情绪与行为障碍青少年，多表现为反社会性行为。

情绪与行为障碍儿童的反社会性行为具有一定的隐秘性，我们通常会认为是孩子不合群，叛逆，捣乱。把它们作为普通的儿童对待，忽视了对儿童身心健康的关注。因此对情绪与行为障碍儿童的融合教育，首先就需要按照流程多学生进行情绪行为障碍的筛查评估，然后才能做出适宜的安置和介入。

一、评估

评估过程是先成立由心理工作者、学校教育工作者、家长以及医务工作者组成的评估鉴定小组；再由评估鉴定小组搜集和分析有关学生的身体状况、家庭教育状况、学习成绩、人际关系、行为表现等各方面的过去和目前表现的资料，对儿童情绪紊乱、行为失调的类型、程度等做出评估与鉴定；最后，根据上述评估、鉴定的结果为情绪与行为障碍儿童制订出一段时间的教育训练方案。

在确定了学校评估的组织机构之后，将通过调查问卷、个别访谈、量表评估等方式对情绪与行为障碍儿童进行评估。整个评估和鉴定程序按照观察、筛选、预诊、转介、教育等步骤进行。

二、鉴定

情绪与行为障碍的鉴定必须符合下列四个条件。

（1）行为或情绪显著异于同年龄或社会文化之常态者，须参考精神科医师的诊断进行认定。

（2）除在学校外，至少在一个情境中显现适应困难者。

（3）在学业、社会、人际、生活等方面适应有显著困难，且经评估后确定一般教育所提供的辅导无显著成效者。

（4）拥有正常的智力。

三、安置

情绪与行为障碍儿童有接受教育并从中获益的权利。以下是常见的安置模式。

（1）一般学校普通班：大多数情绪与行为障碍学生的智力是正常的，障碍程度轻微者以安置在一般学校的普通班为主。

（2）一般学校资源教室：安置在一般学校普通班中的情绪与行为障碍学生，利用部分时间至资源教室接受资源教师的辅导。

（3）一般学校特殊班：情绪与行为障碍较严重，过度干扰普通班的学习者，以安置在一般学校特殊班为宜。

（4）特殊学校：针对障碍程度严重并需要集中进行行为矫治或情绪治疗的，一般学校普通班、资源班或特殊班的安置皆不适宜者，以安置在特殊学校为宜。

（5）精神医院：罹患严重精神分裂症等精神疾病需要长期医疗监控的学生，以安置在精神医院为宜。

（6）工读学校：严重的青少年犯罪，尚未达成人阶段的法律处置者，需安置在工读学校接受感化教育。

（7）社会福利机构：如青少年中途之家，为暂时安置情绪与行为障碍儿童的场所。

（8）选择性教育方案(alternative education program)：特殊学校、社会福利机构、医院等，以专业合作的方式对情绪与行为障碍儿童进行规划与督导。

四、情绪与行为障碍儿童的特殊需求与辅导

(一) 长期的阶段性辅导

多数情绪与行为问题都是复杂的多因素交互作用而形成的,因此情绪与行为障碍儿童的特殊需求需要整合不同专业,以及同时采用不同的有效策略;情绪与行为问题是长期持续的问题,因此他们所需要的服务也应该由学校长期持续地提供,按照儿童的问题严重程度,依据短期、中期、长期的目标规划与提供各种有效的方法。首先,可以根据儿童的障碍程度采取密集的介入或借助外在力量的控制方式,如针对最紧急的问题,将环境改变或药物控制作为短期目标;其次根据儿童问题的改善情况,规划增加正向行为反应为中期目标,逐渐减少外力的帮助;最后,为使儿童可以独立面对未来生活的挑战,针对个人长期性的需求提供预防与成长性的介入策略。

三阶段的介入方案如下。

短期:三级预防(治疗)最紧急的问题。

针对高威胁性的问题使用密集式介入、外在控制的方式。

中期:次级预防(训练)增加正向行为、替代性行为的补充,减少介入频率,加强内在控制。

长期:初级预防(成长)、长期性的需求、自然介入、心理成长、自我控制。

(二) 有效的介入方法

1. 药物治疗

很多情绪与行为障碍儿童的情绪与行为问题都可以被药物有效控制,如精神性疾病、忧郁症、焦虑症、注意力缺陷过动症等,均能被有效控制,一般常用的药物包括中枢神经兴奋药物、抗精神病药物、抗郁药物、抗焦虑药物和抗躁药物。但每个人对药物的代谢不同,以及可能产生的副作用也不尽相同,所以确定适当的剂量是药物治疗的关键因素,美国华裔临床心理学家赖铭次教授建议青少年在下列四种情境下应考虑用药:①有明显的心理疾病或精神状态显著出现异常现象者,如精神分裂、忧郁症、强迫症、恐慌症或注意力缺陷过动症等,药物治疗对上述症状均能有效控制;②异常的行为可能伤害他人或自己时;③不能克服现实的压力时;④经长期心理治疗而无显著成效者。

2. 心理治疗

心理治疗或心理咨询通常以个别或团体的方式进行,情绪与行为障碍儿童

的症状虽然可以通过药物治疗,但其心理或行为的问题常需要配合心理治疗才能有效地改善。赖铭次教授把药物比喻为跨洋旅行的交通工具,跨洋旅行需要飞机或轮船,对心理疾病的治疗需要药物,心理治疗如同机长或舰长一样,可以让药物充分发挥预期的疗效。

3. 亲职教育

解决情绪与行为障碍儿童的行为问题或情绪的异常常需要家长在家里能配合运用有效的策略。亲职教育的目的是帮助家长了解孩子的问题、帮助家长接纳孩子的不一样,以及学习有效的训练或处理的方式,家长的配合常会让很多问题得到快速解决。

莫斯(Morse)对家长提出了以下四点建议。

(1)爱护孩子,经常与他们接触和交流,设身处地地为孩子着想。

(2)建立民主宽松的家庭关系,保持和睦的家庭氛围。

(3)家长要注意提高自身的修养,在教育孩子时,要有耐心,减少口头上的责备,增加自身行为的感染力。

(4)利用正负强化的方法改变他们的不良行为方式,培养他们的学习能力,减少、消除他们的自卑感和焦虑情绪。

4. 特殊教育

很多情绪与行为障碍儿童无法在普通教育环境中获得应有的学习机会,甚至很多儿童需要长时间在高结构的教育环境下重新建立新的行为模式或建立新的经验,他们需要特殊教育的服务说明他们得以在学校教育中获得正向的学习效果。特殊教育包括间接服务和直接服务,间接服务可以通过向普通班教师提供咨询和向普通班同学提供接纳课程实现,直接服务则由特教教师提供,包括提供补救教学、适应行为的训练、学习策略的训练等。

对情绪与行为障碍儿童进行教育和干预,最重要的是控制他们的反社会行为。为了帮助情绪与行为障碍儿童在学校、家庭和职业方面获得成功,应从社会和学业技能两方面对其进行指导。情绪与行为障碍儿童对这些课程的特殊需求则因应儿童的经历、年龄、适应程度与适应功能的不同而有所差异,而随着儿童情绪与行为问题严重性的增加,课程的设计也更趋于结构性和技巧性的指导。

(1)社会技能。社会技能的学习是情绪与行为障碍儿童课程的一个重要的组成部分,很多儿童很难和他人进行交流和沟通,不善于用适当的方式表达他们的情感,很少用积极的、具有建设性的方式来对待失败和批评。因为他们解决刺激性事件时缺乏社会技能,所以经常用打架或吵架的方式来做出反应。轻微的冷落、被人嘲笑或忽视,都会激起他们的攻击性行为。我们也可以通过课程设计、电视节目和读物来帮助情绪与行为障碍儿童掌握一些社会技能,包括与他人相处的技能,帮助其学会交流情感、自我表达、同伴协作、解决问题、控制愤怒、压力管理、集体游戏以及对攻击和冲突做出反应。在社会技能的学习方面,可以设计一些能增强自尊及发展与同伴、家庭和师长关系的活动。

(2)学业技能。情绪与行为障碍儿童虽无智力问题,但多数会有学业低成就问题,或是无法适应大团体学习的环境,因此学科方面的补救也是特殊教育的重点之一。除了帮助儿童从学习中获得成就感之外,也要建立儿童适应所处环境或未来生活所需具备的基本能力,学科方面的特殊服务包括普通班课程的补救教学、替代性学科或实用性学科教学、基本学科能力或学习策略的训练。

上述各项有效介入方式,没有任何单一一项的治疗是对情绪与行为障碍儿童完全有效的,唯有多种方式的配合以及长期的介入规划与执行才能见收成效。

(三)全校性的介入

多数情绪与行为障碍学生从鉴定到安置的工作都需要配合全校性的积极介入计划,尤其是和学校辅导相关的三级预防模式的实施,以及全校性的介入政策的实施。

1.三级预防

三级预防主要是以心理卫生的预防观点进行规划的辅导工作。

(1)初级预防。初级预防主要是防范问题的发生,其对象为所有在校生。针对所有的学生,积极地采用一般认为有效的方法,包括有效的教学、细心的监控、清楚的解释、明确的期待、建立儿童自我监控的行为、对好的表现提供回馈与增强等,对于具有情绪与行为障碍高危险指标的儿童,除了上述有效策略外,应因其特质考虑教学或教材的调整、提供同学协助、改变座位安排、除去发展好行为的阻碍,而上述这些方法应在全校范围内全方位地实施。

(2)次级预防。次级预防主要用于阻止刚发生的问题行为,防上问题恶化。目的在于早发现早矫治,对象为具轻微症状者,期望积极预防工作能打破问题的恶性循环,使这些问题不再发生或缓解其症状,甚至能重新建立正向的循环。很多情绪与行为障碍儿童在早期都会先出现学习困难或人际适应困难等问题。因此,如果能在困难刚发生时就帮助他,其效果会远比已经出现长期的行为问题时的介入要好得多。综上,次级预防的服务对象为特定的学生,这一阶段的设计和执行者所需的专业知识和技能较初级预防多。

(3)三级预防。三级预防主要用于出现严重适应困难的情绪与行为障碍儿童,主要目的是避免问题过度复杂化,从而对个体或他人造成不良的影响。此阶段服务的人数最少,问题的严重程度也最大,一般而言这些严重与复杂的问题,不仅要有足够的专业辅导,而且需要其他相关专业人员与特殊教育人员共同合作。

2. 如何落实全校性的介入政策

虽然情绪与行为障碍儿童均属于学校辅导的三级预防的学生,但情障的成因鉴定、全校性的预防工作均有助于情绪与行为障碍学生教育的实施。而全校性介入政策主要是从预防的角度来处理学生的问题,而不强调单一、狭隘的方法或策略。过去学校可能将学生的行为问题视为班主任、德育处、辅导室或家庭的责任,但由上述的成因得知学生情绪行为问题的起因常是多元的,且互动关系复杂,所以也非单一方面的力量就可以解决的,因此唯有结合全校的力量,进行系统的分工合作才能真正落实全校三级预防的辅导工作。具体做法如下。

(1)学校制订清晰的政策与执行规定,以便有效发现与帮助情绪与行为障碍儿童的不当行为。

(2)教师应该随时评鉴自己所用的班级处理与教学的方法,并选出最被情绪与行为障碍儿童接纳且有效的方法。

(3)教师均负责使用行为介入的策略,以协助情绪与行为障碍儿童改变行为。

(4)教师需要来自同事的协助,以确定其努力是否有助于情绪与行为障碍学生的发展。

(5)学校制订一份清楚且能有效沟通的全校性学生介入计划,以帮助教师有效确定情绪与行为障碍儿童的行为目标。

(6)学校应由学校教职员工共同制订特定的计划来协助正发生情绪与行为问题的儿童,以求获得最佳成效。

(7)当儿童在经过上述(1)~(6)步骤的学习后仍持续出现行为问题时,应向外界寻求帮助与支持。

综上所述,在全校性的介入政策之下,情绪与行为障碍儿童的情绪与行为问题责任归属于全校而非少数人,全校建立一套明确、一致的行为处理策略,能使情绪与行为障碍儿童明白学校与教师的期待,而通过教学、不断的练习、复习与回馈,使情绪与行为障碍儿童更能适时表现出适当的行为,且及早预防问题行为的发生或恶化,经由外在环境的协助后,让情绪与行为障碍儿童进一步学习自我管理以及提高解决问题、冲突的能力。而当全校性介入政策无法满足某些儿童的需求时,要依状况逐渐增加学校的校内资源或校外小区的资源,甚至获取特教的资源,或整合其他相关专业的资源。

3.普通班教师能做什么

普通班教师是全校介入的第一线的工作人员，尤其是班主任。在三级预防工作中，普通班教师也是在初级与次级预防的主体。普通班教师如能采取积极的班级经营措施，将能有效预防一般儿童的行为问题，也可以避免情绪与行为障碍儿童在普通班级内情况的恶化。

（1）创造班级内正向的人际互动关系。建立正向的师生关系与有效的师生沟通管道，让教师可以随时了解情绪与行为障碍儿童或表达关怀，情绪与行为障碍学生也可以随时向教师反映需求或接受到教师的信息。另外，营造正向的同学关系，在同学间建立互助合作的关系，以及让每位同学在班级内均能交到朋友，尤其是对于一些不善于交友的儿童，教师应在班级内积极地营造友爱的气氛。

同伴的干预和支持是使情绪与行为障碍儿童产生积极改变的一种有效方式。指导同伴帮助情绪与行为障碍儿童减少不适当行为的策略如下。

① 同伴监控。使情绪与行为障碍学生学会观察和记录其同学的行为，并且做出反馈。

② 对同伴对积极行为的报告。鼓励儿童学会并加强对他人积极行为的观察和报告。

③ 同伴指导。在学业和社会技能方面进行交流，帮助情绪与行为障碍儿童掌握更多的学业知识和社会技能。

④ 同伴对抗。同伴要学会对正在发生或即将发生的不适当行为进行恰当的分析，要给情绪与行为障碍儿童示范适当的行为反应方式。

大多数重度情绪与行为障碍的学生经常游离于群体，还没有学会对自己的行为负责。对于教师来说，首要的也是最困难的任务，就是增强群体间的凝聚力，促进团体内部的互帮互助。

（2）有效的班级经营。制订明确的教室上课规程，以及班级作息的规则，随时评估班级经营的成效，让学生参与改善班级和个人行为的计划。情绪与行为障碍儿童对有效的班级经营的需求比一般学生还要高，他们对无效的班级经营也很敏感，就如慢性疾病者对正常的生活规律的需求一样，因此一名情绪与行为障碍儿童在班级内出现的情绪与行为问题，常是班级经营的问题导致的。

（3）通过有效的教学提升情绪与行为障碍儿童学习动机。要考虑情绪与行为障碍学生的兴趣和需求，运用有效的教学策略教导其重要的概念，并随时评价并提供立即回馈，让情绪与行为障碍儿童有成就感对于重要目标也应实时补救，不要让情绪与行为障碍儿童落后太多。另外，要妥善地布置学习环境和调整教材，以提升学生的学习成效，必要时也要因应情绪与行为障碍儿童的需求而调整教学或作业要求，包括调整教材呈现的方式和内容、调整作业难度或评量方式，或是采用小教师帮忙或合作小组学习方式等，以保持情绪与行为障碍儿童学习的动机和学习效果。

（4）积极采取减少不当行为的措施。大多数的课堂问题行为可以通过积极的行为管理来阻止。对于学生的问题行为应分轻重缓急，采取不同的应对措施，积极地教导情绪与行为障碍儿童学习处理问题行为的方法，利用教导代替不必要的处罚。主动应对策略是一种事先设计好的干预方式，可以在问题行为发生之前就加以制止。矫正一个淘气孩子的行为问题比制止问题行为的发生更加困难。一旦教师没有及时采取行动加强管理，事情就会变得失去控制，再要重新控制就会更加困难。

主动应对策略包括构建课堂的自然环境（如让障碍程度严重的学生坐在最靠近教师的地方），建立清晰的规则和对适当行为的期望，对情绪与行为障碍儿童进行指导，用赞扬和正强化来激励情绪与行为障碍学生进行适当的行为。

管理课堂环境要求教师具备大量的知识和技能，教师必须了解何时及怎样运用行为矫正技术。例如，塑造（提供榜样、示范）、临时合同（和学生口头约定行为要求和奖惩方式）、消退（对破坏行为不予理睬）、对不同行为的区别强化（除不适当的行为外，给予其他任何行为以强化）、使用代币制、暂停（学生做出不适当的行为后，被限制一段时间内不能接近强化物）以及过度纠正（要求对反社会行为的危害性进行补偿，如当一个孩子拿了其他孩子的东西时，他必须归还，而且要将自己的东西给那个孩子）。不能单独施行这些方法，只有将其综合运用到一个整体的建设性的课堂管理计划中，才能起到好的作用。

在设计和实施班级管理策略时，情绪与行为障碍儿童的教师必须慎重，避免用强制的方法来促使情绪与行为障碍儿童遵守规则，强制的手段除了会引起学生逃避行为外，并不能教会学生该做什么，只关注了学生不做什么。

（5）积极面对情绪与行为障碍儿童问题挑战的关键是态度。上述的策略是否可行或有效常决定于教师对情绪与行为障碍儿童问题的看法，如果将情绪与行为障碍儿童的问题视为孩子学习必经的历程，将帮助情绪与行为障碍儿童增进适应能力视为教师应尽的职责，教师对上述策略的采用就会异于那些将情绪与行为障碍儿童问题视为不必要的麻烦的教师。因此，实施的策略是否有效，教师的态度也是十分重要的。威廉·穆尔斯（William Moores）认为教师应该具备两种必要的情感特征，即区别性接纳和同感关系。

区别性接纳要求教师能够接受学生频繁地表现出愤怒、憎恨和攻击，对他们的行为表现要给予理解而不是指责。当然，说比做容易得多，教师必须认清情绪与行为障碍儿童破坏行为的实质，这种行为反映了学生过去所遭受的挫折、自己内心的纠结以及和他人曾有过的冲突。教师必须使他们认识到自己的反应是不适当的，要学会采用正确的行为方式。

　　教师与学生同感关系的建立，需要教师有能力识别和理解情绪与行为障碍儿童表现出的许多非言语线索，这些线索是情绪与行为障碍儿童个别需要的关键。教师应该直接而真诚地和情绪与行为障碍儿童进行沟通。这类学生中的许多人曾有与不真诚对待他们的成人打交道的经历，这些成人自以为能给情绪与行为障碍学生一些帮助，但他们并未真诚地关心他们的需要和利益，或者总是错误地解读他们的需要，这将严重影响干预矫治的效果。

　　教师必须了解教师的行为本身就是情绪与行为障碍儿童学习的榜样。因此，教师的行为和态度显示出足够的成熟、自控和自信是非常重要的。有研究者指出，教师可以适当地表现出一定的幽默感，这样有利于和情绪与行为障碍儿童建立良好的关系、解决冲突，使情绪与行为障碍儿童能积极地参与学习，并帮助他们学会自我管理。如果教师过于严肃，就会引起情绪与行为障碍儿童情绪上的宣泄和爆发。

　　情绪行为问题处理策略检核表如表10-1所示。

表 10-1 情绪行为问题处理策略检核表

姓名				检核日期	年 月 日			
学校		年级/班级		检核人				
					实施成效			
	项目				明显有效	部分有效	略微有效	无成效
1. 正向/支持的班级经营	1-1 倍加关心、照顾。运用课余实践增加与他的互动，建立良好关系，进一步了解与掌握他的情绪状况，多给予关心和鼓励							
	1-2 建立自我正向概念。制造机会让个案多参与，发挥其优势，以建立个案的信心与成就							
	1-3 营造温和的学习情境。以鼓励与正向的态度经营班级，降低教室内竞争气氛，避免相互激辩、对抗以及冲突情境							
	1-4 建立明确的班级规则。维持简单明了且一致的班规，切实执行并赏罚分明							
	1-5 同学支持。对全班说明个案的特质与优弱势，引导同学接纳，让同学能够了解个案的困难，并教导全班与个案正向互动的方式，大家一起合作关怀							
	1-6 预告。提前告知行程与作息的改变，以及改变后应该遵守的规范							
2. 教室环境调整	2-1 安排有利座位。个案的座位可以安排在离教师最近的位置，远离易发生冲突的同学以及会分散注意力的刺激，邻座可以安排行为管理佳的同学作为模范							
	2-2 教室布置单纯。教室的布置尽量简单明了，不要有过多复杂的布置，特别是主要的学习区域，例如黑板区							
	2-3 固定教室各区域适合做的事。让孩子了解教室内各区域的限制，讨论那些区域适当的行为表现							
	2-4 结构化的教室作息。固定每日的学校作息，将班级日常事务步骤化，并制作视觉提示，张贴在个案看得到的区域，如座位旁、公告栏							
	2-5 设置个别学习或冷静区。在教室内布置休息区或安静角，让个案能稳定情绪或是暂时独立进行学习							

续　表

姓名				检核日期	年　月　日			
学校		年级/班级		检核人				
	项　目				实施成效			
					明显有效	部分有效	略微有效	无成效
3.有效教学	3-1 使用生态的教学方法、教材。设计让个案感兴趣的活动、教材与教具，如多媒体教材与多感官教学，并通过口语、非口语的肢体语言，提升他的学习动机与专注力							
	3-2 适当的指令。下指令前先引起他的注意，指令的内容简洁明了，语调平稳坚定，一次只下一个指令，只要求一个动作，做完了再下另一个指令，给予适当的反应时间							
	3-3 赞美他以建立好行为。在课堂中鼓励并称许他在班上的讨论或发表的意见，赞美他的小小正向改变							
	3-4 安排同学小天使。邀请有耐心且他认同的同学担任小老师，指导与协助个案的学业学习							
	3-5 活动转换给予短暂休息。在一堂课的一个活动中转换至下个活动时，可令他稍做休息或是让他担任小帮手（协助发本子、擦黑板），让他有活动一下的机会							
	3-6 指导他合作学习。在分组的学习活动中，让每位同学都承担一项任务，彼此合作、互相协助完成学习的任务，使他学会肯定自己与他人							
	3-7 调整作业方式。视他能力状况，减少作业量、缩短作业长度、降低作业的难度、切割作业分段完成、以口头报告计算机打字取代书面作业							
	3-8 调整评量方式。视他能力状况，降低考题难度、减少考试题目、多给一些额外的作答时间、让他口头或打字作答							
	3-9 教学时间安排。活动或教学宜做充分准备，避免他花费太多时间等待，静态与动态活动宜交替安排							

续 表

姓名				检核日期	年　月　日			
学校		年级/班级		检核人				
					实施成效			
	项　目				明显有效	部分有效	略微有效	无成效
4.行为处理	4-1 订立行为契约。针对他最需要改善的1~3个行为，制订具体可行的目标，找出对他有效的增强物和惩罚方式，与他共同协商行为契约内容、记分方法、奖惩内容，签名后确实执行，并由老师定时间检核							
	4-2 善用增强制度。使用代币或检核标，让他看到自己的正向行为，配合增强物的提供增加表现好行为动机，有小小的进步应立即给予鼓励与增强，行为建立初期应缩短获得增强物的时间							
	4-3 好行为提示卡将他应表现得好的行为步骤制作提示语或流程图，张贴在他容易看到的地方，如生气时要停→想→选→做							
	4-4 转移注意力。运用口语、非口语提示，引导他不去注意不当目标，转而注意适当目标							
	4-5 提供选择机会。他因不遵守指令而出现负向情绪时，教师提供有限范围的选择，以缓和他的负向情绪							
	4-6 忽略不当行为。当他为引起注意出现不当行为时，教师暂时不予理会，在口头提示规则后转而赞美表现符合规则的他							
	4-7 执行冷静策略。当他的行为表现影响他人或自身安全时，可以在教室设一个让他冷静的角落（隔离区），先至角落冷静							
	4-8 赞美他特殊优良的行为。当他出现特殊优良的行为时，可以给予特殊的权利和增强物，如可以当小组长、可以减免一项作业……							
5.亲师合作	5-1 提供教养策略。为家长提供有效的教养策略或书籍，建议家长执行有效行为管理							
	5-2 持续与父母沟通。常与他的家长联系，以正向言语讨论个案的学习、人际互动、服药成效与不同情境的学习情形，让亲师能够随时掌握与理清个案在学校的情况与适应情形							

（四）行为教导策略

行为教导策略是情绪与行为障碍儿童教育的一个重要的策略，就是通过教导正向的行为，以取代原来的问题行为。

行为教导的内容有三类：替代技能、应对和容忍技能、一般适应技能。

1.替代技能

替代技能是指与目标行为的功能相同的替代行为或技能，例如，可华咬手背自伤，同时大声尖叫的行为功能是获得外在刺激——想得到食物。我们可教导他用其能力范围内的表达方式来表达需求，"用其能力范围内的表达方式来表达需求"就是"获得外在刺激的替代技能"。

替代的技能有沟通技能、社会技能和休闲技能。在教导替代技能之前，我们必须要先确定是否适合教授个体这项替代技能，如有个学生用哭闹滚地的行为来抗拒逃避做作业时，我们就不适合教导他达到抗拒逃避功能的替代行为，因为这样的话他就会失去学习的机会。这时就应该教导他应对技能，即如何做好作业的应对技能。

2.应对和容忍技能

当个体的需求无法立即被满足，或是面对不应该及无法避免的问题情境时，可以教导他们应对和容忍的技能，以应对困难和忍受等待的情境，包括应对愤怒、压力、焦虑等情绪及等待容忍技能。

应对技能：面对不应该或是无法避免的问题情境时，主要教导个体情绪调整技能以应对愤怒、压力和焦虑等情绪；教导其自我控制技能以应对诱发行为问题的前事；教导其问题解决技能以应对遇到的困难问题。

容忍技能：当个体的需求无法立即被满足时，要教导其容忍技能。例如，教授个体在要求被拒绝时的应对技能；教授个体轮流和等待的技能，并可同时教导他们在轮流和等待时间中可做的事情，这样可能会减少问题行为的发生。

3.一般适应技能

一般适应技能无法替代问题行为，但可能会提升个体的能力，使其更能够处理一些问题，以预防问题行为的发生。一般适应技能和前面说的替代技能有相同的方面，包括沟通技能、社会技能、休闲技能、做选择和决定的技能、情况辨识技能。

（1）沟通技能：有两种沟通训练方案教导功能性沟通技能，一种是功能性沟通训练，一种是图片兑换沟通系统。

功能性沟通训练是指先对问题行为进行功能评量，然后针对问题行为的功能，教导个体运用适当的沟通技能去表达需求，以达到与问题行为相同的功能。即让问题行为失效，让沟通技能发挥功能变得有效。这个方法适用于具有社会沟通功能的问题行为。功能性沟通训练教导不局限于口语，还包括替代性沟通方式，如手势/手语、实物/符号（图、照片、字卡等）、肢体语言（动作、面部表情等）。

图片兑换沟通系统是运用图片的方式表达自己的需求。

（2）社会技能：情绪与行为障碍者的问题行为具有社交的功能，所以教导他们社会技能是相当重要的。社会技能会影响一个人在家庭、学校、工作场合及社会上的表现和被接纳的程度。很多研究指出，周围的人对情绪与行为障碍者的接纳程度，关键不在于其障碍程度如何，而在于他们本身有无适当的社会技能，让他们能适当地应对各种情境，与环境和谐共存。

社会技能的含义：具有目标导向，且根据规范学得的行为，包括可观察和不可观察的认识和情感要素。社会技能会随着特定情境及社交内容而改变，通过它们的表现，达到影响他人及人际互动的目的。

从成分来分，社会技能分成四大类。

自我：对自己的认识和表达，包括表达感觉、表现正向的自我概念。

任务：个体对其在社会生活中扮演的角色任务的表现，如学生的任务表现包括服从指令、参与学习活动，等等。

环境：个体在他所处的生态环境中的各种表现，包括在环境中活动、处理环境中的紧急状况等。

互动：个体与他人互动的表现，即人际互动，包括接受权威、处理冲突、寻求注意、问候他人、帮助他人、与人沟通、对他人表示友好、有所有权的概念、规划游戏或休闲活动、与他人一起从事活动或游戏等。

从生态角度来看，与他人沟通互动所需的能力，包括在家庭、学校、职业场合、社区这四种情境中，与同学及成人互动所需的四种技能。

自我表达：表达感受和想法、回应别人的赞美、做正向的自我描述。

提升人我关系：对别人做正向的描述、适当地表达同意和赞美。

自我肯定：提出要求、适当地表达不同意见和拒绝。

沟通：人际对话、问题解决。

从过程来看，社会技能包括接收、处理和输出三方面的技能。

（3）休闲技能：情绪与行为障碍者也和一般人一样，有休闲的要求和欲望，但是他们的休闲技能比较缺乏，休闲活动的范围也相当小。那么在这种想玩却又没有相关技能的情况下，他们只好做最容易获得的事情，如玩自己的身体。最常见的就是刻板行为，行为功能大部分是为了取得内在刺激（自娱）。

教导休闲技能的步骤如下。第一步，找出哪些活动或材料具备"功能等值"的特征，最能引起个体的兴趣。第二步，列出可能有的休闲项目，再用《休闲活动选择评量表》(钮文英,2009)对这些可能的休闲活动进行评量,得分越高的,表示这个活动应该先选用给此个体使用。第三步,找出个体感兴趣,又符合《休闲活动选择评量表》的评量标准的休闲活动或材料后,便可进行系统的教学了。

(4)做选择和决定的技能：做选择是自我决定的基础,是个体从自己熟悉和经历过的选项中,表达喜好的能力,最后形成自己喜欢和想要什么事物的概念,甚至能建构可获得的选项。

(5)情况辨识技能：情绪与行为障碍者很难辨识哪些行为在哪种场合中是适当的,在哪种场合中则是违反社会规则的或是不适当的。在处理某些问题行为时,不需要禁止它的出现,而是要教导个体分辨情境,在适合的情况下才可以这样做。认知功能较低的人,需要经过系统的教学才能学会情况辨识技能。

行为教导的策略有行为模式的教导策略、认知模式的教导策略、自然取向语言教学的教导策略,至于选择何种策略,要依个体的能力和行为教学的内容而定。

行为模式的教导策略：示范、行为塑造、工作分析、提示、演练、回馈、行为后契约、"提示—褪除"、系统减敏法、肌肉松弛法、关键反应训练、家庭作业等。

认知行为模式的教导策略：社会故事、自我管理。

自然取向语言教学的教导策略。

行为教导策略的实施原则如下。

教导替代行为时,需注意以下七个原则。①在教导替代行为之前,需先确定是否适合教授个体这项替代技能,如不适合,则教导其应对、容忍技能、一般适应技能等。②选择教导的技能必须是功能等值的。③选择的替代技能,是否是个体已有、曾经表现过,且不需要花太大精力,容易表现的行为,如个体没有此项行为,则要考虑个体的能力,选择其容易学习的行为。④选择的替代行为时还要考虑以下四个方面：一是适合个体的生理年龄；二是配合个体的需求、动机和兴趣；三是容易被他人接受、察觉和理解,且不造成对环境的干扰；四是易于实施,且适合个体行为问题发生的大部分情境。⑤在行为问题发生前教导,且教学情境最好安排在易引起问题行为的前事中去教学。⑥在教导的初始阶段,处理者可在行为问题发生前,提示个体使用替代行为,让其养成习惯。不要等到个体行为发生后才给予提示,因为这样他可能会学习先出现的目标行为,接着才在提示下表现出替代技能。⑦教导替代技能时,可以配合前事控制策略,这样能制造更愉快的教学气氛。

教导应对和容忍技能时，需注意以下五个原则。①教导的技能要适合个体的生理年龄，配合其需求、动机和兴趣，以及具有功能性，可应用于现在和未来的生活环境中。②不能一味地要求个体应对和容忍不愉快的情境，而没有替代技能、适应技能、或改变前事。③教导容忍技能时，要考虑个体容忍或等待时间长度的起点状况，设定渐进的标准，而且要协助个体学习在容忍或等待时间里可从事的活动。④在问题行为发生前教导，且教学情境最好安排在易引起问题行为的前事中去教学。⑤在问题行为发生前，提示个体使用应对和容忍技能，让其养成习惯。

教导一般适应技能时需注意以下四个原则。①教导的技能要适合个体的生理年龄，配合其需求、动机和兴趣，以及具有功能性，可应用于现在和未来的生活环境中。②一般适应技能会比替代技能花费更长的教学时间，所以当个体的行为问题非常严重时，宜先教导替代技能以应对他的立即需求。③在问题行为发生前教导，且教学情境最好安排在易引起问题行为的前事中去教学。④在问题行为发生前，提示个体使用一般适应技能，让其养成习惯。

五、情绪与行为处理的生态观

情绪与行为处理的生态观，非常重视个体所处的生活环境，如社会、家庭、学校等，强调通过这些环境的系统调整及改变达到改善行为问题的目的，其认为个体所处的生态环境中的不良因素对个体问题行为的出现有直接责任。应通过正向的支持技术来减少或调整这些不良环境因素，以降低其问题行为的出现，从而使个体与环境的关系更和谐。

通过生态系统改变促使个体所处环境成为一个更加适切的环境，意味着个体日常生活中的那些重要他人都应该参与到行为处理计划的制订与实施中来。因此，正向行为支持的实施是基于多方团队合作的行为处理实践，在行为处理过程中，需要围绕个体成立一个有效的行为处理小组。情绪与行为处理强调在自然情境（如家庭、学校及社区生活情境）中，通过行为专家与个体重要他人的合作进行行为处理，且更加重视个体重要他人的价值与作用。

学校处理学生的情绪与行为问题时，除了评量和处理个别学生的支持系统外，还应评量和处理教室系统、教室以外的特定系统（如游乐场、走廊、操场等）、全学校的系统。

根据学校生态环境系统（图10-1），学校里的正向行为支持有三个层级：全校性的正向行为支持、教室本位的正向行为支持、个别化的正向行为支持。三个层级的正向行为支持能为学生提供连续性的支持，学生的行为问题越严重，则越往下接受个别化的正向行为支持。

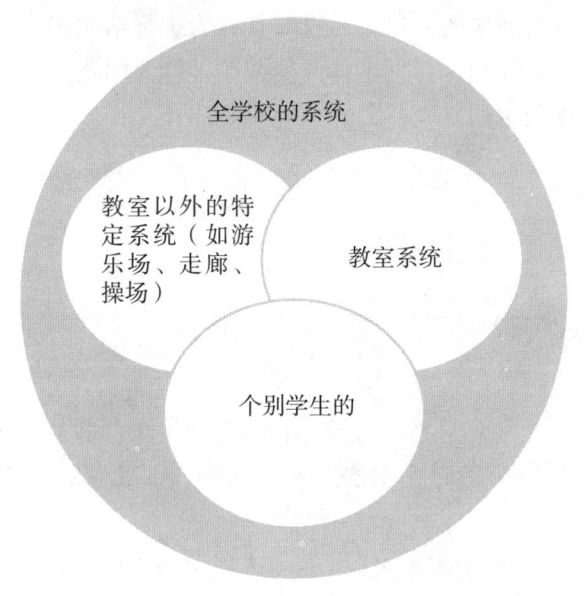

图 10-1　学校生态环境系统示意图

（一）全校性的正向行为支持

全校性的正向行为支持是其他层次的必要基础，需要全校教职员工通力合作，完成共同的任务，即改善学校环境，建立支持系统，以预防校园暴力，防范危险边缘学生行为问题的恶化，提供系统、一致的行为规范和期待，经营一个接纳、理解、融洽及适合特殊孩子学习、生活的校园环境，以帮助有行为问题的学生适应校园生活，改善及减少行为问题。通过建立安全、良好的社会文化环境来促使学生改变。

全校性的正向行为支持系统包括三个层级的预防：初级预防、次级预防、三级预防。

（二）班级本位的正向行为支持

其处理目标是创造一个接纳、理解、融洽及适合特殊孩子学习的班级环境，即创造一个支持性的环境，以帮助特殊学生正常融合学习，改善及减少行为问题。老师们要善用行为管理技巧，建立正向的师生互动和和谐的同学关系，无论在物理环境还是在教学设计上，都让学生有明确的规范可循。

班级经营是为特殊学生创造一个支持性环境进行融合学习的重要手段，班级经营包括：同学关系经营、物理环境规划、亲师沟通、班级团辅、多层次教学……

（三）个别化的正向行为支持

对于有严重行为问题的学生，通过对其行为进行功能评量，制订一套针对个体的正向行为支持计划，帮助个体改变或改善行为问题，使个体尽可能地回归社会环境中生存及生活。

思考题：

1. 试分析儿童情绪行为障碍的成因。
2. 如何构建情绪行为障碍儿童矫正的生态体系？

参考文献：

[1] 唐健.情绪行为异常儿童心理与教育[M].天津：天津教育出版社，2007.

[2] 李闻戈.情绪与行为障碍儿童的发展与教育[M].北京：北京大学出版社，2017.

[3] 刘智胜.儿童心理行为障碍[M].北京：人民卫生出版社，2007.

[4] 杨志寅.儿童行为障碍与健康[M].北京：人民卫生出版社，2010.

[5] 刘春玲.特殊教育概论[M].上海：华东师范大学出版社，2016.

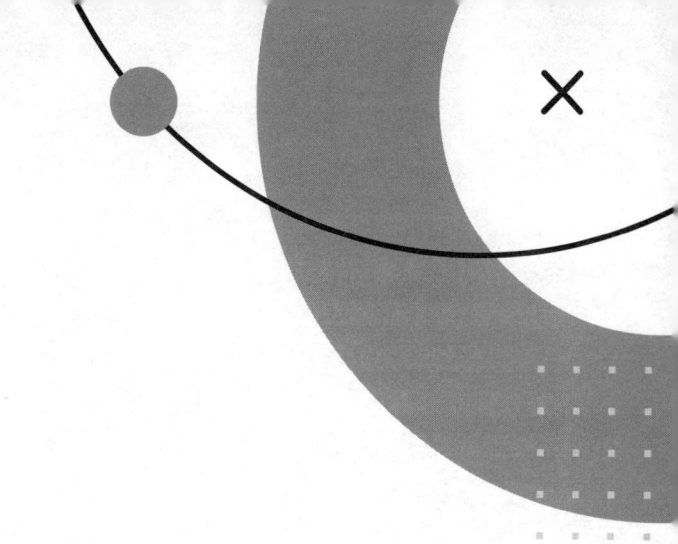

第十一章　个别化教育计划的制订与实施

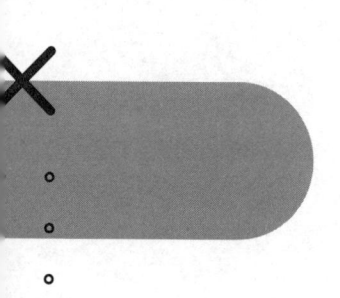

第十一章　个别化教育计划的制订与实施

案例：

美国的神经学者布鲁斯·D.佩里（Bruce D. Perry）写过一本书，叫《登天之梯：一个儿童心理咨询师的诊疗笔记》，其中有个关于一个6岁的小男孩彼得（Peter）（化名）的故事。彼得在3岁之前在一家俄罗斯孤儿院里受到了极端的忽视，这使他的大脑皮层萎缩，脑组织明显比同龄人偏小。3岁时，彼得的养父母收养了他，尽量教育彼得，也给他找了医生进行干预，但彼得在很多方面依然很落后，6岁时的他是这样的：语法乱七八糟，行动不太协调，不懂社交，很少跟人有恰当的眼神接触，偶尔还会情绪爆发好几小时。受到打击时，他就会"倒退"成像婴儿那样，要很久才能慢慢恢复过来。

在幼儿园时，彼得也是"麻烦制造者"，他的很多行为就像2～4岁的小孩，他没法辨认出其他孩子的社交信号，有时会直接抢走别人的玩具，他也不知道什么时候该保持安静，会突然开始四处乱走，还会尖叫、发脾气。其他的孩子们自然会开始孤立他，就连老师也不知该如何对待这样的孩子。而彼得越是被排斥，就表现得越是差劲。

彼得的智力水平已发展到同龄儿童的水平，但他的一些"坏习惯"仍不断引起老师和同伴的抵触，到上学的年龄时，他该怎么办呢？

问题聚焦：

1. 彼得的智力已经发育到了一年级水平，他能上小学吗？
2. 如果进入小学需要为他提供怎样的支持呢？家长、老师对他的责任表现在哪些方面？
3. 怎样的教育安置才是真正适合他的？

本章将针对以上问题进行论述，并介绍制订适合特殊儿童的个别化教育计划，以及在教学中如何实施教育计划。

正如前面各个章节所提出的那样，每种类型的特殊儿童都有自己的特点，有优势也有弱势，需要教师和家长以及教育行政部门集中思想，确定目标，制订一个适合学生的有效的教育方案，以使学习困难的学生得到最大限度的教育支持。在特殊教育领域，有针对特殊学生制订的教学计划，这在融合教育中有着非常重要的作用。

第一节 个别化教育计划概述

一、个别化教育计划相关概念的界定

（一）个别化教学与个别化教育

个别化教学是指面向全体，兼顾学生差异的教学思想理念、方法和策略的总称。在教学形式上可以是个别的、小组的，也可以是集体的；在教学目标上依据每个学生的能力制订，并不断进行调整；在教学内容上主要依据学生不同的水平来选择；在教学方法上考虑学生不同的学习或个性特征。

个别化教学并不拘泥于形式上的一对一，它可以是班级情境中，由一位教师针对全班学生的独特性和差异性制订不同的学习计划，包括课程、教材、教法和评量等，亦即提供个别化教育方案。

（二）个别化教育计划

个别化教育计划（IEP）是指为落实个别化教学编拟的，为某位学生提供的最为适合其发展、给予其最恰当教育服务的文件，是学生在一定期限内学习的内容。

个别化教育计划是特殊教育的基石。它规划和指导一个有特殊需要的学生在学校接受特殊教育的方方面面，描述了学生的教育需要，确定了学生要达到的教育目标，规划了学生的教育安置形式，明确了学生的教学进程和进步的评价标准。实质上，个别教育计划既是特殊儿童教育和身心全面发展的一个总体构想，又是对特殊儿童进行教育教学工作的指导性文件。

1975年，美国通过的《所有残疾儿童教育法》明确规定，各州必须为每一个接受特殊教育的学生制订一份书面的个别化教育计划，计划内容必须包括下以几点。

（1）该名儿童现实教育水平的描述。
（2）年度目标的陈述，每个年度目标还必须包括一系列短期教学目标。
（3）给儿童提供的具体的教育服务，包括参与普通教育的计划。
（4）每项服务的起始日期和期限。
（5）评估程序和合适的评估标准，至少应该对一年内教学目标达到的情况进行评估。

目前在我国较常用的是根据学校的学期制订计划，即通常是半年一个计划。但对于 0～3 岁幼儿一般可缩短到 3 个月一个计划，年龄较大的学生可以一年一个计划。一个完整的个别化教育计划项目一般包括以下内容。

（1）学生基本信息（姓名、年龄、性别、年级）。

（2）本个别教育计划的执行起止日期、拟定日期、拟定人。

（3）未来安置：该名儿童下一阶段正常化的最大可能性。

（4）本计划执行期安置的各项内容、时间、主要负责人。

（5）长期目标，按不同领域分布目标，较为抽象、概括，一般为一个学期。

（6）短期目标，是达成长期目标的细致、具体的步骤和内容，是完成长期目标的保障。各短期目标后的教学策略，指这一教学目标最适合的教学情境。

（7）评量：含等级评量（依制订的评量标准）结果和评量日期。

（8）备注：在各长期目标和短期目标后，对该项目状况、执行人等情况进行说明。

（三）个别化教育计划的作用

（1）个别化教育计划是个别化教育能够实施的总设计，是使儿童获得最适合其自身的教育服务的保证。

（2）个别化教育计划是教师、学校对儿童实施教育的承诺，这一承诺会受到家长、学校、社会的监督和检查。

（3）个别化教育计划促进了教师、学校、家长、社工人员与儿童的沟通，加强了学校、家庭、社会之间的合作，让各领域参与教育的人员能互相交流、互相配合，在明确目的标的导引下从不同角度实施个别化教育。

（4）个别化教育计划是教师开展教学活动的依据，也是对儿童进行教育诊断的依据。

二、个别化教育的出现对教育界产生的意义

个别化教育是根据全纳教育环境下学生差异性、多样性的特点提出的。如果要使有特殊教育需求的学生能够全面发展，并且和社会主流文化实现有机统一，必须首先考虑其独特需要。

（一）个别化教育满足教育对象独特性需要

因材施教是教育的重要原则，也是体现教育对象独特性的需要。苏联教育家赞可夫说过："个别对待指的是要研究和估计到每个学生的特点，以达到成功教学的目的。"个别化教学是由特殊教育对象的差异性决定的。作为特殊教

育学校，面对不同的教育对象，要针对其特点，最大限度地因材施教，以取得最佳的教育效果。

（二）个别化教育计划是特殊教育发展的趋势

提倡在主流学校、特殊学校或特教班，为特殊儿童提供合适的教育机会和辅导服务，以便满足学生的个别需要已经是当前特教工作者普遍的观点。《萨拉曼卡宣言》提出，每一个儿童都有独一无二的特点、兴趣、能力和学习需要，教育体系的设计和教育方案的实施应充分考虑到这些特点与需要的广泛差异。而能照顾到特殊儿童个体差异的最佳方式就是实行个别化教育。

1975年美国颁布的《所有残疾儿童教育法》更是明确规定：必须为每一个3～21岁残障儿童制订适应其特殊需要的个别化教育计划，即 IEP（individualized educational plan）。为特殊儿童提供个别化教育计划也是《所有残疾儿童教育法》的核心。至此，个别化教育计划有了明确的法律地位，在美国成为特殊教育的一个重要手段。随后，一些国家（如加拿大、澳大利亚、英国等）均将为有特殊教育需要儿童制订个别化教育计划的要求写入相关法律，并严格执行。

20世纪90年代以来，我国特殊教育改革的一个非常重要的主题就是如何在特殊教育学校实施个别化教育，也进行了从理论到实践上的尝试，并逐渐形成了一套自己的工作体系。

（三）个别化教育是全面实施素质教育的必然要求

实施素质教育就要面向每一个学生，使每一个学生都得到充分的发展，让每一个学生的整体素质都得到提高。特殊教育只有最大限度地适应学生差异，满足各类学生的个别教育需要，才能使不同水平的学生得到较好的发展。融合教育也是在这个理念下进行的教育实践过程，由个别教育计划满足不同障碍类型、不同认知水平的儿童的教育需求，以实现素质教育的目标。

（四）个别化教育是对儿童个性尊重的体现

个别化教育必须对每个儿童有全面、系统、科学的了解，包括对儿童的家庭环境和社会环境，儿童生长发育各种情况，身心发展特点水平、兴趣的了解，优势和弱势把握等。这是教育的依据，越是精准的分解，越能保证后续教育服务的质量。

建立在全面了解儿童基础上的个别化教育，尊重每位儿童的学习起点、学习能力，对每位儿童有不同的学习目标与要求，允许儿童按照自己的学习速度前进，因而采用多种教学方法，灵活编选教材、设计与实施教学活动。

（五）个别化教育是社会平衡发展的需要

常态社会指在社会进程中自然形成的社会。常态社会包含的要素很多，如社会制度、社会形态、社会规约、社会经济、政治、文化、社会成员构成等。人们常常强调特殊儿童需要社会的理解、支持、接纳，其实社会同样也需要特殊儿童，因为特殊儿童从另一个角度托起了社会的平衡。有特殊儿童并能使特殊儿童平等参与的社会才称得上是一个正常状态的健全社会，而实现特殊儿童平等参与社会目标的一个重要途径就是进行个别化教育。

三、个别化教育计划操作程序

（一）个别化教育计划的参拟人员

个别化教育计划是根据儿童的现状所制订的适用于儿童的一个阶段性的教育计划，制订的有效性有赖于评估的准确性和全面性。因此，原则上计划的拟定需要与儿童生活、学习等方面相关的各个人员共同参与（包括儿童本人），即个别化教育计划的参与者和制订者要包括多个领域的人员，如医生、家长、心理学工作者、资源教师、融合班教师、教育行政部门人员等，主要执笔人是资源教师和融合班教师。

（二）个别化教育总程序

一般制订一项个别化教育计划可按照如下程序进行操作：可疑、筛选、鉴定、安置、接案、评估与诊断、拟定IEP、教学、再评量。其中，可疑、筛选、鉴定、安置为IEP起始阶段，这个阶段的工作由拟定个别化教育计划的联合小组成员通过尽可能全面的调查、协作完成。主要了解儿童基本情况、学业和学历、成绩调查、儿童病史调查、智力水平、社会生活能力测查，并根据他的能力、居住地、障碍情况将他安置于最能满足他的需要及最适合他发展的环境中。

以上环节在入学前完成，或者在决定进入普通学校学习之后完成，以便后期为其提供适合的教学环境及教学内容和方法。这是整个个别化教育总程序中的鉴定诊断阶段，是必不可少的环节。

（三）个别化教育形式

实施个别化教育以满足儿童教育需求为前提，在实施过程中可采取多种教育形式。

1. 一对一的个别化教育

针对一些专门的目标或儿童在其他类型活动中可能完成的、适合一对一的目标。

2. 在小组活动中进行个别化教学

教师可以组织一个活动，但允许儿童在这一活动中每人有不同的起点。儿童在此活动中的目标可以不一样，达到的水平也可以有差异，也就是说教师在设计教学、实施教学过程中注意了目标的分配。

3. 在团体活动中进行个别化教学

明确教师如何在日常教学中兼顾特殊儿童和普通儿童。

4. 在家庭中配合个别教育计划的拟定与实施

明确家长在家庭当中应该给特殊儿童提供的支持和帮助，应该如何配合老师的课堂教学，让孩子实现既定的目标。

也就是说，在具体实施过程中可以通过多种不同形式来实现个别化教育。

四、个别化教育支持系统

在为特殊儿童制订个别化教育计划时，充分建构和利用儿童的支持系统将会起到事半功倍的效果。2001年5月，世界卫生组织正式把国际残疾分类（ICIDH）修改为国际功能、残疾和健康分类（ICF）。分类模型从ICIDH线性模型到ICF模式的变化也在提示我们对于残疾、障碍的认识要加入背景性因素的影响。从某种意义上来说，当我们为特殊儿童创造足够无障碍的环境和提供足够充分的支持后，特殊儿童的生活也将不再会有障碍。

（一）什么是支持系统

支持系统是指为提升特殊儿童及其家庭的生活品质，超越障碍，将社会支持、自然支持和专业支持有机配置而组合形成的系统。该系统由人、事、物三要素构成。

自然支持指来自特殊儿童自己、家庭、同学同事和社区的，非正式的、非专业的、低成本的、可持续的支持。自然支持具有很强的主动性，能随时、即时、持续发挥作用，且能量大，有亲和力、聚合力，是特殊儿童首选的支持方式。

社会支持指来自理念的、法律政策的和经费方面的支持，能为特殊儿童提供大环境的支持，是构建儿童支持系统的有力后盾。

专业支持是指来自具有某种学科专业背景的支持，如心理咨询、言语治疗等需要专业人员使用专业技术才能完成的工作，可以为儿童提供专业化、专门化的服务。

一般来说，我们主张构建"以社会支持主导的，优先运用自然支持、专业支持做后盾的支持系统"。无论教师还是家长，都要充分重视和利用特殊儿童的自然支持。

专栏·拓展阅读：

自然支持的作用

佩里（Bruce D. Perry）医生决定去彼得（Peter）的一年级班上做个讲座。他让彼得站到台前来作为助手，给那些一年级孩子讲大脑知识。他告诉孩子们，对一个正在发育的婴儿大脑来说，跟人说话、抚摸、互动是多么重要。在彼得出生后的头三年里，他还从来没有爬行过、走动过、玩耍过，没有被大人拥抱过……因此，彼得的大脑没有得到足够的刺激。直到彼得的（养）父母接走了他，从那天起，彼得的大脑开始神奇地学会了许多东西，他以前从来没听过英语，却在几年后学会了。他从没运动过，但现在他能走能跳了。虽然他的生命开端如此困难，但他现在却做得这么好，部分原因就是每天在学校里，彼得会从你们所有人身上学到东西。他观察你们如何做事，他从与你们的玩耍中学习到知识，并且他还学着和你们成为朋友。因此，谢谢你们帮助彼得。

演讲帮助同班的孩子们理解彼得这个"麻烦的制造者"。一旦理解了彼得的行为原因，孩子们便不再害怕，他们的善良天性也就表现了出来。很快，孩子们争着做彼得的搭档，保护他，和他交流，容忍他的迟缓，耐心地纠正他的社交错误……

这对彼得来说是最好的积极治疗。彼得不断进步，到上高中时，已经和普通孩子没太大区别，在社交和学业上都表现得很好。

（二）支持的形态

按照支持的方式，支持的形态可以分为以下5种。

（1）无须支持。

（2）监督，只需要有协助者在旁监督而无须参与。

（3）口头提示或动作提示，需要在关键点上给予口头的提示或者动作示范。

（4）部分身体协助。

（5）全部身体协助。

（三）支持强度

按照所需支持的频率和范围可以分为以下四种强度。

（1）间歇的支持：根据需要而定的短暂支持。

（2）有限的支持：在某些方面经常性的短期支持。

（3）广泛的支持：在某种环境中经常持续的支持。

（4）全面的支持：在多种环境中都需要提供的持续性支持（甚至终生需要）。

向特殊儿童提供支持的最终目的是让儿童能在尽可能少的支持下融入社会，所以支持并非越多越好，在恰当的时机提供适当的支持，可以起到最佳的效果。

第二节 教育评估与诊断

评估与教育诊断是制订个别化教育计划的前提，没有准确的评估就不可能有恰当的个别化教育计划。对特殊儿童的评估项目及内容因人、因障碍类型而异，但我们第一个要把握的原则就是特殊儿童首先是儿童，无论哪类障碍儿童，其与普通儿童的共性都是大于差异性的。因此，在评估工具和方法的选取上既要顺应特殊儿童的生理和心理发展特点，又要顺应儿童的一般生理发展特点。总体而言，对特殊儿童进行的教育评估一般包括标准化测验、教育诊断及课程评量。标准化测验此处不再赘述，本节主要介绍教育诊断和课程评量在个别化教育中的应用。

一、教育诊断

由于标准化智力测验更多应用在儿童障碍的诊断上，而且不能提供关于儿童发展的更具体的信息，这时候就需要其他教育诊断的参与。

（一）教育诊断的含义

教育诊断是对儿童的心理特质、学习需求及环境关系的把握，是对儿童"现状"全面而客观的描述。个别化教育重视对学生的教育诊断，包括教学前对儿童家庭环境、生活环境、社区环境，儿童生长发育的各种情况，身心发展水平、特点，对学生兴趣、学习态度、优势和弱势、教育重点与难点、教育建议与对策等的讨论分析；教学中的师生互动，对教学环境的分析，对教学过程的把握，对教学方法策略、学生的反馈等的诊断评量；教学后对教学结果、原因的探寻，对教学有修正、调整的策略与建议。教育诊断可以帮助我们了解儿童的需求，找到教学起点，确立支持系统，拟定个别化教育计划。

（二）教育诊断的方法

教育诊断可以通过观察法、调查法、实验法、测验法等方法来完成，本节以观察法和访谈法为例，进行简要介绍。

1.观察法

（1）观察法的定义。观察法是有计划、有目的地观察儿童在一定条件下言行的变化，做出详细的记录，然后进行分析处理，从而判断他们心理活动特点的方法。观察法具有系统性、有意性；多次反复、非一次性；自然与真实性的特点。

（2）观察的基本流程。

①确定观察目的和主题。首先根据研究目的确定观察行为的主题，如研究疼痛反应。其次将研究关键词定义准确、清晰，如将包含防御反应、支撑、摩擦、做出苦相、言语抱怨、叹息等行为的反应称之为疼痛反应。

②明确观察对象、时间、地点及联系工作。

③培训观察人员。观察人员应有必要的专业态度和专业能力，即能做到不误记、漏记，能抓住观察要点，能客观记录不主观臆断。观察者必定是现象的摄影者；观察要准确地反映本质；我们的观察不能有任何预设的观点；观察就是听其自然，记录下真实的情境。

④进行观察。观察常用的方法有记叙式观察、时间取样观察、事件取样观察等。

⑤整理观察记录。根据不同观察类型，可以将观察结果按照次数、类型等进行整理。

⑥分析观察资料。分析资料一方面是分析观察资料本身，另一方面也要联系其他资料及教学实践经验进行综合分析。

（3）观察法的注意事项。以记叙式观察为例：首先，在观察过程中根据信息重点，灵活运用整体描述、半整体描述、详细描述，如"玩"属于整体描述，"跳绳"属于半整体描述，"和4位同学玩了5分钟跳绳"则属于详细描述；其次，尽量用客观描述，避免过分主观臆断，记录时将客观记录和主观推测分开记录，"小强不合群"就含有主观臆断的成分，可放在备注中，但在具体描述时应这样叙述，即"下课后小强自己在走廊上玩球，并且不允许别人靠近他"。

2.访谈法

（1）访谈法的定义。访谈法是由访谈者根据调查研究所确定的要求与目的，按照访谈提纲或问卷，通过个别访问或集体交谈的方式，系统而有计划地收集资料的一种调查方法。访谈是一种有目的、有计划、有准备的谈话，是紧紧围绕研究的主题进行的谈话，不同于我们的日常谈话。

（2）访谈法的类型。按照不同标准，访谈法有不同分类方法。按照操作方式和内容的结构化程度，访谈可以分为结构式访谈、半结构式访谈、非结构式访谈。

①结构式访谈：也称标准化访谈或封闭式访谈，指访问者根据事先设计好的、有固定格式的提纲进行提问，按相同的方式和顺序向受访者提出相同的问题，受访者从备选答案中选择，实际上是一种封闭式的口头问卷。其优点是研究的可控程度高，应答率高，结构性强，易于量化；局限性则为不灵活，不深入。

②非结构式访谈：不采用固定的访问问卷、不依照固定的访问程序进行的访谈，鼓励受访者自由表达自己的观点。其优点为具有较强的灵活性，并且细致深入，可以对受访者感兴趣的问题细致追问，挖掘出生动的实例，得到更为深入的信息。局限性为费时、费力，结构不完整，难以量化。

③半结构式访谈：它有访谈提纲，有结构式访谈的严谨和标准化的题目，也给受访者留有较大的表达自己想法和意见的余地，并且访谈者在进行访谈时，具有调控访谈程序和用语的自由度。半结构式访谈兼有结构式访谈和非结构式访谈的优点。

例如，采用半结构式访谈，对发展性障碍儿童的妈妈可以这样问：
"您在怀孕期间是否遇到过什么问题？（如果回答是）跟我说说有哪些问题。""您在阵痛和分娩期间是否经历过什么困难？（如果回答是）跟我说说这些困难。"

（3）访谈的程序。
①确定访谈目的。
②明确访谈范围，选择访谈种类，确定访谈内容。
③运用或编拟访谈表或提纲。主要注意问题呈现形式、提问回答形式、访谈结果处理等。
④预约访谈，进行访谈时间、地点、对象、内容预告。如果需要对方准备相关资料，如学生的发展史、体检资料、成绩单等，应在访谈前提前告知对方。
⑤进行访谈，按照约定的时间和内容进行访谈。
⑥结束访谈。
⑦整理访谈记录，就访谈获得的资料进行分析，得出访谈结论。

（4）访谈的注意事项。
第一，访谈的目的是获得尽可能客观可靠的信息，在具体访谈过程中首先应注意倾听，对受访者的表达做出反应，需要的时候进行解释。随时将总结的信息与受访者分享，求证信息的准确性，同时也表明你在倾听。

第二，留意受访者的非语言信息，观察受访者是否有默认的反应方式，如对"是否"问题通常都是回答是（否）。

第三，注意提问方式，避免询问过多的是否型问题；避免双重目的的问题（如儿童在社交和学习上都存在哪些障碍？）；避免长的复合型问题；避免引导、暗示或强迫性问题。

第四，注意有效的探查。可以合理使用详细描述、澄清和质疑的技术来获得准确、前后一致的信息。

第五，始终保持客观中立的态度。接纳受访者的信息意味着承认和尊重，但不代表你同意和赞同他们的观点。

合理使用观察法和访谈法，可以搜集到关于个案本身及其家庭环境的更多深入而详尽的信息，为制订个别化教育计划提供依据。

二、课程评量

（一）课程的含义

课程有广义和狭义之分。广义的课程是指学生在学校安排与教师指导下，为达成教育目的所从事的一切有程序的学习活动与经验。狭义的课程是指学校提供的学科和这些学科欲达到的知识技能目标，具体为课程标准、纲要、教学指导、教学参考书、教科书等。课程是学校意图的反映，是为有目的地学习而设计的内容，主要解决为何教，教什么的问题。

课程基础常以教育思想、学生需要、社会需要而论。

特殊儿童的课程建设一直顺应时代的发展而不断变化，但总体上都本着教育平等观、发展性教育观、个别化教育观，遵循共性原则、超越障碍、补偿缺陷、发掘潜能的教育观，支持性环境建构的教育观等教育思想来建设课程。而在学生的需要上则充分关注特殊儿童身心发展的需要和学习的需要。同时，课程建设也有其社会需求，《中国残疾人手册》上提到特色学校性质和任务时指出，"特殊学校是向残疾儿童实施义务教育的学校，它的任务是对各类残疾学生给予特殊帮助，使他们克服因生理缺陷带来的困难，把他们培养成有理想、有道德、有文化、有纪律的社会主义公民"。

（二）课程的分类

关于课程的分类，按照不同标准有不同的分类，本章主要按儿童成长的线索来介绍课程。

1. 发展为主的课程

（1）发展性课程的含义。

强调根据儿童身心发展的各领域、各阶段分布课程内容，如感官知觉、粗大动作、精细动作、生活自理、沟通、社会技能等，主要目的在于促进学生身心发展。该类课程多用于年龄较低（学龄前）的儿童。发展性课程往往重视身心发展的基础能力教育训练，并通常以学生心理年龄或个人发展程度为评量依据。

发展性课程一般包括以下领域：粗大动作、精细动作、感官知觉、认知、沟通、生活自理、社会技能等方面。每个领域下有若干技能目标，在技能目标下则是长期目标和短期目标。

（2）课程评量标准。

对每项发展技能，一般分为四个评量标准：0分为补救级（需要康复），1分为起码级（教育训练），2分为标准级（教育后达标），3分为充实级（超越标准）。还有分为3个等级或5个等级评量的。

（3）可选择的发展性课程依据。

①教育部制定的《培智学校义务教育课程标准（2016年版）》中包含发展性障碍儿童义务教育阶段应达到的540个目标，可根据学生发展需要作为IEP目标的选项。

②波特奇计划（Portage），北京医大学苗淑新等译。

③双溪启智文教基金会编的《心智障碍儿童个别化教育课程》。

发展性课程可选择的项目较多，可根据学校和机构的实际情况及学生情况选取适合自己的课程。

2. 适应性课程

（1）适应性课程的含义。

根据社会成员适应社会生活的基本要求，强调学生在环境中的具功能性适应能力的培养，促使残障儿童个人适应、社会适应、职业适应，能在正常的全纳环境中过上独立的生活。

（2）适应性课程依据。

制订适应性课程除考虑一般课程依据之外，还应考虑以下三个方面：一是儿童信息加工容量的限制，如何在有限容量中具备适应社会的基本能力、具有一定的竞争力，是特殊教育应注意的一个问题；二是特殊儿童身心发展存在的诸多矛盾，包括自身发展需求与自身能力水平的矛盾、主动积极性与被动惰性之间的矛盾、潜能与障碍并存的矛盾；三是来自对障碍认识的加深，我们工作的重点和注意力应从儿童的主体缺陷转移到对环境的创设之中。

（3）适应性课程的特点。

①以适应性教育为目的。应分布促进儿童个人适应、社会适应、职业适应

的主要内容,并以此为指导去安排众多学习目标。

②以功能性教育为手段。尽量在课程中教给其最有用、最有效、最能促进适应力、形成具功能性的东西。

③以个别化教育为原则,为拟定个别化教育计划服务。

④以正常儿童成长顺序为线索。课程目标、内容以正常儿童成长顺序、规律为准。

⑤提供支持辅助,建立支持系统。树立环境建构意识,了解儿童的生活环境及需求,分析环境是否能满足儿童需求,并及时调整环境,形成支持辅助系统。

⑥促进教学活动的整合,意在增强学生对生活问题、现实问题的学习。

(4)适应性课程结构。

适应性课程一般包括沟通、自我照顾、居家生活、社交技能、使用社区、自我引导、健康安全、适用性科学、休闲娱乐、工作,其结构与发展性课程相似。

(5)可供选择的适应性课程依据。

①教育部制定的《培智学校义务教育课程标准(2016年版)》中的部分教学目标,可根据学生发展需要作为 IEP 目标的选项。

②张文京、许家成著的《弱智儿童适应性功能教育课程与实践》。

3.生态导向课程

(1)生态导向课程的含义。生态导向课程是指以生活为核心,遵循生活基本规律,在教学双方频繁互动中共同学习、探索、学习、学会生存的课程,强调与环境的关系。它可以包括生活所涉及的各个领域,以发展性课程和适应性课程为基础。

(2)生态导向课程的实施运用。

①确定访谈人员。访谈人员应是与儿童最密切相关的人;不同环境,访谈人员亦有所不同。

②拟定访谈计划。根据访谈的不同环境,设计出不同的访谈计划。例如,学生"一日家庭、社区活动表""一周例行家庭、社区活动表""节假日家庭、社区活动表"等。也可做儿童生活环境调查表,可按家庭环境、社区环境、学校环境来区分,强调以环境为线索。

③确定教学重要活动顺序。在访谈之后确定教学顺序,将访谈获得的各种情况汇总分析,与家长一起决定教育的内容、活动顺序。评价标准可以按照对于学生的重要性、需求度、接受度等方面进行分析讨论,按照先后顺序排序使用。

第三节 个别化教育计划的拟定与实施

为一名特殊儿童制订并实施个别化教育计划一般要经过确定评估项目、召开个案研讨会、拟定个别化教育计划，评估我们在上一节已经介绍过，本节将就后两项内容进行简要介绍。

一、个案研讨会

个案研讨会（IEP 会议）由不同人员组成，包括家长、教师、医生、科研人员等，通过观察、调查、谈话、评量等不同的方法，了解学生不同方面的实际情况，并找到影响原因，了解学生自身发展的优势和弱势，做好教育诊断，为制订个别化教育计划提供尽可能准确的依据。

同时，研讨会也提供了一个让各领域人员全面了解个案的情况并互通信息的机会，便于各领域人员相互理解和配合，有助于发掘学生的潜在能力，帮助确定提供支持辅助系统的人员、方式和支持的程度、内容等。

（一）个案会准备

（1）准备相关的评量工具。根据学生情况选用恰当的评量工具或准备相应的问卷。

（2）拟定诊断报告书。报告书的拟定，实际上是个案会希望了解的各类信息的汇总和分类，它反映出个案研讨的目的。报告书还交待了各领域人员具体的工作任务。

（3）选择、联系各领域测评人员。在预留出评估的时间之后，会议主持人应提前通知各位相关人员，让他们各自做好自己承担的评量、调查任务，确认个案会的时间、地点，并将附有会议议程的通知交给家长及所有与会人员。会议主持人要兼做会议记录者。

（二）个案会参与人员

在前文已述及，个案会的与会人员应该是与儿童有关的所有关键人物和评估者，包括教师、医生、专项评估师、家长和儿童本人等，但很多学校和机构往往由教师自己拟定计划而不知会家长。那么为什么必须要家长和儿童本人参与会议呢？

首先，家长参与 IEP 会议有以下几个好处。

（1）家长可能比老师还了解孩子的需求，明白孩子最实际的需要并可以提供帮助。

（2）可以使监督机制更好地运转，如填写转衔记录数据是由教师负责，特殊班教师一般都会记录，但普通班教师容易疏忽，所以家长可以提醒教师注意。

（3）家长可以发表意见、替孩子争取权益，最好的方法是所有身心障碍儿童的家长都能参与自己认为合适的家长团体，共同为孩子的发展提供支持。

其次，我们也要明白让儿童本人参加会议的意义。很多人可能会认为儿童并不是很清楚会议的目的，也不太可能为自己发声，但是参加 IEP 会议也是儿童参与社会的一种方式，即使不知道会议的具体程序和内容，大多数儿童也能够明白会议讨论的是与他（她）有关的事情，并能在适当的情况下表达自己的意愿。

另外，在实际工作中作为个案会主持者也需要注意以下几点。

（1）个案会议并非每次都邀请家长参加，家长希望通过个案会了解相关人员对其子女讨论的内容。

（2）每位与会者有不同的目标及限制，如经费、人员、可用资源、时间等，彼此间又缺乏沟通了解，家长容易对此感到困惑。

（3）第一次参会，听到对子女的评价可能会出现些共同情绪，如惊讶、自责、害怕、悲伤等，可能会影响会议进程，其他人应给予体谅。

（4）会议过程复杂，需协助家长理解相关法律、政策、流程、权利、选择等。建议第一次与会时要用去学术化的语言说明。

（5）学校行政人员因事无法参加或提前离去，常令家长觉得自己不受重视。

（6）会议通常缺乏清楚的对议程、目标、互动方式、时间等的介绍说明。

（7）会议通常以学校老师为主规划时间，并非以家长为主来考虑会议举办的时间。

（8）得到老师的负向反馈，会议气氛会受影响。

（9）老师要保守 IEP 会议内容的秘密。

（10）部分普通班老师对 IEP 缺乏了解，可能将学生视为负担。

（11）部分家长对许多人参与会议感到害怕，缺乏自信又过度信任他人，或认为已将孩子委托给学校，不愿再干涉。

只有家长和儿童积极参与，儿童的个别化教育计划才能更加完善和适用于儿童本人。

（三）个案会程序

一般一次个案研讨会时长大概在 1 小时左右，第一次时间会更长一些，具体会议程序可参考表 11-1。

表 11-1　会议程序表

会议程序	负责人
1. 会议说明：会议程序、规则、人员介绍	主持人
2. 报告评量结果：评量领域评量工具、人员 评量结果，发现学生目前该领域能力与影响该领域能力发展的因素	评量人员
3. 发问：对各项评量结果的发问与澄清	全体
4. 综合分析综合分析各领域评量结果，分析其间的关系，找到一致同意的关键能力	全体
5. 决定目标：共同认定学生下一阶段应优先发展的领域、目标，以及相关的领域发展目标	全体
6. 建议策略：由优先领域的专业人员先提出有无达成目标的训练计划，相关领域的人员提出达成相关目标的训练计划，包括所需时间、空间、人力、资源等，据此决定下学期该生的功课表大要	全体
7. 家长及学生的意见：最后再次征求家长对上述目标、策略的看法	家长
8. 结论：主持人总结出上述的决议，包括该生的优先目标与相关目标、达成目标的策略与时间安排、所需的相关服务与资源	主持人
9. 与会人员签名：	全体

（四）形成诊断报告书

在个案研讨会后应根据与会人员讨论的结果形成关于个案的诊断报告书，诊断报告书是对于儿童相关信息的整理汇总，报告书一般包括以下项目。

1. 基本信息：学生姓名、性别、出生日期、入学日期、记录人。
2. 调查、评量项目、工具、操作人员。评估表如表 11-2 所示。

第十一章 个别化教育计划的制订与实施

表 11-2 评估项目表

评量内容	评量工具	评量者	殷老师、林老师
		日 期	
智力情况	韦氏儿童智力量表	2015 年 11 月 13 日 于 **** 儿童教育康复中心	
生理状况	儿童基本情况调查表	2015 年 11 月 13 日 于 **** 儿童教育康复中心	
社会交往能力、口语表达能力	儿童孤独症及相关发育障碍心理教育评定量表	2015 年 11 月 13 日 于 **** 儿童教育康复中心	

注意评量内容要根据儿童障碍类别确定，评量工具要根据儿童年龄、能力等因素恰当选取。

3. 评量结果摘要（选取部分案例内容）。

（1）学生基本资料（含发育史、发展史、目前能力等）。

生育史：第一胎足月顺产于医院，出生前营养状况良好，母亲未服药，出生时体重 2.5 千克，母乳喂养，进食正常。

发展史：出生后无明显异常。发展过程中能够独坐、爬行、独走、有意识叫爸妈，但出现时间均晚于一般儿童。随着学生生长发展，粗大动作发展较好，但是精细动作能力发展一般，手部控制能力较弱。智力落后于一般儿童，注意力不稳定，语言发展相对较好，能够进行简单的言语交流。染色体检查正常，曾做头颅脑CT，颚部及舌系带等发音器官检查，未发现明显异常。目前就读于 **** 康复中心七班。

（2）家庭资料。父亲 35 岁，打工，母亲 33 岁，无业，家庭经济来源依靠父亲工资收入。该名儿童是独生子女，与父母同住。主要教养者为母亲，教养态度相对比较严格，与儿童沟通时间较长。家居楼房，两室一厅，附近有超市、餐馆等，生活便捷，该儿童喜欢与其他小朋友玩。作息时间正常，但是需要母亲的提醒。生活自理能力较强，能独立吃饭，但手部肌力不够，抓握动作发展较差，可脱下简单衣裤，可以自主洗脸，但是刷牙需要母亲的帮助，小便能够自理，大便需要协助。儿童对强化反应敏感，喜欢蛋糕、玩具枪等物品，可选作强化物。

（3）生理状况。视力正常，能够自主进行活动，并且与教师进行互动；视觉记忆发展较差。

听力正常，听觉的运用发展较好，具有一定的语言理解能力与耳语分辨能力。

（4）智力发展。韦氏儿童智力测验得分50分，其中操作分优于语言分，操作能力较强。

（5）沟通表达。

①沟通能力：能够主动模仿各手部、口部动作，并主动积极配合各项指示，能因需要说出抽象事物的名称。

②在沟通过程中，注意力相对分散，需要教师的提示才能够正常地进行圣诞。

③障碍类型：中重度智力落后，在活动中对自己感兴趣的东西表现良好，但是主动沟通表达能力较弱。

（6）动作能力。

①粗大动作方面：走、上下楼、跑跳发展较好，能够顺利地进行体育项目训练。

②精细动作方面：抓放能力、堆积能力已发展较好，但手部抓握力量较弱。

（7）课程成就（每学期评一次）。主要摘录儿童在不同领域的现状（此处略）。

4.综合分析研讨。

（1）障碍类别及程度：中度智力落后。

（2）学习的优势和弱势。

①优势：能够主动地进行简单的交流，参与学习的积极性较强，主动适应能力较好，对教师给予的强化反应较为敏感，粗大动作发展较为良好，精细动作有一定发展。

②弱势：语言表达仅限于简单句，表达气息较弱，并且有代词转换的现象，沟通上存在一定的问题，注意力分散，行为控制较差。精细动作有一定的发展，但是手部力量控制较弱。

（3）未来发展潜能：表达性语言较好，能够专注地与人进行交谈，精细动作发展较好，手部控制能力较强，在家长或者教师的监护下可以学习简单技能。

（4）障碍影响：语言表达的障碍影响，注意力分散，数学学习方面及人际交往技能较差，手部控制能力较弱。

（5）建议及对策：进行手部力量训练（物理治疗）可做抓握、摆臂操，课上对其进行一对一的动作训练，多予以正强化，需要家庭配合，课下也可以让他进行班级卫生的整理，如擦黑板等，尽量在日常生活需要中根据儿童感兴趣的活动创设活动场景；拟定语言训练计划，并增加其注意力的训练、语言表达能力的训练和对接受性语言的分辨，如代名词的理解，引导其对较为复杂的句子进行表达；在数学学习过程中，加强其数字逻辑能力的训练，使其能够按顺序依次唱数。

（6）安置措施：安置在培智班。

（7）教育重点：见课程评量。

（8）其他建议：做进一步语言训练和注意力的训练。

5. 分析日期：2015年11月20日。

6. 与会人员签名。

教育诊断书的所有项目应在个案研讨会结束后成形，这也是后续制订个别化教育计划的基础。

二、个别化教育计划的拟定

个别化教育计划的拟定意味着教育诊断以后，教师（及家长）针对学生的教育需求，着手对其教学目标、内容进行具体的计划和安排并形成文字，以便为以后的教学活动设计提供各种教学服务，组建支持系统，它将成为计划执行阶段的教育教学依据。

（一）拟定长期目标和短期目标

1. 拟定长期目标

（1）长期目标：指较为概括、抽象、有指示性的，时间通常为一学期的目标。根据儿童能力目标数量以15～20个为宜。

（2）长期目标依据：个案研讨会着重在课程评量后的各领域的"建议事项"中的内容，家长意见与需求，学生下一安置阶段的环境要求，教师对学生的了解和观察。

2. 拟定短期目标

（1）短期目标是达成长期目标的细致、具体的步骤或内容，是完成长期目标的保障，它以学生身心发展、知识能力掌握形成的顺序排列构成。随着短期目标的依次完成，最后达到长期目标。

（2）短期目标依据：以课程各领域的长期目标为导引，包括教学目标中的0分项、1分项、2分项（3分项不需要再选填）；课程中未列的项目，但该名儿童生活中确实需要的内容。

3. 注意事项

（1）一学期每个领域的短期目标以 6～8 个为宜，对学生的重点领域可以少量增加目标，但不超过 10 个。

（2）形成有特殊需要学生个别化教育计划短期目标栏，教师做到熟悉于心。学校里所有有特殊需要的学生均应有各自的个别化教育计划。

（二）如何选择目标

个案研讨会结束后，即可以得到特殊儿童在各领域的优势和弱势，儿童能力的弱势领域及需要进一步发展的能力均是 IEP 目标的来源，那么在为期半年的一期 IEP 中又该选取哪些内容作为目标呢？

1. 选择目标的基本原则

根据最近发展区的理论，应依学生所能所需去选择目标。

（1）学生所能，即学生发展上可能的趋势。评估学生目前发展的成熟度，在已会、已能的基础上建立该生经过学习"所能"达到的学习目标。例如，学生现在能做到全手抓握，下一期就可以开始练习三指捏。

（2）学生所需，即学生在生活上所需要的能力。选择学生在生活上所需要的能力，主要看目前生活环境的需要和下一个环境或将来环境的需求。尽可能选择实用性的目标。例如，目前的环境需要学生会"穿、脱衣服"，下一个环境则需要"会自己处理大小便"，那么就可以将这两条选为目标。

2. 选择目标需要考虑的因素

（1）目标的难易程度。每个领域的目标都是有一定难易顺序的，应选择较容易的目标作为较复杂目标的基础。

（2）目标的心理作用。完成一个目标不仅仅是一个能力的形成，还会对儿童心理发展起促进作用，所以教师应注意选择一些能帮助儿童形成独立性、积极性及自信心的目标。

（3）儿童目前的状态。儿童的状态决定了选择目标的内容，所以要根据儿童目前的水平，选择促进儿童发展的基础性目标。

从不同领域选择相关联、互促的目标，不要只在一个领域里选择。这需要家长、儿童和教师共同决定。例如，儿童在精细动作能力、语言能力、认知等多领域上均有较高的支持需求，但他们的语言理解显著影响了其他领域的学习，那么在非言语沟通领域选取目标时尽量选取能促进语言理解的目标。

（三）如何叙写目标

严谨而标准化的目标书写不仅有利于不同教师以及家长的沟通，同时还便于不同人员对计划进行评估与监控。

1.长期目标的叙写

通常由一个动词加上所需学习内容,形成该领域本学期的长期目标。动词大多为了解、认识、增进、获得、熟练、加强等。例如,在动作领域,增进腹肌力量、加强平衡能力;在认知领域,认识社区中常见的符号、了解数量概念等。

2.短期目标的叙写

(1)叙写原则。

①简洁:目标叙写应简单明了,不应太啰唆。

②具体:应针对某一能力、技能进行具体描述,切忌叙写空泛。

③可操作:目标应可操作,便于评量。

在实际工作时,简洁可能会与具体、可操作存在矛盾,这时候应以具体、可操作为优先考虑因素,在具体、可操作的基础上尽可能简洁明了。

(2)叙写要素:短期目标应包含以下要素。

①谁:即制订计划的对象,该项可以省略。

②在何种情况下:指学生在何种情境、条件、协助下,可表现此行为。例如,在听到铃声时、看图片时、看到老师比"坐下"的手势时、在吃点心时、看到示范时、老师碰他手肘时、给予口头提示时、替他画好虚线时等。

③做什么:指希望或说明学生在上述情况下会有什么样的行为产生,包括"做"和"什么"。

"做":指的是具体可观察的外在动作,如写、跳、拿、指出、说出、画出、洗、看、模仿、分类、配对、回答、数出。对此不恰当的描述,如认识、了解、知道、分辨、喜欢。后者不能提供有效准确的信息。

"什么":包括所做的材料、内容、时间、距离、数量。例如,画圆圈、洗手、写自己名字、指出红色的球、说早、跳三下、跳三十厘米远、坐十分钟、指出五个颜色的球、说出三种动物的名称等。

④做多好:指通过的标准,通常以"次数比率",或"时间百分比"描述。次数比率通常以80%通过率作为通过标准。

较恰当的短期目标叙述如能跨过二十厘米高的障碍物;能唱数1~10;能用铅笔仿画三角形;看到动物图片时,能说出三种动物的名称。

不恰当叙述方式如能注意听讲;能爱护教室内的器材;愿意和小朋友们合作等,这些不具体、没有可操作性的描述,不能作为短期目标放在IEP中。

在生活自理和精细动作领域的短期目标可以如表11-3所示进行叙写。

表 11-3 在生活处理和精细动作领域的短期目标

长期目标	短期目标	教学策略	备注
提高基本的日常生活自理能力	在协助下穿脱简便鞋子、衣服、裤子	生活场景	无鞋带、鞋扣；无拉链、扣子
	会模仿刷牙动作	生活场景	
	能自己用勺子吃饭	生活场景	可以选用粗柄勺子
	可以自己拿卫生纸擦鼻涕	生活场景	可擦不干净
提高小肌肉的抓捏能力	能在 3 分钟内正确完成 2 种动物的嵌套拼版	精细动作课	
	能在 1 分钟内将 10 颗串珠全部捏起放到瓶子中	精细动作课	
	会打开及盖上水杯盖、便当盒盖等	生活场景	瓶口不宜过大，常见的中大号药瓶即可
	能模仿老师完成两种简单的橡皮泥/折纸造型	精细动作课	

目标的选取应充分根据评估结果及研讨会上的讨论来决定，每个儿童的目标均是结合其当前所需所能、考虑其将来安置制订的。

需要注意的是，在融合班级里，完成 IEP 的人员和场地可能会随儿童的需要涉及不同人员，所以要在计划中明确实施者或责任人。

三、执行 IEP

（一）执行 IEP 的一般流程

（1）IEP 拟定之后就可以开始实施，教师根据每位学生 IEP 中适用各种教学策略的目标进行汇总，提供给不同学科及课程的教师及家长。

（2）教师根据 IEP 的目标拟定活动计划，进行活动设计，并在活动后进行评鉴。

（3）一般情况下，一份 IEP 的执行期限为一学期，之后再拟定新的 IEP。

（二）随班就读个别化教学原则

1. 充分尊重随班就读生的个性与学习特点

随班就读中的个别化教学应充分尊重随班就读生的个性、差异性及学习特点，做好教育诊断、个别化教育计划、教学活动设计、课堂教学、作业练习、考试、个别化教学指导、教学评价等工作。

2. 共性与个性结合

随班就读生在众多集体活动、小组教学活动中是有特殊教育需求的学生，需要为其提供适合的教育服务。在大量的班级和小组教学中处理群体和个别的关系，既让随班就读学生能健康进步、学有所获，又让整个班集体有进步和收获，是教育教学中应随时关注的问题。当然，为满足随班就读学生的需求，个别补救教学的有效开展也是必需的。

3. 不断地调整教育教学

随班就读工作需要所有参与人员进行教育观念和心态的调整，进行课程、教学模式、教学活动设计、备课、教材、教法、教学、组织、时间、安置、作业、考试、评量、评价等方面的调整，以确保工作的顺利进行。

（1）教学组织模式调整。应适当增加综合的教学活动，在原有的分科教学上，实施以该学科为核心的综合教学活动，如在语文教学中加入历史、地理、社会常识等内容。

做教学中的充实、辅助、补救、适应性等内容与活动调整。例如，可以针对一些随班就读学生的个人情况，专门设计相关课程，为其提供更加贴近日常生活的课程教学。对于他们不能在集体教学中学会的地方，可进行一对一的补救教学。

（2）作业调整。作业调整可以考虑将作业简化，明示步骤，提供结构、线索，提供实例，提供协助，提供选择。可以有家庭作业、学校作业、课堂作业、课外作业、口头作业、笔答作业、结构化作业与开放式作业，避免单一刻板的作业形式与作业环境。

（3）教学环境及资源调整。由于随班就读学生学习特点、学习风格、水平等各有不同，需要我们做好教学环境及相关教学资源的调整。例如，有的随班就读学生只能安静地坐20分钟，然后就要跑一两圈，有的学生需要有一个相对独立的学习空间，或要坐在桌子上学习，因此在班级教学中要给予弹性处理，而不是强求学生必须执行班级的固有常规。再如，对于能力不均衡的学生，可以使其在三年级上美术课，在一年级上数学课。

（4）考试的调整。针对随班就读学生的考试，可以采用与普通学生相同的考卷，但为他们延长时间，或使其在单独空间完成。可做考卷题目关键词提示，或主要关系提示，适当的解题步骤提示，多用图示或视听结合的方式呈现考题，或让他们重复做几次该试卷。允许学生用自己的方式答题，如选择式回答、口答，运用计算机或者其他辅助设备答题等。

（5）课堂教学实践的调整。教师从备课到教学的每个环节均应考虑如何在课堂教学实践中通过集体教学关照个别学生的学习需求。例如在语文的教学中，可根据特殊儿童的IEP目标（理解他人不同的语气、语调），给儿童安排分组朗读的任务，在重点语气词上辅助儿童标注出来。

4. 形成支持系统

前已述及，支持系统的形成与运作是保障，是工作条件，需要行政系统、教育系统、教学系统等多系统的互相协调与合作，最终形成教师协同教学，学生合作学习，学校、家庭、社会相结合，多学科跨专业的多种团队合作形式。

5. 沟通

想要形成良性的合作协同关系，沟通是关键。毋庸置疑，教师与家长、与学生的沟通，学校与教师，各科任课教师与班主任，普通班教师与资源教师进行及时有效的沟通，可以保障随班就读工作的顺利进行。

6. 充分利用资源教室

资源教室的一个重要作用就是满足随班就读学生的学习需要，弥补他们在集体教学中的缺失，为其接受集体教学做好准备。资源教师结合学生IEP的内容，在资源教室里为随班就读学生提供恰当的教育支持，是特殊儿童实现融合教育的保证。资源教室里需要配置各障碍类型、各障碍程度特殊儿童的支持教具，以满足不同特殊儿童的教育需要。

四、评鉴IEP

IEP执行一学期后，需对每一个学生的学习效果进行评估反馈，评估结果为下一轮IEP的制订提供依据。

（一）时间

评鉴工作一般在期末进行。

（二）评鉴目的

（1）掌握长短期目标的达成情况。

（2）掌握学生的学习速度、范围、深度，所达到的水平等学习情况。

（3）帮助教师检查自己的教学，检查IEP拟定是否合适，教材、教法等选择是否合适。

（4）检查支持辅助系统的工作情况。

（5）作为后续IEP的起点。

评鉴人员原则上是制订IEP的所有人员，即IEP小组成员。

五、拟定后续 IEP

（1）对学生上一期 IEP 的执行情况及评鉴结果进行分析。找到学生学习的优势和弱势、进步和退步的地方及原因。

（2）结合日常观察、家长意见反馈。

（3）将上期中的 1，2 分项移入本期 IEP 计划中，对 0 分项进行原因分析再决定是否舍去。

（4）参看课程并在各领域中进行选取。

主要考虑学生通过努力能达到的目标，学生最急需具备的能力，家长、教师希望学生获得的部分能力，下一阶段安置环境所要求的能力。

第四节　实施个别化教育计划可做的调整

落实 IEP 需要多方面的协作，从资源教师到普通教师，从教学内容到考试方法，都需要根据学生的特殊需要进行适当的调整。一般情况下，每个自然班可接收 5% 左右的有特殊需要学生，根据学生的障碍类型和障碍程度的不同，提供相应的支持。主要的调整可以参考以下几个方面，当然这些调整并没有包涵所有的调整内容，也不强求一致的调整结果。其目的就是给有特殊需要的学生提供全方位的、恰当的支持。

一、调整教室环境

（一）让有特殊需要学生的座位靠近老师

为了方便老师及时提供支持，并观察有特殊需要学生的行为、变化，有特殊需要学生有必要坐在靠近老师的位置上。

（二）让有特殊需要学生坐在一个"小老师"的旁边

还可以为有特殊需要学生安排一名同伴，定期或定时提供支持。注意最好能找一位品学兼优的学生，可以保证有余力为其提供帮助。同时，鼓励有特殊需要学生自己认真听课，完成学习任务，自己能做的事自己做。

（三）特殊提示时靠近学生

当给有特殊需要学生指示或呈现教材时要站得靠近他一些，方便学生看清楚，也便于引起学生的注意。

（四）保持教室内无分心刺激

尽量避免引起分散学生注意力的刺激，如空调的声音、外界的噪声等，让对声音有特殊需要的学生（如听力障碍学生）远离临街窗户和空调等噪声区。

（五）提供结构化的教室环境

结构化的教室以相对固定的位置和相对固定的材料等为特征，位置和材料之间的联系相对稳定。事先清楚地告知学生这些材料和位置的安排，有助于学生在需要的时候知道如何利用这些材料。

二、调整教材教法

（一）增加教学过程的趣味性

教师在教学时每节课尽可能包含多种活动，以提高特殊需要学生的学习兴趣；可以充分利用电脑等现代信息设备辅助教学；可以将冗长的教学内容切割成数个较短的段落，帮助学生了解教材潜在的含义、重点及线索；在教学中采取合作学习模式，让学生相互之间进行互动和合作，通过合作学习让有特殊需要学生肯定自己和他人的优点，并且认识到别人的需要，鼓励有特殊需要学生发展能力优势，提高学生有特殊需要学生的积极性。

（二）利用多感官模式进行教学

教师教学过程中，提供多种感官加工信息的机会：首先，多提供视觉辅助，将重要信息或授课内容的关键字写在黑板上，可采用放大的字体或影片等辅助教学；其次，老师在黑板或纸上书写时也要搭配口语解说，教导学生默念或小声念以增进记忆；第三，增加视觉、听觉、动觉、嗅觉等多种感觉的综合运用，提前把教学大纲发给有特殊需要学生，并允许他们进行录音，以便后期复习使用。

（三）发挥同伴的作用

对有特殊需要学生采用"同伴辅导"模式，以便随时提醒有特殊需要学生开展学习活动；请同伴帮忙做笔记或借笔记给有特殊需要学生；为有特殊需要学生提供一位良好行为模仿者，陪有特殊需要学生学习，如果效果较好，应及时予以鼓励。

（四）确定学生听懂老师的指令

对全班同学发出指令后，要对有特殊需要学生再重复说一次，然后要求他向老师复述及解释指令内容，每当教授完一个段落，就要求学生口述重点。采用这种方法来确保学生能听懂每一段内容，然后开始下一个阶段的学习。

三、学习单与作业单

为有特殊需要的学生布置的学习单和作业单与普通学生有所不同，需要注意以下几点。

（一）将复杂的指令简化

交代家庭作业时要简明扼要；一次只给有特殊需要学生一张作业单，容许有特殊需要学生以录音的方式记下老师交代的作业，在笔记、作业、考题等书写资料上，为学生提供结构化、可重复练习的模式。

（二）降低作业的难度

给学生额外的时间完成作业，降低得分的标准，缩短作业长度，尽可能将作业切分，减少作业量。

（三）提供阅读技巧和学习策略训练

容许（协助）有特殊需要学生用电脑打字的方式完成作业，或是用有特殊需要学生口述，别人代为记录的方式做作业；不要要求有特殊需要学生阅读冗长的课外读物；定时追踪学生的生活作息情况；鼓励并支持有特殊需要学生在班上讨论或发表意见；容许有特殊需要学生以口头报告的形式完成作业。

（四）降低作业考核的评定标准

避免冗长的测验；不以书写能力、字的美丑评定成绩；对于笔画错误或数字倒置予以更正，但不扣分；建立每日工作检核表，并要求有特殊需要学生做记录；使用自我监测策略；对于学生缺交的功课要持续追踪。

四、考试与评量

针对有特殊需要的学生，通常的考核方式并不一定合适，所以要建立适合他们的考核与评量方法，可以借鉴以下方式。

（一）考核方式的调整

容许一些有特殊需要学生看书作答；对书写困难的有特殊需要学生，允许他们以录音或口语作答；对有阅读困难的学生，老师可采取读题考试的方式，即老师读题，学生作答。总之，针对不同障碍类型的学生，我们要了解他们的学习效果，就需要为他们提供合适的考核方式。

（二）出题方式的调整

对有特殊需要的学生，注意多出客观的题目，少出需要大段论述的题目；可以采取"少食多餐"式考核，即经常小考，但不要一次考很久；对一些学习困难的学生，可以事先告诉学生测验的项目范围，让他们提前复习，增强自信心。

（三）考试时间的调整

考试时多给有特殊需要学生一些额外的作答时间，避免让他们有时间限制或全部做完的压力；即使他们考试的真实成绩并不太好，也仍要肯定学生的进步，只要学生比自己之前的学习成绩有所进步就值得鼓励和肯定；即使成绩没有进步，只要学生尽力作答，也要给予肯定。

五、行为问题

有特殊需要学生有时会出现一些行为问题，建议教师对此做好充分的准备。

（一）将学生在校生活的时间、空间结构化

为避免有特殊需要学生出现行为问题，可以将学校的时间和空间结构化，减少多余刺激的影响；学习时以非语言的提示提醒有特殊需要学生专注，让他知道自己该进行的学习活动是什么，允许他们在学习中间进行短暂的休息；利用计时器协助完成学习任务，提高学习效率。

（二）赞美学生特殊优良的行为

提倡利用正强化培养学生的良好行为习惯，给予特殊的权利和增强物；和有特殊需要学生约定一个只有老师和他看得懂的手势，以提醒他表现好的行为；私下为有特殊需要学生和同学的良好互动行为提供奖励。使用自我监控策略，让有特殊需要学生对自己的行为有一定的控制；忽略不过当行为，不要放大学生的不恰当行为。

（三）维持简单明了且一致的班规

教师要积极思考及形成班级规范，不要让班上同学觉得有特殊需要学生有较差的行为表现，更不能让班上同学将这些学生拒之千里。尽可能使用奖励增强好的行为，慎用惩罚策略。

（四）巧妙利用有特殊需要学生的特点

有特殊需要学生中的很多学生的自我管理能力较低，教师要多给予一些合理的活动机会，让有特殊需要学生起身做任务，让他有机会离开座位，进行合理的活动；注意不要让有特殊需要学生在同学面前做非常困难的事，不强烈限制其进行教室外的活动。

对于个别化教育计划的制订与实施，有待于资源教师、普通教师、家长、管理者等进行合作，最终使有特殊需要的学生受益。

本章小结

个别化教育计划（IEP）是特殊教育的基石。它规划和指导一名有特殊需要学生在学校接受的特殊教育的方方面面，描述了有特殊需要学生的教育需要，确定了有特殊需要学生要达到的教育目标，规划了有特殊需要学生的教育安置形式，明确了有特殊需要学生的教学进程和进步的评价标准。制订一项个别化教育计划一般按照以下程序进行操作：可疑、筛选、鉴定、安置、接案、评估与诊断、拟定IEP、教学、再评量。

在制订个别化教育计划的过程中，重中之重是进行有效而专业的评估，常用的评估方法包括标准化智力测验、教育诊断、课程评量等。评估方法与工具的选取应充分考虑个案的年龄、障碍程度及类型。

个别化教育计划的具体制订与实施过程一般会通过召开个案会议、形成诊断书、拟定计划、实施教学来进行。个案会议的准备过程中需要注意参与会议的主体应尽可能包含与个案关系密切的主要人群。拟定个别化教育计划时，要注意长短期目标的书写与选取原则。在个别化教育计划的实施上需要教师在良好沟通的基础上根据儿童的特殊需要制订计划目标，并落实到日常教学中。在实施个别化教育计划的时候，可以在教学方法、教学环境、作业、评量等方面做合理的调整，以达到融合教育的最终目标。

思考题：

1. 制订个别化教育计划对特殊儿童有什么意义？
2. 试述制订一份个别化教育计划的基本流程有哪些？
3. 为什么在拟定个别化教育计划之前需要对儿童进行测评？
4. 在为不同年龄段（如学龄前、学龄）儿童制订个别化教育计划时各应主要考虑哪些方面？
5. 根据所学，思考随班就读的视障、听障儿童的个别化教育计划应如何制订？
6. 根据所学，在实习过程中尝试为一名特殊儿童制订一份个别化教育计划。

参考文献：

[1] 张文京. 弱智儿童个别化教育与教学 [M]. 重庆：重庆出版社，2005.

[2] 张文京, 许家成. 弱智儿童适应性功能教育课程与实践 [M]. 重庆: 重庆出版社, 2002.

[3] 哈拉汉, 考夫曼, 普伦. 特殊教育导论 [M]. 肖非, 等译, 北京: 中国人民大学出版社, 2010.

[4] 张文京. 特殊儿童个别化教学设计与实施 [M]. 重庆: 重庆出版社, 2008.

[5] 郑日昌. 心理测量学 [M]. 北京: 人民教育出版社, 2008.

[6] 萨特勒. 儿童评价 [M]. 陈会昌, 等译, 北京: 中国轻工业出版社, 2008.

[7] 刘全礼. 个别教育计划的理论与实践 [M]. 北京: 中国妇女出版社, 1999.

[8] 丁新华. 心理咨询与治疗 [M]. 北京: 清华大学出版社, 2010.

[9] 戴海琦. 心理与教育测量 [M]. 广州: 暨南大学出版社, 2008.

[10] 林崇德. 发展心理学 [M]. 北京: 人民教育出版社, 2008.

[11] 姜新生. 个别化教学策略 [M]. 北京: 北京师范大学出版社, 2010.

[12] 赵晓红, 华国栋. 个别化教学与差异教学在特殊教育中的应用 [J]. 中国特殊教育, 2006 (8): 40–41.

[13] 盛永进. 基于特殊需要的个别化教育 [J]. 现代特殊教育, 2008 (6): 15–18.

[14] 于素红. 个别化教育计划的现实困境与发展趋势 [J]. 中国特殊教育, 2012 (3): 3–8.

[15] 邓猛, 郭玲. 西方个别化教育计划的理论反思及其对我国特殊教育发展的启示 [J]. 中国特殊教育, 2010 (6): 3–6.

[16] 赵德成. 成长记录袋在特殊儿童学习理论中的应用 [J]. 中国特殊教育, 2007 (1): 70–72.

[17] 包娟丽. 美国个别化教学研究 [D]. 西安: 陕西师范大学, 2008.

[18] 郑肇桢. 教育途径的拓展 [M]. 香港: 香港广角镜出版社, 2001.

[19] 朱月情. 复合式成长记录档案在听障儿童康复教育中的作用 [J]. 中国听力语言康复杂志, 2011 (45): 47.

[20] 林素贞. 个别化教育计划之实施 [M]. 兰州: 甘肃教育出版社, 2010.

[21] 方慧. 从医院到学校的转衔: 美国患病儿童学校融入计划及启示 [J]. 现代中学小学教育, 2014 (5): 103.

[22] 佘丽, 许祖剑. 特殊儿童生涯转衔教育: 台湾地区的实践与启示 [J]. 教育评论, 2016 (10): 44–47.